Raus aus der Krise – Klima, Wirtschaft, Geld

Maximilian Schlemmer

Raus aus der Krise – Klima, Wirtschaft, Geld

Aufruf an Deutschland und Europa

2. Auflage

Maximilian Schlemmer
München, Deutschland

ISBN 978-3-658-49856-6   ISBN 978-3-658-49857-3 (eBook)
https://doi.org/10.1007/978-3-658-49857-3

Die Deutsche Nationalbibliothek verzeichnet diese Publikation in der Deutschen Nationalbibliografie; detaillierte bibliografische Daten sind im Internet über https://portal.dnb.de abrufbar.

© Der/die Herausgeber bzw. der/die Autor(en), exklusiv lizenziert an Springer Fachmedien Wiesbaden GmbH, ein Teil von Springer Nature 2024, 2025

Das Werk einschließlich aller seiner Teile ist urheberrechtlich geschützt. Jede Verwertung, die nicht ausdrücklich vom Urheberrechtsgesetz zugelassen ist, bedarf der vorherigen Zustimmung des Verlags. Das gilt insbesondere für Vervielfältigungen, Bearbeitungen, Übersetzungen, Mikroverfilmungen und die Einspeicherung und Verarbeitung in elektronischen Systemen.
Die Wiedergabe von allgemein beschreibenden Bezeichnungen, Marken, Unternehmensnamen etc. in diesem Werk bedeutet nicht, dass diese frei durch jede Person benutzt werden dürfen. Die Berechtigung zur Benutzung unterliegt, auch ohne gesonderten Hinweis hierzu, den Regeln des Markenrechts. Die Rechte des/der jeweiligen Zeicheninhaber*in sind zu beachten.
Der Verlag, die Autor*innen und die Herausgeber*innen gehen davon aus, dass die Angaben und Informationen in diesem Werk zum Zeitpunkt der Veröffentlichung vollständig und korrekt sind. Weder der Verlag noch die Autor*innen oder die Herausgeber*innen übernehmen, ausdrücklich oder implizit, Gewähr für den Inhalt des Werkes, etwaige Fehler oder Äußerungen. Der Verlag bleibt im Hinblick auf geografische Zuordnungen und Gebietsbezeichnungen in veröffentlichten Karten und Institutionsadressen neutral.

Springer ist ein Imprint der eingetragenen Gesellschaft Springer Fachmedien Wiesbaden GmbH und ist ein Teil von Springer Nature.
Die Anschrift der Gesellschaft ist: Abraham-Lincoln-Str. 46, 65189 Wiesbaden, Germany

Wenn Sie dieses Produkt entsorgen, geben Sie das Papier bitte zum Recycling.

Vorwort

Deutschland – europäisches Kraftzentrum und ökonomische Supermacht – steht vor einem epochalen Umbruch. Seine über Jahrzehnte stabile und erfolgreiche Wirtschafts- und Gesellschaftsordnung gerät zunehmend ins Wanken. Im Zentrum dieser Entwicklung steht ein Geflecht an systemischen Herausforderungen, das weit über den nationalstaatlichen Rahmen hinausreicht. Es betrifft nicht nur die Zukunftsfähigkeit der Europäischen Union, des Eurosystems und der internationalen Klimagemeinschaft, sondern stellt in seiner Gesamtheit eine beispiellose Belastungsprobe für das Erfolgsmodell der Bundesrepublik seit ihrer Gründung dar.

Dieses Buch beleuchtet die zentralen Herausforderungen im nationalen und europäischen Kontext und zeigt Lösungsansätze auf. Es bietet eine kompakt und allgemein verständliche Darstellung im Taschenbuchformat, verzichtet auf fachliche Vorkenntnisse und richtet sich besonders an politisch interessierte Leserinnen und Leser.

Herrn Prof. Dr. Hans-Werner Sinn danke ich für den fachlichen Austausch, der mich motiviert hat, meine Sichtweise als Mathematiker und Ingenieur einzubringen. Seine Bücher und Beiträge waren für mich stets eine wertvolle Quelle der Anregung und Inspiration.

Für die einfachere Lesbarkeit verwende ich in dem Buch das generische Maskulinum. Es sind aber ausdrücklich Menschen aller Geschlechtsidentitäten gemeint und angesprochen.

München
im Juli 2025

Maximilian Schlemmer

Inhaltsverzeichnis

1 **Von der ökonomischen Leitnation zum Standortrisiko – ein Überblick**   1
  1.1 Erodierender Wohlstand – Deutschlands wirtschaftliche Selbstgefährdung   6
  1.2 Machtverlust im Herzen Europas – EU als Umverteilungsunion?   8
  1.3 Deutschland Funktion als Stabilitätsanker der Eurozone   13
  1.4 Vom Vorreiter zum Mahnmal – Die Folgen extremistischer Klimapolitik   16
  1.5 Das Ende des deutschen Erfolgsmodells?   20
  Literatur   25

2 **Im Bann ideologisierter Klimapolitik**   27
  2.1 Deutschlands klimapolitischer Alleingang läuft ins Leere   33
  2.2 Klimanationalismus – Deutschland verbrennt seine Industrien   50

2.3	Wettbewerbsfähige Energieversorgung durch Diversifikation	69
2.4	Atommüll zu Brennstoff – die neue Generation der Kernkraftwerke	78
2.5	Technologieneutralität – Leitlinien für eine Klimapolitik	86
2.6	Ein globaler Klimaklub kann gelingen	89
Literatur		97

3 Rückbau statt Aufbruch: Wie Deutschland seine industrielle Basis verliert — 105
- 3.1 De-Industrialisierung in Deutschland – Ursachen, Dynamik und Folgen — 107
- 3.2 Wo sind die neuen Industrien? – Rückbesinnung auf unsere komparativen Vorteile — 119
- 3.3 Subventionspolitik – Reformbedarf für den Industriestandort — 131
- Literatur — 136

4 Der deutsche Sozialstaat in Schieflage — 139
- 4.1 Gesamtverschuldung außer Kontrolle — 141
- 4.2 Reformbedürftiges Umlagesystem — 143
- Literatur — 151

5 Machtgefüge im Wandel – EU als Umverteilungsunion? — 153
- 5.1 Das Vereinigte Königreich verlässt die EU — 155
- 5.2 Der Brexit und die direkten wirtschaftlichen Folgen — 158
- 5.3 Verlorene Sperrminorität – droht die Diktatur der Empfängerstaaten? — 160
- Literatur — 165

6 Geldpolitik im Dienst der Schuldenstaaten — 169
- 6.1 Die Angst vor Inflation in Europa — 176

6.2	Eine Billion im Blindflug – der heimliche Bailout im Euro-Zahlungssystem	182
6.3	Zunder für Inflation – die EZB auf Abwegen	188
6.4	Teuer subventioniert – Preistreiber Energiepreisbremse	191
6.5	Überteuerte Energiewende – die Folgen einseitiger Energiepolitik	196
6.6	Schuldenbremse aufgeweicht – Dammbruch mit europäischer Sprengkraft	201
6.7	Inflationäre Sondervermögen – das Ende der fiskalischen Vernunft	205
6.8	Maastricht verraten – Europas Schuldenrevolution	211
6.9	Herausforderung Währungsunion – die Gefahr neuer Inflation	219
Literatur		225

7 Vom Stabilitätspakt zur Haftungs- und Transferunion — 233

7.1	Das goldene Jahrzehnt der Eurozone – von der Wachstumsillusion zur Wettbewerbskrise	241
7.2	Der Weg in die Umverteilungsunion	245
7.3	Das TPI – die dauerhafte Einrichtung des Haftungs- und Transfersystems	254
7.4	Lagardes Dilemma: Inflationsbekämpfung oder Bankenrettung	259
7.5	Perspektive Europa: Zurück zur Lissabon-Agenda	264
Literatur		269

8 Reformstau der EU — 273

8.1	Der Neo-Dirigismus der EU	274
8.2	Globalen Freihandel stärken	279

8.3	Vertiefung des EU-Binnenmarktes	283
8.4	Zwischen Abschreckung und Kooperation – eine neue europäische Sicherheitsarchitektur	285
Literatur		290

9 Zusammenfassung 293

Über den Autor

Maximilian Schlemmer (Jahrgang 1964) ist Mathematiker. Er war Stipendiat der Alexander von Humboldt-Stiftung und ist promoviert in Natur- und Ingenieurwissenschaften. Er arbeitet als Manager in der Technologiebranche und war in seiner beruflichen Laufbahn als Entwicklungsingenieur in unterschiedlichen Unternehmen tätig. Privat setzt er sich seit vielen Jahren mit umweltpolitischen und volkswirtschaftlichen Themen auseinander. Er lebt mit seiner Frau in München.

Kontakt:
Dr. Dr. Maximilian Schlemmer;
X (vormals Twitter): @wissenschaft_eu;
Web: http://wissenschaftspartei.eu

# 1

Von der ökonomischen Leitnation zum Standortrisiko – ein Überblick

Deutschland, lange geschätzt als ökonomisches Kraftzentrum, Stabilitätsanker Europas und internationaler Impulsgeber, sieht sich heute mit tiefgreifenden wirtschafts- und europapolitischen Herausforderungen konfrontiert. Diese Dynamik hat sich in den vergangenen Jahren spürbar beschleunigt und setzt das Wirtschaftssystem der Bundesrepublik zunehmend unter Druck. Das Gesamtbild wird bestimmt von rückläufigen privaten Investitionen, dem Verlust industrieller Substanz, einer einseitigen und kostenintensiven Klima- und Energiepolitik, der drohenden Erosion staatlicher Sozialsysteme, De-Globalisierungstendenzen und einer wachsenden politischen Polarisierung. Die wirtschaftliche und gesellschaftliche Struktur des Landes befindet sich im Übergang zu einer neuen Ordnung – ein Wandel, der die tragenden Säulen des bisherigen Erfolgsmodells aus Freihandel, industrieller Stärke und wettbewerbsfähigen Standortbedingungen zunehmend unterminiert.

© Der/die Autor(en), exklusiv lizenziert an Springer Fachmedien Wiesbaden GmbH, ein Teil von Springer Nature 2025
M. Schlemmer, *Raus aus der Krise – Klima, Wirtschaft, Geld*,
https://doi.org/10.1007/978-3-658-49857-3_1

Auch innerhalb der Europäischen Union (EU), insbesondere im Euroraum, mehren sich die Anzeichen struktureller Fehlentwicklungen. Der fortschreitende Integrationsprozess geht mit einem zunehmenden Machtverlust der stabilitätsorientierten Mitgliedstaaten einher – eine Entwicklung, die grundsätzlich tragfähig ist, sofern sie auf einem sanktionsbewährten und ordnungspolitisch gefestigten Fundament beruhte. Dieses Fundament setzt jedoch die konsequente Einhaltung des Vertrags von Maastricht, des Stabilitäts- und Wachstumspakts und der Leitlinien der Lissabon-Agenda voraus (Kap. 7).

Tatsächlich lässt sich ein deutlicher Erosionsprozess dieser Grundlagen beobachten. Ein nachlässiger Umgang mit vertraglichen Verpflichtungen schwächt nicht nur die Rechtsverbindlichkeit und das Vertrauen in die europäischen Institutionen, sondern bringt das gesamte Integrationsprojekt in eine Schieflage. Die Gefahr einer Entwicklung hin zu einer dauerhaften Umverteilungsunion nimmt zu. Besonders im Rückblick auf ein Vierteljahrhundert Währungsunion treten die strukturellen Defizite deutlich zutage und verweisen auf gravierende institutionelle Schwächen im Gefüge der EU (Sinn, 2015).

Im Zentrum der Herausforderungen im europäischen Integrationsprozess stehen insbesondere folgende fünf Einflussfaktoren: Erstens der fortschreitende Verlust nationalstaatlicher, marktwirtschaftlich orientierter Steuerungskompetenz auf EU-Ebene. Zweitens eine Geldpolitik, die primär auf die Stabilisierung überschuldeter Mitgliedstaaten ausgerichtet ist. Drittens eine überambitionierte ESG-Regulatorik, die ökonomische Rationalität zunehmend zugunsten ideologischer Vorgaben und industriepolitischer Partikularinteressen verdrängt. Viertens die fortschreitende demografische Alterung. Und fünftens die Abkehr von den Prinzipien der Lissabon-Strategie, die Europa zur wettbewerbsfähigsten und dynamischsten wissensbasierten

Wirtschaftsregion der Welt entwickeln sollte, hin zu immer stärker zentralplanerisch geprägten Strukturen (Kap. 2, 4, 5, 6 und 8).

Vor diesem Hintergrund verfolgt Deutschland das Ziel, in der Bekämpfung der globalen Erderwärmung eine Vorreiterrolle einzunehmen. Grundlage dafür bilden die klimapolitischen Direktiven der EU im Rahmen des Europäischen Green Deals, die in nationales Recht übertragen werden, wobei Deutschland oftmals über die europäischen Vorgaben hinausgeht. Doch solche klima politischen Alleingänge, ob national oder europäisch, leisten keinen wirksamen Beitrag zur globalen Emissionsminderung. Statt internationale Impulse zu setzen, führen Deutschlands isolierte klimapolitische Maßnahmen zu Energieverknappung und einer fortlaufenden Verschlechterung der Standort- und Investitionsbedingungen. Dies belastet die Volkswirtschaft erheblich und verstärkt die Tendenz zur Deindustrialisierung – mit weitreichenden finanziellen und gesellschaftlichen Konsequenzen (Kap. 2 und 3).

Parallel zum wachsenden klima- und wirtschaftspolitischen Dirigismus der EU verzeichnet Deutschland eine rückläufige industrielle Wertschöpfung (Hüther & Bardt, 2022). Seit Anfang 2018 ist die Industrieproduktion um mehr als zehn Prozent gesunken. Dabei handelt es sich nicht um einen vorübergehenden konjunkturellen Einbruch, sondern um das sichtbare Ergebnis eines tiefgreifenden Strukturwandels. In nahezu allen Schlüsselbranchen – besonders in der Automobil- und Chemieindustrie, aber auch in der Pharma-, Elektro- und Maschinenbaubranche – sind massive Produktionsrückgänge und Verlagerungen von Standorten ins Ausland zu beobachten. Unternehmer und private Investoren haben das Vertrauen in die wirtschaftlichen Rahmenbedingungen in Deutschland verloren und orientieren sich zunehmend an alternativen Standorten wie den USA und Asien (Kap. 3).

Deutschland, bislang hochindustrialisierte Exportnation und drittgrößte Volkswirtschaft der Welt, läuft Gefahr, sein international bewährtes Erfolgs- und Geschäftsmodell durch ein zunehmend zentralplanerisch agierendes europäisches Wirtschaftssystem und durch eigene politische Entscheidungen dauerhaft zu beschädigen. Anstatt weltweit als Vorbild für wirtschaftliche Prosperität und nachhaltigen Klimaschutz zu dienen, droht die Bundesrepublik zu einem abschreckenden Beispiel zu werden. Dies schwächt nicht nur die Glaubwürdigkeit und Effektivität ihrer Wirtschafts- und Klimapolitik, sondern erschwert auch die Bildung eines globalen Klimaklubs – eines internationalen Zusammenschlusses führender Industriestaaten, den Fachleute als zentrales Instrument für wirksamen Klimaschutz ansehen (Kap. 2).

Vor diesem Hintergrund läuft die bisherige europäische Strategie einseitiger Selbstverpflichtungen im Rahmen des Pariser Klimaabkommens aus zwei Gründen ins Leere. Erstens ist eine unilateral ausgerichtete Reduktion der Nachfrage nach international handelbaren fossilen Energieträgern ohne gleichzeitige Einbindung der Angebotsseite klimapolitisch wirkungslos. Im Pariser Abkommen hat sich nur etwa ein Drittel der Unterzeichnerstaaten zu verbindlichen Mengenbeschränkungen verpflichtet, während die übrigen Staaten die freigegebenen Brennstoffe zu sinkenden Preisen aufkaufen und verbrennen. Zweitens ist in absehbarer Zeit mit der Gründung eines Klimaklubs zu rechnen, der ein weltweites Emissionshandelssystem etabliert und zentrale Akteure wie die USA, Europa, China, Indien und Brasilien einbindet. In einem solchen System würden die Beschränkungen der Emissionen im Rahmen des Pariser Abkommens lediglich dazu führen, dass Zertifikate freiwerden und Emissionen an anderer Stelle in gleichem Umfang entstehen (Sinn, 2008).

Die wachsende Skepsis gegenüber der aktuellen Ausrichtung insbesondere in der EU-Klimapolitik ist daher durchaus nachvollziehbar und erinnert an jene ablehnende Haltung, die einige mittel- und osteuropäische Mitgliedstaaten bereits in der Migrationspolitik eingenommen haben. Auch kann keine EU-Regulatorik so stark sein, dass sie eine forcierte Deindustrialisierung in einem Land wie Deutschland rechtfertigen könnte – mit gravierenden Folgen für Beschäftigung und allgemeinen Wohlstand. Ein erster Schritt zur Korrektur dieser besorgniserregenden Entwicklung sollte daher in einem Moratorium der Energiewende in ihrer derzeitigen Ausgestaltung bestehen, zumindest so lange, bis eine international abgestimmte Klimapolitik mit einheitlichen Verpflichtungen aller relevanten globalen Akteure etabliert ist (Kap. 2 und 3).

Dies bedeutet keineswegs, dass Deutschland auf sinnvolle nationale klimapolitische Maßnahmen verzichten müsste. Der gezielte Einsatz von CCS-Technologien (Carbon Capture and Storage) könnte es ermöglichen, fossile Energieträger weiterhin zu nutzen und dennoch Klimaneutralität zu erreichen. Ein solcher Ansatz hätte sogar internationale Lenkungswirkung. Wenn Deutschland verstärkt auf handelbare fossile Energien setzen würde, würde sich das weltweite Angebot verknappen, die Preise würden steigen und vor allem energieineffiziente Emittenten wären gezwungen, ihren Verbrauch zu senken. Auf diese Weise ließe sich ein effektiver und zugleich wirtschaftlich tragfähiger nationaler Klimabeitrag leisten, ohne Wohlstandsverluste im eigenen Land in Kauf nehmen zu müssen.

1.1 Erodierender Wohlstand – Deutschlands wirtschaftliche Selbstgefährdung

Die Marktwirtschaft ist ein Wirtschaftssystem mit einem automatischen Preisbildungsmechanismus und beruht auf einem ordnungspolitischen Rahmen mit klar definierten Regeln für Eigentum, Verträge und Wettbewerb. Preise entstehen dabei im Zusammenspiel aus Angebot und Nachfrage der Marktteilnehmer und dienen als Signale für Knappheit und Bedarf. Auf diese Weise wird die Allokation begrenzter Ressourcen effizient gesteuert. Insgesamt wirkt dieses System schadensminimierend, da es Ineffizienzen und Fehlanreize korrigiert. Dieses ökonomische Prinzip bildet die Grundlage für die Überlegenheit der Marktwirtschaft gegenüber anderen Systemen (Kap. 4).

Ein rein marktwirtschaftliches System garantiert jedoch keine soziale Gerechtigkeit, sondern schafft lediglich die Grundlage für hohe Einkommen und ein allgemein hohes Wohlstandsniveau. Genau hier setzt die Soziale Marktwirtschaft an, die marktwirtschaftliche Dynamik mit sozialer Absicherung verbindet. Erst die Entfesselung der Marktkräfte ermöglicht eine optimale, wohlstandsfördernde Nutzung knapper Ressourcen und bildet damit die unverzichtbare Voraussetzung für ein tragfähiges System mit hoher sozialer Sicherheit.

Das seit den 1950er-Jahren unter Ludwig Erhard etablierte deutsche Wirtschaftsmodell der Sozialen Marktwirtschaft ebnete den Weg für den langfristigen Erfolg der Bundesrepublik (Erhard, 1957). Deutschlands Status als drittgrößte Volkswirtschaft der Welt und Exportweltmeister für Industriegüter ist bis heute Ausdruck der außergewöhnlichen Leistungsfähigkeit seiner Unternehmen in global vernetzten und arbeitsteilig organisierten

Wertschöpfungsketten. Der hohe Industrieanteil, die starke Exportorientierung und die Abhängigkeit von preisgünstiger Energie bilden die tragenden Säulen dieses Erfolgsmodells. Doch genau diese Merkmale geraten zunehmend unter Druck. Die Trends zu Deindustrialisierung, Deglobalisierung und Dekarbonisierung belasten das Fundament unseres Geschäftsmodells und bringen es zunehmend in eine bedenkliche Schieflage (Sachverständigenrat, 2022).

Deutschland steht vor tiefgreifenden Veränderungen, die eine über Jahrzehnte stabile und erfolgreiche Wirtschafts- und Gesellschaftsordnung zunehmend gefährden. Europäische und nationale Regulierungen untergraben Freihandel und marktwirtschaftliche Effizienz, schwächen die kapitalbildende Kraft privater Investitionen und fördern eine Tendenz zur Deindustrialisierung. Diese Entwicklung wird von mehreren Herausforderungen geprägt: Innerhalb der Europäischen Union gewinnt ein neuer Dirigismus an Einfluss, der wettbewerbsorientierte Prinzipien zunehmend durch zentralplanerische Strukturen verdrängt. Gleichzeitig belasten hohe Energiepreise sowie eine hohe Steuer- und Abgabenlasten die ökonomischen Standortbedingungen in Deutschland (ifo Institut, 2021). Hinzu kommt die demografische Entwicklung, die insbesondere die Tragfähigkeit der staatlichen Sozialsysteme unter Druck setzt (Kap. 2, 3, 4, 5 und 8).

Diese Herausforderungen spiegeln sich in rückläufigen Produktionszahlen wider. Seit Anfang 2018 befindet sich die deutsche Industrie in einem strukturellen Abschwung, verursacht durch rückläufige Investitionen und die Abwanderung von Unternehmen ins Ausland. Besonders betroffen sind Schlüsselbranchen wie die Automobilindustrie mit einem Produktionsrückgang von 15 % und die Chemieindustrie mit einem Minus von 25 % seit 2018. Der zunehmende Verlust der industriellen Basis führt nicht nur zu erheblichen Arbeitsplatzverlusten, sondern kündigt auch einen nachhaltigen Rückgang des Wohlstandsniveaus an. Es droht ein tiefgreifender Strukturwandel mit potenziell irreversiblen Folgen für Deutschlands Rolle als führender Standort für Forschung, Entwicklung und industrielle Wertschöpfung (Kap. 3).

Um den wirtschaftlichen Abwärtstrend in Deutschland zu stoppen, ist ein grundlegender Kurswechsel auf europäischer und nationaler Ebene notwendig. Vor allem dem Protektionismus, der wachsenden Regulierungsdichte und der stetig steigenden Staatsquote sollte entschieden entgegengewirkt werden. Erforderlich ist eine Rückbesinnung auf den Freihandel und die ordnungspolitischen Grundprinzipien der Sozialen Marktwirtschaft, die über Jahrzehnte das Fundament für den wirtschaftlichen Erfolg der Bundesrepublik geschaffen haben. Dazu gehören eine zeitgemäße Ausgestaltung des Sozialstaats, ein wettbewerbsfähiges Steuersystem, eine breit diversifizierte Energieversorgung und ein technologieoffener Politikansatz. Auf dieser Grundlage können Investitionsbereitschaft, Innovationskraft und nachhaltiges Wachstum – im Sinne eines kontinuierlichen Ausbaus des Produktionspotenzials – wieder gestärkt werden. Ergänzt durch eine marktwirtschaftlich organisierte, international abgestimmte Klimapolitik lässt sich so wirtschaftlicher Wohlstand mit sozialem Ausgleich und ökologische Stabilität langfristig in Einklang bringen.

1.2 Machtverlust im Herzen Europas – EU als Umverteilungsunion?

Die Europäische Union (EU) befindet sich seit geraumer Zeit in einer Phase tiefgreifender Erschütterungen. Protektionistische Tendenzen nehmen zu, geopolitische Spannungen verschärfen sich, die Energiekrise hält an, und die Inflation stellt weiterhin eine reale Bedrohung dar. Zudem erreicht die Staatsverschuldung vieler Eurostaaten besorgniserregende Ausmaße. Auch die anhaltende irreguläre Migration belastet den inneren Zusammenhalt Europas zunehmend. Rechtsgerichtete Parteien verzeichnen in vielen Ländern wachsenden Zulauf, während mit dem Austritt Großbritanniens ein zentraler wirtschaftsliberaler Partner die EU verlassen hat (Kap. 5, 6 und 7).

In diesem herausfordernden Umfeld haben vor allem jene Mitgliedstaaten an Einfluss eingebüßt, die traditionell eine stabilitätsorientierte Politik verfolgen. Seit dem Brexit droht eine schleichende Abkehr vom Geist des Vertrags von Maastricht (1992) hin zu einer Union, in der Schulden und Risiken zunehmend gemeinschaftlich getragen werden.

Mit dem Austritt Großbritanniens aus der EU im Jahr 2019 verlor Deutschland einen bedeutenden Verbündeten im EU-Ministerrat. Damit entfiel die Sperrminorität der wirtschaftsliberalen Staaten, was die Möglichkeiten einschränkt, die EU als wettbewerbsfähige und wirtschaftsstarke Staatenunion im Sinne des Vertrags von Lissabon weiterzuentwickeln. Ohne die prägende Mitwirkung der stabilitätsorientierten Mitgliedsländer wächst die Gefahr, dass sich die EU zunehmend zu einer Umverteilungsunion entwickelt, in der der Norden dauerhaft für die Finanzierung des Südens aufkommen müsste. Eine solche strukturelle Schieflage würde erhebliches Konfliktpotenzial mit sich bringen und könnte langfristig den inneren Zusammenhalt der Union gefährden (Kap. 5).

Eine ähnliche Entwicklung setzte im Euroraum bereits deutlich früher ein. Nach der Einführung des Euro im Jahr 1999 nutzten vor allem die südeuropäischen Länder die Zinskonvergenz, um ihre Staatsausgaben massiv auszuweiten, vielfach unter Missachtung der fiskalpolitischen Vorgaben der europäischen Verträge. Dies führte zu einer inflationären Ausweitung des Sozialprodukts dieser Staaten und zu einem nachhaltigen Verlust an Wettbewerbsfähigkeit (Kap. 7).

Mit dem Ausbruch der globalen Finanzkrise im Jahr 2008 verloren diese Länder das Vertrauen der Kapitalmärkte und gerieten in massive Finanzierungsschwierigkeiten. Um ein Auseinanderbrechen der Währungsunion zu verhindern, wurden umfangreiche Rettungsmechanismen geschaffen. Dazu zählen der Europäische Stabilitätsmechanismus (ESM) und großvolumige Anleihekaufprogramme sowie langfristige Refinanzierungsmaßnahmen der Europäischen Zentralbank (EZB).

Ab dem Jahr 2012 begannen die hochverschuldeten Staaten zunehmend, Einfluss auf die geldpolitische Ausrichtung der EZB zu nehmen (EZB, 2014). Dies zeigte sich zunächst im OMT-Programm (Outright Monetary Transactions) und ab 2015 im Rahmen des Quantitative Easing (QE). Im Jahr 2022 folgte mit dem Transmission Protection Instrument (TPI) die Einrichtung eines dauerhaft angelegten Mechanismus, um Zinsunterschiede innerhalb der Eurozone gezielt auszugleichen (EZB, 2022).

Seit dem Start des QE werden Risikoaufschläge langfristiger Staatsanleihen de facto durch monetäre Subventionierung nivelliert. Die daraus resultierenden künstlich niedrigen Kreditkosten für die südlichen Euro-Staaten befördern jedoch immer neue Verschuldungszyklen, während dringend notwendige Strukturreformen ausbleiben. Insgesamt wirken die Programme der EZB wie ein Zinssubventionssystem zugunsten der mediterranen Staaten. Dabei wird das im Vertrag von Maastricht verankerte Verbot der monetären Staatsfinanzierung sowie die Nichtbeistandsklausel de facto umgangen. Infolgedessen wurden nicht nur enorme Staatsschulden angehäuft, sondern auch die damit verbundenen Ausfallrisiken auf die gesamte Eurozone übertragen.

Spiegelbildlich zu den Ankaufprogrammen wuchsen auch die Target-Salden im Zahlungsverkehrssystem

Target2 der Eurozone. Dieses System dient dem internen Liquiditätsausgleich, indem bei Kapitalabflüssen aus einem Euroland automatisch Zentralbankgeld nachfließt. Für strukturell defizitäre Länder entsteht dadurch der Anreiz, dauerhaft hohe Leistungsbilanzdefizite in Kauf zu nehmen, da diese über das Eurosystem durch öffentliche Target-Kredite ausgeglichen werden können (Kap. 6).

Die Target-Forderungen der Bundesbank belaufen sich mittlerweile auf über eine Billion Euro. Es handelt sich dabei um unbesicherte Buchforderungen innerhalb des Eurosystems, die keiner Tilgungspflicht unterliegen. Sollte ein Mitgliedstaat aus dem Euro austreten oder sollten Schulden durch expansive Geldpolitik der EZB entwertet werden, droht ein erheblicher Verlust deutschen Auslandsvermögens. Auf diese Weise gerät Deutschland zunehmend in eine riskante finanzielle Abhängigkeit (Sinn, 2012).

Das inzwischen etablierte Transfersystem der Zinssubventionen kommt jenen Ländern zugute, die aufgrund übermäßiger Verschuldung eigentlich deutlich höhere Zinsen zahlen müssten. Gleichzeitig benachteiligt es die solide wirtschaftenden Staaten, die sonst von niedrigeren Zinslasten profitieren würden. Diese Praxis schwächt ein zentrales marktwirtschaftliches Korrektiv. Übermäßige Verschuldung wird nicht mehr durch höhere Risikoaufschläge sanktioniert und solide Fiskalpolitik verliert ihren Vorteil niedriger Finanzierungskosten. Dadurch geht der disziplinierende Einfluss der Kapitalmärkte auf die nationalen Haushalte verloren, was dazu führt, dass Schuldenpolitik zunehmend attraktiver wird. Das wiederum beeinträchtigt auf lange Sicht die finanzielle Stabilität der Währungsunion (Kap. 7).

Die Risiken einer übermäßigen Staatsverschuldung innerhalb der Eurozone lassen sich exemplarisch am Fall Griechenlands verdeutlichen. Im Jahr 2012 stand das

Land kurz vor dem Bankrott und konnte nur mit umfangreichen Hilfsmaßnahmen der Staatengemeinschaft vor der Zahlungsunfähigkeit bewahrt werden (ESM, 2011). Griechenland wurde damals durch Kredite in Höhe von rund 170 % seines Sozialprodukts stabilisiert. Sollte erneut ein Mitgliedsland der Eurozone zahlungsunfähig werden, wären abhängig von seiner Wirtschaftsleistung vergleichbare finanzielle Belastungen zu erwarten. Auf diese Weise gerät Deutschland erneut in eine tiefgreifende Abhängigkeit, da es für etwa ein Viertel der gemeinschaftlichen Maßnahmen zur Stabilisierung des Eurosystems und der EU aufkommt.

Die gemeinsame Währung, der Euro, war als Erfolgsmodell für alle Mitgliedstaaten gedacht. Nach einem Vierteljahrhundert Eurozone fällt die Bilanz jedoch ernüchternd aus. Seit der großen Banken- und Staatsschuldenkrise von 2008 hat sich die Eurozone schrittweise in eine Haftungs- und Transfergemeinschaft entwickelt. Die Regeln des Stabilitäts- und Wachstumspakts wurden vielfach missachtet, während die Staatsverschuldung vieler Mitgliedsländer weit über die vertraglich erlaubten Grenzen hinauswuchs, ohne dass die EU jemals Sanktionen verhängt hätte. Viele Staaten sind nicht in der Lage, ihre Verschuldung dauerhaft zu stabilisieren.

Um zu einer tragfähigen Ordnung zurückzukehren, bedarf es einer tiefgreifenden Reform, die Haushaltsdisziplin und Eigenverantwortung wieder in den Mittelpunkt stellt. Solange die europäischen Strukturen jedoch zu stark auf Umverteilung und Vergemeinschaftung ausgerichtet sind, bleibt eine grundlegende Neuausrichtung der Währungsunion und darüber hinaus der gesamten Europäischen Union eine große Herausforderung. Deutschland hat infolge weitreichender Haftungszusagen und einer fortschreitenden Machtverschiebung innerhalb der EU-Institutionen erheblich an Einfluss verloren. Damit schwinden die politischen Spielräume, um die künftige Entwicklung Europas aktiv und im Sinne der Europäischen Verträge mitzugestalten.

1.3 Deutschlands Funktion als Stabilitätsanker der Eurozone

Im Jahr 2009 wurde die nationale Schuldenbremse mit einer Zweidrittelmehrheit ins deutsche Grundgesetz aufgenommen und sollte ein bewusstes Signal gegen die wachsende Staatsverschuldung im Euroraum setzen (Bundesministerium der Finanzen, 2010). Seit 2016 begrenzt sie die strukturelle Neuverschuldung des Bundes auf maximal 0,35 % des Bruttoinlandsprodukts (BIP). Die Regelung ist konjunkturabhängig ausgestaltet und erlaubt in wirtschaftlich schwachen Zeiten eine höhere Nettokreditaufnahme, während sie in konjunkturellen Hochphasen begrenzt werden muss (Kap. 6).

Seit ihrer Einführung steht die Schuldenbremse immer wieder in der Kritik. Besonders häufig wird gefordert, sie zu „reformieren", um dem Staat größere finanzpolitische Spielräume zu verschaffen (Dullien & Schwarzer, 2019). Ungeachtet solcher ausgabenpolitisch motivierter Forderungen erfüllt die Schuldenbremse jedoch eine zentrale ordnungspolitische Funktion. Sie wirkt dem zunehmenden Verschuldungstrend im Euroraum entgegen und setzt ein klares Zeichen für fiskalische Solidität.

Nach der Bundestagswahl 2025 kam es dennoch zu einem politischen Dammbruch. Die Schuldenbremse wurde in ihrer bisherigen Form aufgeweicht, und ein umfangreiches neues Schuldenpaket verabschiedet. Gerade Deutschland trägt jedoch eine besondere Verantwortung für die finanzielle Stabilität Europas. Eine weiter zunehmende, übermäßige, Staatsverschuldung der Bundesrepublik ist in diesem Zusammenhang problematisch, da sie die Kreditwürdigkeit des Landes schwächt und das gesamte Zinsgefüge in der Währungsunion erheblich beeinflussen kann.

Als finanzpolitischer Stabilitätsanker der Währungsunion darf Deutschland seine Schuldendisziplin nicht aufgeben. Die Schuldenbremse ist weit mehr als ein reines haushaltspolitisches Instrument zur Wahrung nationaler fiskalischer Solidität. Sie bildet die Grundlage für die Refinanzierbarkeit der Eurostaaten, steht für Preisstabilität im Währungsraum und sichert letztlich den Fortbestand des Euro in seiner heutigen Form (Issing, 2008).

Grundsätzlich erhöht zusätzliche Verschuldung die potenzielle Nachfrage. Die seit Mitte 2023 in Deutschland anhaltende Rezession ist jedoch nicht in erster Linie auf eine Nachfrageschwäche zurückzuführen. Vielmehr sind die Produktionskapazitäten aufgrund eines sich verschärfenden Fachkräftemangels und einer anhaltenden Energieknappheit bereits weitgehend ausgelastet (IW Köln, 2023a, 2023b). Unter solchen Rahmenbedingungen würde eine schuldenfinanzierte Nachfragestimulierung kaum konjunkturelle Impulse entfalten, sondern vielmehr das Inflationsrisiko weiter verschärfen (Kap. 6).

Hohe Staatsschulden bilden den Nährboden für Inflation (Rogoff, 2023). Schon ein externer Schock wie gestörte Lieferketten, Energieengpässe, Handelshemmnisse oder die demografische Alterung kann ausreichen, um eine Inflationsspirale in Gang zu setzen. Ein aktuelles Beispiel sind die Handelszölle, die die US-Regierung im Jahr 2025 gegenüber Europa verhängt hat. Diese Maßnahmen könnten mittelfristig zu einer Aufwertung des US-Dollars gegenüber dem Euro führen, da europäische Unternehmen verstärkt in Dollar investieren und die Nachfrage nach der Gemeinschaftswährung sinkt. In der Folge verteuern sich Importe in die Eurozone, was eine gefährliche Anfangsinflation auslösen könnte.

Ein vergleichbares Muster zeigte sich bereits im Jahr 2022, als die zögerliche Zinswende der Europäischen Zentralbank zu einer spürbaren Abwertung des Euro führte und damit eine importierte Inflation auslöste. Eine durch Handelszölle ausgelöste Anfangsinflation in Verbindung mit den stark gestiegenen Schuldenständen in den USA und Europa birgt daher das Risiko, eine neue Teuerungsdynamik zu entfesseln – mit weitreichenden ökonomischen und sozialen Folgen.

Inflation trifft nicht nur Sparer, die reale Vermögensverluste hinnehmen müssen, sondern sie belastet vor allem die sozial Schwächeren. Gleichzeitig wirkt sie als struktureller Standortnachteil. Langfristige Verträge mit festen Zinssätzen werden seltener abgeschlossen, da die reale Wertentwicklung nahezu unkalkulierbar ist. Zudem verlieren Gläubiger das Vertrauen in die Rückzahlung ihrer Kredite, was die Investitionsbereitschaft mindert und langfristige Investitionsvorhaben erschwert (Feld, 2021). Im Gegensatz dazu profitieren die hochverschuldeten Mitgliedstaaten gleich zweifach von der Geldentwertung. Einerseits sinken ihre Schuldenquoten, andererseits steigen ihre Steuereinnahmen.

Seit der Gründung der Währungsunion hat sich ein gewaltiger Schuldenberg aufgebaut. Die Gefahr besteht, dass europäische Entscheidungsträger versuchen könnten, diese Last ebenso wie die Target-Salden im Eurosystem durch gezielte Inflationspolitik zu entwerten. Angesichts der aktuellen Entwicklungen ist auch in Zukunft mit weiteren Inflationswellen zu rechnen (Kap. 6 und 7).

In diesem fragilen System kommt Deutschland eine Schlüsselrolle zu. Seine Kreditwürdigkeit bildet das Rückgrat der Währungsunion. Die Bereitschaft Deutschlands, über das Eurosystem implizit für die Schulden anderer

Mitgliedstaaten einzustehen, ist eine entscheidende Voraussetzung dafür, dass hochverschuldete Länder wie Frankreich oder Italien sich zu günstigen Konditionen refinanzieren können. Ohne diese Garantie wären die Zinskosten dieser Staaten deutlich höher. Deutschland verschafft den mediterranen Ländern damit einen fiskalischen Spielraum, den sie unter marktwirtschaftlichen Bedingungen nicht hätten.

Sollte jedoch auch Deutschlands Bonität erodieren, geriete das Zinsgefüge der gesamten Eurozone ins Rutschen und es könnte eine neue europäische Staatsschuldenkrise entstehen. Das Muster wäre bekannt: Expansive Geldpolitik, massenhafte Anleihekäufe, Schuldenfinanzierung durch frisch geschaffenes Zentralbankgeld, rapide wachsende Staatsverschuldung – und schließlich eine galoppierende Inflation.

1.4 Vom Vorreiter zum Mahnmal – Die Folgen extremistischer Klimapolitik

Unter dem Druck europäischer Vorgaben im Rahmen des Europäischen Green Deal sowie durch eigene politische Weichenstellungen hat sich Deutschland einem utopischen Klimadirigismus verschrieben (EU-Kommission, 2023). Dieser verfolgt eine unilaterale und im Kern planwirtschaftlich ausgerichtete Strategie zur erzwungenen grünen Transformation von Industrie und Gesellschaft hin zu einer klimaneutralen Staats- und Wirtschaftsordnung.

Kernstück der deutschen Energiewende ist die einseitige Ausrichtung auf die erneuerbaren Energien Wind- und Sonnenkraft. Der daraus erzeugte grüne Strom ist stark wetterabhängig und unterliegt erheblichen natürlichen

Schwankungen. Die unstete Einspeisung in das Netz erfordert daher zusätzliche, flexibel regulierbare Erzeugungskapazitäten, um die Versorgungssicherheit in Zeiten geringer oder fehlender Wind- oder Sonnenerträge zu gewährleisten. Die bevorzugte Lösung der Bundesregierung sieht den Bau neuer Gaskraftwerke vor, die zukünftig auf den Betrieb mit grünem Wasserstoff umgestellt werden sollen. Dafür wäre jedoch eine hochentwickelte Infrastruktur mit Elektrolyseanlagen, saisonalen Speichern und Verteilnetzen erforderlich, deren rechtzeitige Verfügbarkeit bislang völlig ungewiss ist (Kap. 2).

Trotz dieser Unsicherheiten hält Deutschland an dem einseitigen Energiemix fest. Dabei geraten die grundlegenden Kriterien eines nachhaltigen Energiesystems – Versorgungssicherheit, Bezahlbarkeit und Umweltverträglichkeit – zunehmend in Konflikt. Der flächendeckende Ausbau wetterabhängiger Erneuerbarer macht den dauerhaften Betrieb eines dualen Systems erforderlich. Neben Wind- und Solarstrom müssen regelbare konventionelle Kraftwerke als Backup bereitstehen, um zu jeder Zeit die Stromversorgung sicherzustellen. Diese Parallelstrukturen verursachen erhebliche Fixkosten, da zwei Energiesysteme gleichzeitig vorgehalten und betrieben werden müssen (Frondel et al., 2021).

Deutschland gehört heute vor allem aufgrund seiner einseitigen Ausrichtung auf Wind- und Sonnenstrom zu den Ländern mit den höchsten Strompreisen weltweit. Die daraus entstehenden Belastungen für private Haushalte und Unternehmen führen zu einem spürbaren Wohlstandsverlust und bremsen das Wirtschaftswachstum. Dennoch hält die Bundesregierung an der gleichzeitigen Abkehr von Kernenergie, Kohle und der Nutzung heimischer Erdgasvorkommen fest und verschärft damit die strukturelle Energieknappheit im eigenen Land.

Dabei stünde es Deutschland frei, sich an internationalen Entwicklungen zu orientieren. Der Weltklimarat

(IPCC) empfiehlt ausdrücklich den Einsatz von Kernenergie sowie emissionsvermeidender Technologien wie Carbon Capture and Storage (CCS) zur Nutzung fossiler Energien als integrale Bestandteile einer umfassenden Klimastrategie (IPCC, 2018). Deutschland hingegen beschreitet einen teuren nationalen Sonderweg, der in anderen Industrienationen keine Entsprechung findet. In der Folge verlagert sich emissionsintensive Industrieproduktion zunehmend ins weniger regulierte Ausland – die klimaschädlichen Emissionen entweichen dennoch, nur an einem anderen Ort.

Unter dem Einfluss des Europäischen Green Deals und durch nationale Beschlüsse haben sich die Deutschen strikten technokratischen Lenkungsvorgaben unterworfen. Eine Vielzahl an Verordnungen wie das Klimaschutzgesetz von 2019, das Energieeffizienzgesetz von 2023, der Atomausstieg im selben Jahr, verschärfte Flottenverbrauchsvorgaben ab 2030, der Kohleausstieg bis 2038, der Ausstieg aus Erdgas bis 2045 und der Rückbau der Erdgasnetze markieren einen klimapolitischen Fahrplan, der Deutschland zunehmend ins ökonomische Abseits führt (Kap. 3).

So hat sich Deutschland verpflichtet, seinen CO_2-Ausstoß bis 2045 auf absolut null zu senken und verfolgt damit das weltweit ambitionierteste Klimaziel. Bis 2023 wurden rund 40 % dieser Zielmarke erreicht, was jedoch primär auf den Zusammenbruch der DDR-Industrie und seit 2018 zunehmend auf die Deindustrialisierung im Westen zurückzuführen ist. Die Annahme, Deutschland könne in den verbleibenden zwei Jahrzehnten vollständig emissionsfrei werden, ohne seine industrielle Basis massiv zu gefährden, ist realitätsfern (Kap. 2).

Tatsächlich entfaltet Deutschlands radikale Klimapolitik international keinen Nachahmeffekt – ein Umstand, der sich insbesondere im kontinuierlichen Anstieg der globalen CO_2-Emissionen widerspiegelt. Während andere

Industrienationen gesellschaftlich akzeptierte und technologieoffene Wege zur Emissionsreduktion beschreiten, verfolgt Deutschland einen einsamen Sonderweg.

Ein aktuelles Beispiel dafür ist das Energieeffizienzgesetz, das in dieser Form weltweit einzigartig ist. Es verpflichtet dazu, den gesamten Endenergieverbrauch bis zum Jahr 2045 um 45 % gegenüber dem Basisjahr 2008 zu senken (Bundesregierung, 2022). Bemerkenswert ist, dass diese Vorgabe unabhängig davon gilt, ob die Energie aus fossilen oder erneuerbaren Quellen stammt. Der Gesetzgeber setzt damit nicht nur auf die Dekarbonisierung der Energieerzeugung, sondern auf eine umfassende Begrenzung des Energieeinsatzes insgesamt – mit weitreichenden negativen ökonomischen Folgen (Kap. 3).

Während weltweit Industrienationen auf Technologieneutralität, marktwirtschaftliche Mechanismen und nachhaltiges Wachstum setzen, um Klimapolitik effektiv und international anschlussfähig zu gestalten, schlägt Deutschland einen entgegengesetzten Kurs ein. Mit seinem Klimanationalismus verbrennt es nicht nur seine klassischen Industrien, sondern unterminiert auch die Akzeptanz für eine wirksame internationale Klimavereinbarung.

Deutschlands einseitige Politik der Energieverknappung führt daher nicht nur zu gravierenden Wachstumseinbußen, einem fortschreitenden Verlust qualifizierter Arbeitsplätze und einem langfristigen Rückgang des Wohlstandsniveaus. Gleichzeitig werden die hier eingesparten CO_2-Emissionen ins Ausland verlagert, ohne einen Beitrag zur globalen Emissionsminderung zu leisten. Statt als globaler Vorreiter gefeiert zu werden, avanciert Deutschland zum Exportweltmeister klimaschädlicher Emissionen (Kap. 2).

Ein globaler Klimaklub hingegen, in dem führende Industrie- und Schwellenländer gemeinsam eine verbindliche und einheitliche CO_2-Bepreisung im Rahmen eines internationalen Emissionshandelssystems vorantreiben, könnte den erneuerbaren Energien zu echter ökonomischer Wettbewerbsfähigkeit verhelfen und die Erderwärmung wirksam begrenzen. Gefordert ist nicht ideologischer Dogmatismus, sondern Technologieoffenheit und eine international koordinierte Klimapolitik – sie sind das Gebot der Stunde. Deutschland sollte zügig in neue, grundlastfähige Kraftwerkstechnologien investieren. Dazu gehören der Wiedereinstieg in Kernkraft und Kohleverstromung, die generelle Zulassung von CCS-Verfahren sowie die Erschließung und Nutzung inländischer Schiefergasvorkommen.

1.5 Das Ende des deutschen Erfolgsmodells?

Deutschland zählt zu den drei führenden Handelsnationen weltweit – ein Erfolg, der auf einem starken industriellen Fundament, einer ausgeprägten Exportorientierung und einer gesicherten Versorgung mit preisgünstigen, grundlastfähigen Energieträgern beruht. Doch dieses bewährte Geschäftsmodell gerät zunehmend unter Druck. Überbordender Dirigismus, protektionistische Tendenzen sowie die Verwerfungen der Energiewende führen zu wachsender Investitionszurückhaltung und einem strukturellen Rückgang der Industrieproduktion (IWP, 2024). Immer mehr Betriebe verlagern ihre Produktionskapazitäten ins Ausland und reduzieren gleichzeitig ihre Investitionen im Inland (Kap. 3).

Verstärkt wird dieser Trend durch eine hohe Steuer- und Abgabenlast, die sich in einer Staatsquote von mittlerweile über 50 % zeigt und damit den Anteil der Staatsausgaben an der gesamten Wirtschaftsleistung verdeutlicht. Insgesamt steht Deutschland vor gravierenden strukturellen Standortnachteilen und befindet sich zugleich in einem tiefgreifenden Transformationsprozess, der die Unsicherheit über die ökonomische Zukunftsfähigkeit des Landes weiter befeuert.

Seit dem Austritt Großbritanniens aus der Europäischen Union (EU) haben sich die Machtverhältnisse innerhalb der EU-Entscheidungsgremien spürbar verschoben, was weitreichende Konsequenzen für den politischen Kurs der Union hat. In der Folge ist die Zahl bürokratischer Regulierungen deutlich gestiegen, und ein neuer europäischer Dirigismus in Form der ESG-Regulatorik gewinnt zunehmend an Einfluss. Prominente Beispiele sind das Lieferkettengesetz und der Europäische Green Deal (bzw. Clean Industrial Deal), die tief in zentrale Wirtschaftsstrukturen eingreifen (Kap. 5).

All diese europäischen Direktiven sowie nationale Ge- und Verbote treffen die exportorientierte deutsche Industrie besonders hart. Vor allem die Energiewende mit dem geplanten Verbot von Verbrennungsmotoren, CO_2-Vorgaben und dem Ausstieg aus Atom- und Kohlekraft und hat die Deindustrialisierung beschleunigt. Die energieintensive Industrie, die Autohersteller und die Maschinenbauer – bislang globale Technologieführer und Exportschlager – sind in ihrer Wettbewerbsfähigkeit systematisch geschwächt (Kap. 3).

Ein Blick auf die Standortentscheidungen zeigt dies deutlich: Seit 2018 verlagern Unternehmen wie BASF aus der Chemiebranche sowie VW und Mercedes zunehmend ihre Produktionskapazitäten ins Ausland, während Erweiterungsinvestitionen im Inland ausbleiben. Die über Jahrzehnte aufgebaute Marktführerschaft steht auf dem Spiel. Deutschland verliert sehenden Auges seine traditionellen Industrien, was gravierende Folgen für Wachstum, Beschäftigung und Wohlstand hat.

Um den rückläufigen privaten Investitionen entgegenzuwirken, erhöht der deutsche Staat zunehmend seine Ausgaben, was sich etwa in den aktuellen Aufrüstungsprogrammen angesichts geopolitischer Herausforderungen zeigt. Diese Strategie folgt jedoch immer mehr einer planwirtschaftlichen Logik, die sich in der kontinuierlich wachsenden Staatsquote widerspiegelt. Staatliche Investitionen sind per se begrenzt, bürokratisch gesteuert und politisch motiviert. Sie können private Investitionen weder ersetzen noch ausgleichen. Private Investitionen zeichnen sich nur nur durch höhere Effizienz, Zielgenauigkeit und Ressourcenschonung aus, sondern stehen prinzipiell in nahezu unbegrenztem Umfang zur Verfügung – vorausgesetzt, die Rahmenbedingungen des Wirtschaftsstandorts sind attraktiv und verlässlich (IW Köln, 2023b).

Parallel zur Erosion der nationalen Standortbedingungen gerät auch der globale Freihandel, eine tragende Säule für Wachstum und Wohlstand, zunehmend unter Druck. Gerade für Deutschland als exportorientierte Volkswirtschaft sind offene Märkte von entscheidender Bedeutung. Protektionismus, ob offen oder verdeckt, steht diesem Interesse diametral entgegen. Er behindert den Handel, verzerrt den Wettbewerb und führt zu Wohlstandseinbußen (Kap. 8).

Beispiele für verdeckten Protektionismus der EU sind der ab 2026 geplante Klimazoll und das Lieferkettensorgfaltspflichtengesetz. Unter dem Anspruch, ethische Standards durchzusetzen, zielt das Lieferkettengesetz de facto auf die Verdrängung asiatischer und insbesondere chinesischer Produkte vom europäischen Markt, darunter Windturbinen, Photovoltaikmodule und Elektrofahrzeuge. Die Folge sind steigende Kosten für Konsumgüter und industrielle Vorprodukte, eine Einschränkung des freien Welthandels und ein Rückgang der wirtschaftlichen Dynamik.

Diese Entwicklungen vollziehen sich vor dem Hintergrund einer umfassenden systemischen Transformation auf europäischer Ebene. Die wachsende Regulierungsdichte steht für ein neues wirtschafts- und klimapolitisches Paradigma, einen europäischen Neo-Dirigismus, der marktwirtschaftliche Steuerungsmechanismen zunehmend zugunsten zentralplanerischer Strukturen verdrängt. Dies zeigt sich in immer detaillierteren Vorgaben, Eingriffen und Kontrollen. Ein Beispiel hierfür ist das im Jahr 2023 verabschiedete Energieeffizienzgesetz, das eine drastische Begrenzung des gesamten Energieverbrauchs in Deutschland bis 2045 festschreibt. Solche Maßnahmen schwächen das Vertrauen in den Wirtschaftsstandort und lassen die Investitionsbereitschaft internationaler Geldgeber weiter sinken. Die beobachtete strukturelle Abwanderung industrieller Kernbereiche der deutschen Volkswirtschaft ist daher nicht das Ergebnis vermeintlich falscher unternehmerischer Entscheidungen oder externer Schocks, sondern vor allem die Folge politischer Versäumnisse, staatlich verursachter Marktverzerrungen und einer ausufernden Regulierungswut.

Anstelle der angekündigten Blütezeit grüner Zukunftsbranchen erlebt Deutschland den Niedergang seiner traditionellen Industrien (Sinn, 2024). Der Prozess der schöpferischen Zerstörung, also die fortlaufende Erneuerung wirtschaftlicher Strukturen durch Wettbewerb und Innovation, entpuppt sich unter den aktuellen nationalen Rahmenbedingungen als bloße Deindustrialisierung. Dies verdeutlicht insbesondere, dass die deutsche Energiewende in ihrer derzeitigen Form das wohl teuerste Experiment mit negativem Ausgang in der Geschichte der Bundesrepublik ist: Seit 2018 ist ein rückläufiger Trend in der Industrieproduktion zu verzeichnen, verbunden mit dramatischen Verlusten an Arbeitsplätzen und Wohlstand. Gleichzeitig steigt der globale Ausstoß an Kohlendioxid weiterhin ungebremst an (Kap. 2 und 3).

Darauf sollten nun unverzüglich nationale Konsequenzen folgen. An erster Stelle steht ein Stopp und eine grundlegende Neujustierung der Energiewende, verbunden mit dem Ausbau einer breit diversifizierten Energieinfrastruktur. Ergänzend braucht es die Einführung eines leistungsfördernden Steuersystems sowie die generelle Wiederherstellung attraktiver Rahmenbedingungen für internationale Investoren. Unter solchen Voraussetzungen können Wettbewerbsfähigkeit, Innovation und nachhaltiges Wachstum gedeihen und damit jene Grundlagen geschaffen werden, auf denen wirtschaftliche Stärke, sozialer Ausgleich, ökologische Nachhaltigkeit und internationaler Gestaltungsanspruch beruhen (Kap. 3 und 4).

Globalisierung schafft die Voraussetzung für internationale Arbeitsteilung und ermöglicht eine effizientere Nutzung verfügbarer Ressourcen. Dadurch entstehen Produktivitätsgewinne, die die Grundlage für den durch freien Handel erzielbaren Wohlstand bilden. Die dem Freihandel zugrunde liegende Bereitschaft zur Globalisierung ist jedoch nicht nur das Fundament der deutschen und europäischen Wirtschaftskraft, sondern auch eine zentrale Voraussetzung für einen wirksamen internationalen Klimaschutz. Das gilt besonders für den Aufbau einer global koordinierten Klimagemeinschaft. Erst auf dieser Basis kann Deutschland seine Vorreiterrolle bei der Emissionsminderung gezielt ausbauen (Kap. 2).

Die Europäische Union sollte sich von übermäßiger Regulierung lösen und sich wieder auf die wirtschaftsliberalen Prinzipien der Lissabon-Agenda besinnen, mit dem Ziel, Europa zur wettbewerbsfähigsten und dynamischsten wissensbasierten Wirtschaftsregion der Welt zu entwickeln (EU-Kommission (2000). Die Vertiefung des Binnenmarkts, der Ausbau des freien Handels sowie die Schaffung eines international koordinierten Emissionshandels gehören zu den entscheidenden Hebeln, um wirtschaftliche Wettbewerbsfähigkeit, Industrialisierung und Klimaschutz in Einklang zu bringen. Auch auf nationaler Ebene ist ein grundlegender wirtschaftspolitischer Kurswechsel erforderlich – ein Kurs, der die Prinzipien der Sozialen Marktwirtschaft wieder stärker ins Zentrum des politischen Handelns rückt (Kap. 8).

Deutschland steht vor einem epochalen Umbruch. Seine über Jahrzehnte stabile und erfolgreiche Wirtschafts- und Gesellschaftsordnung gerät zunehmend ins Wanken.

Im Zentrum dieser Transformation steht ein komplexes Geflecht an systemischen Herausforderungen, das weit über den nationalstaatlichen Rahmen hinausreicht. Es betrifft nicht nur die Zukunftsfähigkeit der Europäischen Union, des Eurosystems und der internationalen Klimagemeinschaft, sondern stellt in seiner Gesamtheit eine beispiellose Belastungsprobe für das Erfolgs- und Geschäftsmodell der Bundesrepublik seit ihrer Gründung dar.

Literatur

Bundesministerium der Finanzen (2010): *Die Schuldenbremse im Grundgesetz*, Berlin.

Bundesregierung (2022): Deutscher Klimaschutzplan 2045. Berlin.

Dullien, S. & Schwarzer, D. (2019): *Mehr Investitionen trotz Schuldenbremse*, Friedrich-Ebert-Stiftung.

ESM (2011): Europäischer Stabilitätsmechanismus: Vertrag zur Einrichtung des Europäischen Stabilitätsmechanismus.

EZB (2022): *TPI – Transmission Protection Instrument: Fakten und Perspektiven*, Frankfurt.

EZB (2014): Technische Erläuterungen zu den Programmen OMT und QE.

Erhard, L. (1957): Wohlstand für alle. Düsseldorf.

EU-Kommission (2000). *Lissabon-Strategie: Ein wettbewerbsfähiges Europa für das 21. Jahrhundert.*

EU-Kommission (2023): *Fit for 55 – Umsetzungspaket zum Green Deal.* Brüssel.

Frondel, M. et al. (2021): *Kosten der Energiewende: Eine Zwischenbilanz.* RWI Materialien.

Feld, L. (2021): *Ordnungspolitik im Zeitalter expansiver Fiskalpolitik*, ifo Schnelldienst.

IPCC (2018). Special Report on Global Warming of 1.5°C. Genf.

Institut für Weltwirtschaft (IWP) (2024). *Standortbericht Deutschland*.

Hüther, M., & Bardt, H. (2022). Industriepolitik und Wettbewerbsfähigkeit. IW Köln, Köln.

ifo Institut (2021): Wirtschaftsstudien. München.

Issing, O. (2008): The Birth of the Euro. Cambridge University Press.

IW Köln. (2023): *Fachkräftemangel und Energiekrise: Zwei Bremsen für den Aufschwung*, Köln.

IW Köln (2023b): *Deindustrialisierung in Deutschland: Trends und Treiber*. Köln.

Rogoff, K. (2023): *The Debt-Inflation Nexus in the Post-Pandemic World*, NBER Working Paper.

Sachverständigenrat zur Begutachtung der gesamtwirtschaftlichen Entwicklung (2022): *Jahresgutachten*, Wiesbaden.

Sinn. 2008. Das grüne Paradoxon: Plädoyer für eine illusionsfreie Klimapolitik. Hans-Werner Sinn, Econ Verlag, München.

Sinn. 2012: Die Target-Falle: Gefahren für unser Geld und unsere Kinder. Hans-Werner Sinn, Hanser, München.

Sinn. 2015. Der Euro: Von der Friedensidee zum Zankapfel. Hans-Werner Sinn, Hanser Verlag, München.

Sinn. 2024. Deutschland verbrennt seine alten Industrien, Hans-Werner Sinn, 2024. https://www.youtube.com/watch?v=trYO5KtLq0Q

2

Im Bann ideologisierter Klimapolitik

Das deutsche Wirtschaftsmodell steht unter erheblichem Druck. Seine drei tragenden Säulen – ein starker industrieller Kern, eine ausgeprägte Exportorientierung und international wettbewerbsfähige Standortbedingungen – geraten zunehmend ins Wanken. Die Deindustrialisierung hat ein bedrohliches Ausmaß angenommen, während sich die De-Globalisierung unter dem Einfluss von Protektionismus und geopolitischen Spannungen weiter beschleunigt. Zugleich erodieren die Rahmenbedingungen am Wirtschaftsstandort Deutschland. Hohe Abgabenquoten, dirigistische Eingriffe im Zuge der Dekarbonisierung sowie eine Handelspolitik, die zentrale Industriezweige durch weitreichende ESG-Regulatorik zusätzlich belastet, verschärfen die strukturellen Herausforderungen. Deutschland läuft Gefahr, sich vom führenden Industriestandort zu einer investitionsfeindlichen Wirtschaftsregion zu wandeln (Institut der deutschen Wirtschaft, 2024).

Diese Entwicklung darf keinesfalls als alternativlos hingenommen werden. Schwindende Standortattraktivität, Arbeitsplatzverluste und sinkende Wohlstandsperspektiven sind keine zwangsläufigen Folgen globaler Umbrüche, sondern vielmehr Ausdruck politischer Fehlsteuerung. Die Sicherung des Wohlstands sollte daher wieder zum zentralen Leitmotiv deutscher Wirtschaftspolitik werden – nicht im Sinne einer rückwärtsgewandten Verteidigung überholter Strukturen, sondern als vorausschauende, strategisch fundierte Gestaltungsaufgabe (ifo Institut, 2023).

Voraussetzung dafür ist die entschlossene Rückkehr zu attraktiven Rahmenbedingungen für Investitionen, Innovationen und industrielle Wertschöpfung. Im Zentrum stehen drei strategische Prioritäten. Erstens die Diversifizierung der Energieversorgung als Grundlage für Versorgungssicherheit und international wettbewerbsfähige Strompreise (IEA, 2025a). Zweitens ein klares Bekenntnis zu einem investitionsfreundlichen Steuersystem, das Deutschland im globalen Standortwettbewerb wieder attraktiv macht. Und drittens die Rückbesinnung auf marktwirtschaftliche Effizienz, internationale Arbeitsteilung und regelbasierten Freihandel als unverzichtbare Elemente einer zukunftsfähigen Industriepolitik.

Ein zentrales Beispiel für eine sowohl wirtschafts- als auch klimapolitisch verfehlte Strategie ist die deutsche Energiepolitik (Handelsblatt, 2025a). Die Transformation des Energiesektors verläuft bislang weitgehend einseitig. Dem erzwungenen Ausstieg aus Kernenergie und Kohle sowie der Blockade von Fracking- und CCS-Technologien steht ein nahezu exklusiver Ausbau von Wind- und Solarenergie gegenüber. Dieses Modell stößt jedoch zunehmend an physikalische und ökonomische Grenzen. Der volatile Strom aus Sonne und Wind erfordert ein doppeltes System, eines für die Stromproduktion und ein weiteres zur Absicherung von Versorgungslücken, wenn die wetterabhängigen Erneuerbaren nicht liefern. Das führt zu dauerhaft erhöhten strukturellen Kosten, treibt den Strompreis und schwächt die Wettbewerbsfähigkeit des Industriestandorts.

Zudem offenbart sich eine grundlegende klimapolitische Erkenntnis, die als *Grünes Paradoxon* bekannt ist (Sinn, 2012). Der nationale Verzicht auf handelbare fossile Energieträger senkt deren Weltmarktpreis, mit der Folge, dass die hier eingesparten Brennstoffe in andere Weltregionen exportiert und dort verbrannt werden. Zwar verbessert sich dadurch die deutsche CO_2-Bilanz, doch für das globale Klima bleibt der Effekt nicht nur wirkungslos, sondern kann insgesamt sogar zu höheren Emissionen führen.

Effektiver Klimaschutz erfordert internationale Koordination und kann nur in einem globalen ordnungspolitischen Rahmen gelingen, etwa durch ein weltweit verbindliches Emissionshandelssystem mit handelbaren CO_2-Zertifikaten. Ein solches System folgt konsequent marktwirtschaftlichen Prinzipien: Nur wenn Emissionen weltweit einen einheitlichen Preis erhalten, entsteht ein wirksamer Anreiz für einen innovationsgetriebenen Strukturwandel, der sowohl ökologisch sinnvoll als auch ökonomisch tragfähig ist. Nationale Nachfrageeinschränkungen hingegen sind teuer, gefährden die industrielle Wettbewerbsfähigkeit der beteiligten Länder und sind zudem klimapolitisch wirkungslos (OECD, 2024).

Die Folgen der deutschen Energie- und Klimapolitik sind bereits deutlich sichtbar. Deutschland gehört inzwischen zu den Ländern mit den höchsten Energiepreisen weltweit (Abschn. 3.1). Gleichzeitig steigt der globale CO_2-Ausstoß ungebremst an, wie Abb. 2.1 verdeutlicht. Länder wie China und Indien bauen ihre Kohlekraftwerkskapazitäten massiv aus. China allein betreibt nahezu die Hälfte aller Kohlekraftwerke weltweit und nimmt etwa

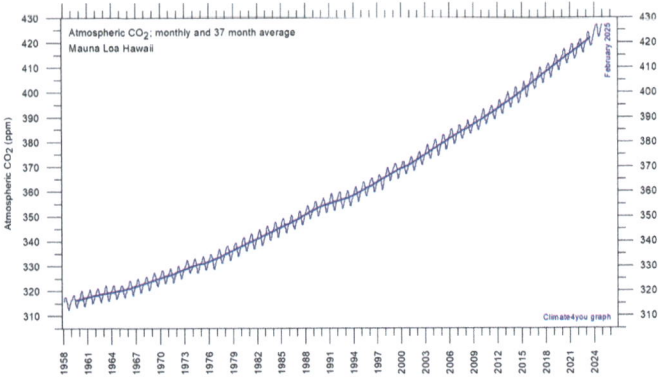

Abb. 2.1 Anstieg der CO_2-Konzentration in Atmosphäre, Climate4you, Februar 2025. (Quelle:https://www.climate4you.com/Text/Climate4you_February_2025.pdf)

alle zwei Wochen ein neues Kraftwerk in Betrieb. Ein Rückbau in absehbarer Zeit ist daher faktisch ausgeschlossen (Global Energy Monitor, 2024).

Während andere Industrienationen auf einen ausgewogenen Energiemix aus fossilen Brennstoffen, Kernkraft und erneuerbaren Energien setzen, beschreitet Deutschland einen teuren Sonderweg, der zunehmend zur wirtschafts- und energiepolitischen Selbstgefährdung wird. Der bewusste Verzicht auf ganze Technologiezweige – vom Ausstieg aus der Kernenergie über das Fracking-Verbot bis hin zur Blockade von CO_2-Abscheidung und -Speicherung (CCS) – entzieht der Energiepolitik zentrale Handlungsoptionen, sowohl aus ökologischer als auch aus ökonomischer Perspektive (Handelsblatt, 2025b).

Gleichzeitig steht die Bundesrepublik vor den Herausforderungen einer gewaltigen Gesamtverschuldung, deren tatsächliches Ausmaß nun immer deutlicher sichtbar wird. Allein die bestehenden Sondervermögen sowie Deutschlands Anteil am europäischen Wiederaufbaufonds belasten den Bundeshaushalt mit rund 820 Mrd. Euro. Hinzu kommt das im März 2025 verabschiedete Schuldenpaket historischen Ausmaßes. Der Bund plant innerhalb der nächsten zehn Jahre Kreditaufnahmen in Höhe von etwa 1,1 Billionen Euro. Rechnet man die Beteiligung an den geplanten EU-Anleiheemissionen zur Stärkung der europäischen Verteidigung hinzu, ergibt sich insgesamt eine zusätzliche Belastung von rund 1,96 Billionen Euro, was etwa rund 45 % des deutschen Bruttoinlandsprodukts entspricht (Abschn. 6.7).

Darüber hinaus bestehen langfristige Verpflichtungen aus den umlagefinanzierten Sozialsystemen, deren implizite Verschuldung laut Schätzungen über 200 % des BIP erreicht (Abschn. 4.1). Rechnet man die offizielle Staatsverschuldung von gut 60 % und den Anteil aus den Sondervermögen hinzu, ergibt sich eine Gesamtverschuldung des Bundes von über 300 % der deutschen Wirtschaftsleistung.

Die ohnehin prekäre Lage der gesetzlichen Umlagesysteme wird durch die demografische Alterung weiter verschärft. Bis spätestens Mitte der 2030er-Jahre wird ein kritischer Punkt erreicht sein. Dann wird das Verhältnis von Beitragszahlern zu Leistungsempfängern seinen Tiefstand erreichen und die staatlichen Sozialsysteme ohne drastische Gegenmaßnahmen absehbar an den Rand des Kollapses führen (Kap. 4).

Parallel dazu steht die deutsche Volkswirtschaft vor den Herausforderungen einer fortschreitenden Deindustrialisierung (Kap. 3). Der Industrie fehlen zunehmend qualifizierte Fachkräfte, während hohe Arbeitskosten, die weltweit höchsten Energiepreise und eine immer umfangreichere EU-Regulierung die internationale Wettbewerbsfähigkeit und industrielle Substanz der deutschen Wirtschaft untergraben (OECD, 2024a). Es besteht die reale Gefahr, dass sich Deutschland in absehbarer Zeit in den

Kreis der wirtschaftlich und finanziell angeschlagenen Länder einreihen muss (Sinn, 2024a).

All diese Entwicklungen wird die kommende Generation erheblich belasten. Sie steht vor einer dreifachen Herausforderung: Sie muss die Folgen der demografischen Verschiebung schultern, die fiskalischen Altlasten jahrzehntelanger Krisen- und Ausgabenpolitik übernehmen und diese Belastungen unter den Bedingungen einer zunehmend deindustrialisierten Volkswirtschaft bewältigen.

Vor diesem Hintergrund ist eine tiefgreifende Neujustierung der staatlichen Ausgaben-, Wirtschafts- und Klimapolitik unumgänglich. Angesichts der Überforderung der jungen Generation ist es höchste Zeit, das Staatsbudget konsequent von unnötigen Ausgaben zu entlasten. Künftig darf nur noch das unabweisbar Notwendige finanziert werden, denn Luxus kann sich der Staat nicht mehr leisten. Besonders der deutsche Sonderweg in der Energie- und Klimapolitik erweist sich unter den aktuellen Rahmenbedingungen als weder tragfähig noch gerechtfertigt (IEA, 2025a).

Eine zukunftsfähige Energiepolitik sollte sich an drei zentralen Kriterien orientieren: Versorgungssicherheit, Bezahlbarkeit und ökologische Verträglichkeit. Die Realität des globalen Energiemarkts (BP, 2024) mit einem Anteil fossiler Energieträger von über 80 % und einem weltweiten Anteil erneuerbarer Energien (ohne Wasserkraft) von lediglich rund 7 % lässt keinen Zweifel (Sinn, 2025). Ohne Technologieneutralität wird die Energiewende weder ökonomisch noch ökologisch gelingen.

Notwendig ist daher eine strategische Neuausrichtung, die den Wiedereinstieg in die Kernenergie einschließt, die Nutzung heimischer fossiler Energiequellen ermöglicht und gezielt in emissionsvermeidende Schlüsseltechnologien wie die CO_2-Abscheidung und -Speicherung (CCS) investiert (Handelsblatt, 2025b). Eine moderne Energiepolitik darf sich nicht länger an planwirtschaftlichen Leitbildern wie dem Europäischen Green Deal orientieren. Stattdessen sollte sie marktwirtschaftliche Anreize in den Vordergrund stellen, technologieoffen gestaltet sein und internationale Kooperation als zentrales Prinzip verankern (Abschn. 2.6).

Der deutsche Klimaextremismus trägt nicht zu einer global wirksamen Dekarbonisierung bei, beschleunigt jedoch die Deindustrialisierung im eigenen Land (Abschn. 2.1). Eine klimagerechte Transformation von Industrie und Gesellschaft, die zugleich wirtschaftlich tragfähig bleibt, lässt sich nur durch die konsequente Einbindung aller verfügbaren Technologien erreichen, von Kernenergie über moderne Kohlekraftwerke mit CO_2-Abscheidung bis zur Nutzung heimischer Gasvorkommen und erneuerbarer Energien. Wird dieser technologieoffene Ansatz durch internationale Kooperationsabkommen zur CO_2-Bepreisung ergänzt, entsteht ein realistischer Pfad, der ökologische Zielsetzungen und industrielle Wertschöpfung nicht gegeneinander ausspielt, sondern miteinander in Einklang bringt (Global Energy Monitor, 2024).

2.1 Deutschlands klimapolitischer Alleingang läuft ins Leere

Kohlendioxid (CO_2) ist ein klimawirksames Gas, dessen Einfluss auf die Temperaturentwicklung unter Laborbedingungen gut dokumentiert ist. Eine Verdopplung der atmosphärischen CO_2-Konzentration führt demnach zu einem Temperaturanstieg von etwa 1,2 Grad Celsius – der sogenannten Klimasensitivität. In der Realität ist der Zusammenhang zwischen CO_2-Konzentration und globaler Temperatur jedoch deutlich komplexer. Beobachtungen zeigen, dass die globale Durchschnittstemperatur nicht immer im Gleichschritt mit der steigenden CO_2-Konzentration verläuft (Abb. 2.2), was auf eine Vielzahl klimarelevanter Einflussfaktoren hinweist. Dennoch besteht eine positive Korrelation zwischen dem atmosphärischen CO_2-Gehalt und der globalen Temperatur (IPCC, 2021).

Diese Korrelation lässt sich über geologische Zeiträume hinweg statistisch nachweisen – etwa anhand von Eisbohrkernen, die in der Antarktis und in Grönland gewonnen wurden. Die in ihnen eingeschlossenen Luftbläschen ermöglichen Rückschlüsse auf die atmosphärischen Bedingungen der vergangenen 800.000 Jahre. Dabei zeigt sich ein enger Zusammenhang zwischen CO_2-Konzentrationen und der globalen Durchschnittstemperatur (Abb. 2.3). Allerdings erlaubt dieser Befund keine Aussage über Kausalität. Sie belegt lediglich, dass hohe Temperaturen stets

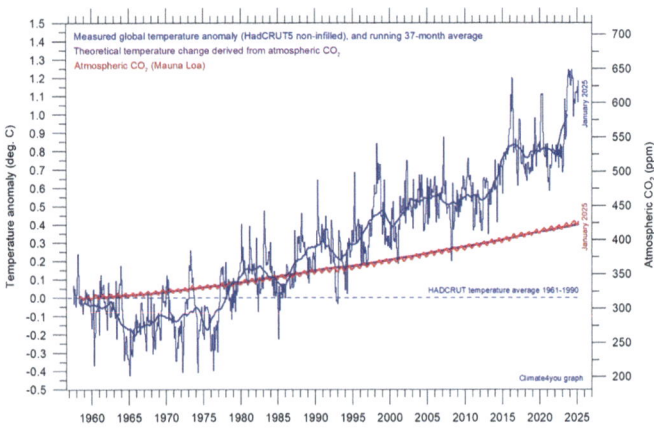

Abb. 2.2 CO_2-Gehalt und Temperaturentwicklung von 1960 bis 2025, Climate4you, Februar 2025. (Quelle: https://www.climate4you.com/Text/Climate4you_February_2025.pdf)

2 Im Bann ideologisierter Klimapolitik

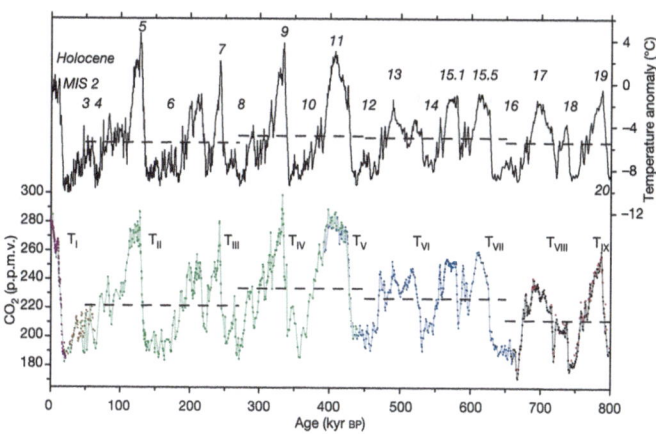

Abb. 2.3 CO_2-Gehalt und Temperaturentwicklung während der letzten 800.000 Jahre. (Quelle: https://epic.awi.de/id/eprint/18281/1/Lth2008a.pdf)

mit einem erhöhten CO_2-Gehalt einhergehen – und umgekehrt (EPICA Community Members, 2004).

Das globale Klima ist ein äußerst komplexes und in Teilen noch nicht vollständig verstandenes physikalisches System. Die Annahme, die heutigen Klimamodelle könnten die künftige klimatische Entwicklung zuverlässig vorhersagen, greift daher zu kurz. Alle anerkannten Modelle beruhen auf der Kalibrierung mit historischen Klimadaten, wobei unbekannte Einflussgrößen oder nur unzureichend verstandene physikalische Prozesse häufig durch mathematische Annahmen ersetzt werden. Zwar gelingt es ihnen, vergangene Klimaverläufe plausibel zu rekonstruieren, doch ihre Aussagekraft in Bezug auf zukünftige Entwicklungen bleibt begrenzt. Solange die zentralen Rückkopplungsmechanismen im Klimasystem nicht vollständig verstanden sind, bleibt auch die Prognosefähigkeit moderner Klimamodelle eingeschränkt (Stainforth & Smith, 2020).

Das Pariser Klimaabkommen von 2015 verfolgt das Ziel, die globale Erwärmung deutlich unter zwei Grad Celsius gegenüber dem vorindustriellen Niveau zu begrenzen. Im Zentrum steht dabei das angestrebte Gleichgewicht zwischen anthropogenen Emissionen und der Aufnahmefähigkeit natürlicher Senken wie Landpflanzen und Ozeanen, wie es vom IPCC gefordert wird. Dieses sogenannte Senkenmodell stellt eine Alternative zum Budgetmodell dar, das ein festes Restbudget an CO_2-Emissionen vorgibt, die bis Mitte des Jahrhunderts – in Deutschland sogar bis 2045 – auf null reduziert werden sollen. Das Budgetmodell bildet die Grundlage der europäischen Klimapolitik und beruht auf der Annahme, dass die Effizienz natürlicher CO_2-Senken ab etwa 2030 deutlich abnimmt, während die Emissionen weiter steigen. Diese Annahme gilt mittlerweile als überholt. Aktuelle Erkenntnisse zeigen, dass die Senkenleistung von Ozeanen und Landökosystemen auf absehbare Zeit stabil bleibt (Ganteför, 2024).

Ein realistischer klimapolitischer Ansatz sollte daher auf das Senkenmodell setzen. Dieses Modell berücksichtigt die tatsächlichen Aufnahmeprozesse natürlicher CO_2-Speicher, insbesondere der Ozeane, und ermöglicht differenziertere sowie wirtschaftlich und gesellschaftlich tragfähigere Reduktionspfade. Das ist ein entscheidender Faktor, denn derzeit wird rund die Hälfte der menschengemachten CO_2-Emissionen von natürlichen Senken aufgenommen (Ganteför, 2024). Entsprechend den Empfehlungen des IPCC sollte dieses Absorptionspotenzial von der EU und auch von Deutschland nicht nur anerkannt, sondern auch in den zugrunde liegenden Klimaberechnungen angemessen einbezogen werden.

Die CO_2-Aufnahme durch terrestrische Ökosysteme hängt maßgeblich vom Pflanzenwachstum ab – ein Prozess, der sich mit steigender CO_2-Konzentration verstärkt und damit die Bindungskapazität der Landsenke erhöht. Auch die Ozeane spielen eine zentrale Rolle im globalen Kohlenstoffkreislauf. In einem zweistufigen Prozess löst sich CO_2 zunächst im Oberflächenwasser, bevor es durch natürliche Durchmischung in tiefere Wasserschichten gelangt. Je höher der atmosphärische CO_2-Gehalt, desto größer ist auch die Aufnahme durch die Ozeane. Mit einer durchschnittlichen Tiefe von rund 4000 m verfügen die Weltmeere über eine etwa 40-mal höhere CO_2-Speicherkapazität als die Atmosphäre. In der obersten Mischschicht von etwa 100 m gleichen sich die CO_2-Konzentrationen zwischen Luft und Wasser bereits aus – derzeit bei rund 420 ppm. In den tieferen Wasserschichten hingegen liegt der CO_2-Gehalt weiterhin auf dem vorindustriellen Niveau von etwa 280 ppm (Science, 2019). Der Ozean ist als CO_2-Speicher somit bislang nur zu einem Bruchteil seiner Kapazität ausgeschöpft. Der Sättigungsprozess ist keineswegs abgeschlossen und dürfte sich noch über Jahrhunderte fortsetzen (Heindl, 2025b).

Angesichts dieser Erkenntnisse erweist sich das Budgetmodell als nicht mehr tragfähig. Die Vorgabe der deutschen Klimapolitik, bis 2045, oder der EU, bis 2050, vollständig emissionsfrei wirtschaften zu müssen, ist vor dem Hintergrund des Potenzials des globalen CO_2-Kreislaufs und einer stabilen natürlichen Senkenleistung übermäßig rigide. Die europäischen Klimamodelle sollten daher die Wirkmechanismen natürlicher Senken systematisch integrieren, um realitätsnähere Prognosen zu ermöglichen. Eine glaubwürdige und wirksame Klimapolitik setzt eine belastbare wissenschaftliche Grundlage voraus – beginnend mit der Anerkennung der terrestrischen und ozeanischen Speicherleistungen (Ganteför, 2024) (Knutti & Rogelj, 2021).

Ein dramatischer globaler Temperaturanstieg hätte zweifellos gravierende Folgen für Umwelt und Gesellschaft. Es ist daher berechtigt, die Risiken ernst zu nehmen und sowohl die Ergebnisse von Laboruntersuchungen als auch die Szenarien etablierter Klimamodelle in die politische Entscheidungsfindung einzubeziehen. Klar ist jedoch auch, dass wirksamer Klimaschutz nur im Rahmen eines weltweit koordinierten Vorgehens gelingen kann (UNEP, 2024).

Im Pariser Klimavertrag wurde das gemeinsame Ziel formuliert, die Erderwärmung wirksam zu begrenzen. Der Vertrag betont die Notwendigkeit einer weltweit koordinierten Reduktion von Treibhausgasemissionen, insbesondere durch die Industrienationen. In der Praxis bleibt die internationale Beteiligung jedoch weit hinter diesem Anspruch zurück. Bis heute haben sich lediglich 61 Staaten, die sogenannten grünen Länder, zu konkreten Emissionsbegrenzungen verpflichtet, darunter die europäischen Länder. Gemeinsam stehen sie für nur etwa ein Drittel der globalen CO_2-Emissionen – ein ernüchterndes Ergebnis angesichts der weltweiten Tragweite der Erderwärmung (UNFCCC, 2024).

Die übrigen zwei Drittel der Welt profitieren von den fossilen Brennstoffen, auf deren Nutzung insbesondere Europa im Rahmen seiner Selbstverpflichtungen verzichtet. Diese Länder scheuen Maßnahmen, die ihre wirtschaftliche Wettbewerbsfähigkeit beeinträchtigen könnten. Europa hingegen nimmt erhebliche Belastungen für seine Industrie in Kauf und eröffnet gleichzeitig seinen Konkurrenzmärkten – vor allem in Asien und Amerika – neue Wachstumsperspektiven. Der einseitige Verzicht Europas schwächt somit nicht nur die Wettbewerbsfähigkeit seiner Unternehmen, sondern stellt auch den ökologischen Nutzen der eigenen Klimaambitionen grundsätzlich infrage.

Auch die Vereinigten Staaten zählten zunächst zu den Unterzeichnern des Pariser Abkommens, haben es jedoch nie formell ratifiziert. Anfang 2025 zog die neue US-Regierung einen klaren Schlussstrich und erklärte den offiziellen Austritt (New York Times, 2025). China hingegen verfolgt weiterhin einen klimapolitischen Sonderweg, indem es den systematischen Ausbau neuer Kohlekraftwerke unbeirrt fortgesetzt. Inzwischen emittiert China nahezu ebenso viel CO_2 wie sämtliche Industrienationen zusammen (Handelsblatt, 2021).

Ein Blick auf die internationalen Realitäten verdeutlicht, wie unausgewogen die Verteilung der klimapolitischen Lasten ist. Während Europa mit strengen Vorgaben, klar definierten Emissionszielen und konkreten Ausstiegsstrategien vorangeht, setzen viele andere Staaten auf Wachstum um jeden Preis, vielfach gestützt durch den intensiven Einsatz fossiler Energieträger. China, der weltweit größte Emittent, treibt den Ausbau seiner Kohlekraftkapazitäten weiterhin massiv voran. Allein im Jahr 2023 wurden Genehmigungen für neue Kraftwerke mit einer Gesamtleistung von über 100 Gigawatt erteilt – etwa der Hälfte der gesamten Kraftwerksleistung in Deutschland (Tagesschau, 2023). Auch in Indien bleibt Kohle ein zentraler Bestandteil der Energieversorgung, um den steigenden Bedarf der Bevölkerung zu decken (Global Energy Monitor, 2024).

Die Vereinigten Staaten wiederum setzen zwar vereinzelt auf Klimainitiativen – etwa mit dem Inflation Reduction Act (IRA) – vermeiden jedoch gezielt einseitige Maßnahmen, die ihre wirtschaftliche Wettbewerbsfähigkeit beeinträchtigen könnten. Spritschluckende Fahrzeuge sind in den USA weit verbreitet, und die US-Regierung verfolgt nach wie vor einen emissionsintensiven Wachstumskurs. Auch Länder im Mittleren Osten, in Afrika oder Südamerika zeigen bislang keine Bereitschaft, auf die Exploration ihrer fossilen Reichtümer zu verzichten – zu groß ist ihre ökonomische Abhängigkeit von Rohstoffexporten.

Der unilaterale Verzicht Europas auf fossile Brennstoffe sowie die daraus resultierende Verlagerung energieintensiver Produktionsprozesse in weniger regulierte Wirtschaftsräume erweisen sich zunehmend als klimapolitisch kontraproduktiv. Anstatt die globalen Emissionen zu senken, wird deren Freisetzung beschleunigt. Denn Emissionen entstehen vermehrt dort, wo die Energieeffizienz niedriger ist und entsprechend mehr Energie verbraucht wird oder wo CO_2-Sequestrierung unzureichend erfolgt. Ein Blick auf die länderspezifische CO_2-Intensität – als reziprokes Maß für die CO_2-Vermeidungseffizienz – verdeutlicht das Ausmaß. Während die EU im Jahr 2024 rund 0,104 t CO_2 pro 1.000 US$ Bruttoinlandsprodukt ausstößt, liegt dieser Wert in China bei 0,425 t und damit etwa beim Vierfachen (Abb. 2.4).

Die Zurückhaltung vieler Staaten, verbindliche Klimaziele im Rahmen des Pariser Abkommens zu übernehmen, verdeutlicht auch die begrenzte weltweite Akzeptanz alternativer Energiesysteme. Zwar stellt die Sonne keine Rechnung, doch grüner Strom aus wetterabhängigen Quel-

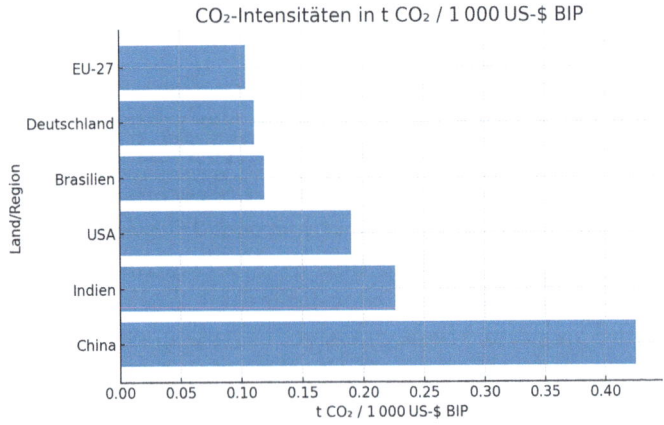

Abb. 2.4 CO_2-Intensitäten ausgewählter Länder gemessen in Tonnen CO_2 pro 1.000 US$ Bruttoinlandsprodukt (BIP). Quelle: (EDGAR, 2024)

len ist in der Praxis teurer als konventionelle Formen der Stromerzeugung. Wäre dem nicht so, würden sich erneuerbare Energien auch ohne staatliche Eingriffe am Markt durchsetzen. Tatsächlich sind jedoch erhebliche Subventionen, eine gezielte Verteuerung fossiler Brennstoffe und ein Zurückdrängen der Kernenergie erforderlich, um überhaupt eine Nachfrage nach grünem Strom zu schaffen (BloombergNEF, 2023).

Deutschland steht exemplarisch für diese Entwicklung. Mit einem hohen Anteil wetterabhängiger erneuerbarer Energien zählt die Bundesrepublik inzwischen zu den Ländern mit den höchsten Strompreisen der industrialisierten Welt. Im Jahr 2023 deckten Wind- und Solarenergie gemeinsam durchschnittlich rund 38 % des Bruttostromverbrauchs – ein beachtlicher Anteil, der jedoch mit erheblichen Kosten und infrastrukturellen Herausforderungen einhergeht (destatis, 2023). Anders als konventionelle Kraftwerke liefern Wind- und Solaranlagen ihren Strom nicht bedarfsgerecht, sondern abhängig von Wetter und Tageszeit. Das erfordert einen umfassenden Ausbau von Reservekapazitäten, Speichertechnologien und Netzinfrastruktur, was erhebliche zusätzliche Kosten verursacht und letztlich die Stromverbraucher belastet.

Ein internationaler Vergleich verdeutlicht die wirtschaftlichen Folgen: Während Haushalte in Deutschland im Jahr 2023 durchschnittlich über 35 Cent pro Kilowattstunde zahlten, lag der Preis in Frankreich – dank eines hohen Anteils an Kernenergie – bei rund 21 Cent. In den USA waren es weniger als 15 Cent, in China sogar unter 10 Cent. Diese markanten Preisunterschiede sind nicht nur Ausdruck unterschiedlicher Energiemixe, sondern spiegeln vor allem die strukturellen Schwächen eines Energiesystems wider, das primär auf dem minderwertigen Strom aus Wind und Sonne setzt.

Die Abhängigkeit vom Wetter stellt das deutsche Energiesystem vor erhebliche Herausforderungen, da eine stabile Stromversorgung erfordert, dass Angebot und Nachfrage jederzeit im Gleichgewicht stehen. Ohne ausreichend regelbare Reservekapazitäten lässt sich wetterabhängiger Strom nicht zuverlässig nutzen. Deshalb braucht es ein zweites, paralleles Versorgungssystem, das einspringt, wenn Wind und Sonne nicht liefern.

Traditionell übernehmen Kohle-, Gas- und Kernkraftwerke diese Aufgabe, da sie bedarfsgerecht Strom bereitstellen können. Doch genau diese Energieträger werden in Deutschland schrittweise zurückgedrängt. Der vollständige Kohleausstieg ist bis 2038 geplant, die Nutzung von Erdgas soll bis spätestens 2045 enden und die Kernkraftwerke wurden bereits 2023 abgeschaltet. Damit fehlen künftig konventionelle Reserven, um Ausfälle bei den Erneuerbaren abzufedern – ein Umstand, der enorme Anforderungen an alternative Speicherlösungen stellt (BMWK, 2024).

Als grundsätzlich tauglicher Energiespeicher gilt grüner Wasserstoff, der mithilfe von überschüssigem Ökostrom produziert, gespeichert und bei Bedarf rückverstromt wird. Doch dieses Verfahren ist nicht nur technologisch anspruchsvoll, sondern auch hochgradig ineffizient. Etwa drei Viertel der eingesetzten Energie gehen auf dem Weg von der Elektrolyse über die Verdichtung und Speicherung bis hin zur Rückverstromung mittels Gasturbine verloren (Escamilla, 2022). In der Praxis führt dies dazu, dass sich der Preis des ursprünglich eingesetzten Stroms etwa vervierfacht.

Wirtschaftlich tragfähige saisonale Energiespeicher setzen daher einen stabilen Grundlastanteil im Strommix voraus, vorzugsweise durch Kernkraft oder kohlebefeuerte Anlagen mit CO_2-Abscheidung. Da diese Technologien in Deutschland jedoch ausgeschlossen wurden, sind bezahlbare Speicherlösungen auf absehbare Zeit nicht verfügbar (Heindl, 2024). Das deutsche Energiesystem steuert damit in eine strukturelle Versorgungskrise – ein Risiko, das mit jedem weiteren Ausbau der Stromerzeugung aus volatilen Energiequellen größer wird.

Die Energiewende droht nicht nur finanziell aus dem Ruder zu laufen, sondern gefährdet auch die Stabilität des Stromnetzes. Das haben die großflächigen Stromausfälle Ende April 2025 in Spanien und Portugal eindrucksvoll gezeigt (El País, 2025). Ohne grundlastfähige und flexibel regelbare CO_2-arme Energiesysteme wie moderne Kernkraftwerke oder fossile Anlagen mit CO_2-Abscheidung lässt sich eine stabile und bezahlbare Stromversorgung nicht gewährleisten. Der Anspruch, eine klimafreundliche und zugleich wirtschaftlich tragfähige Energieversorgung ausschließlich auf wetterabhängige erneuerbare Quellen zu stützen, entpuppt sich immer deutlicher als Illusion.

Vor diesem Hintergrund rückt die Kernenergie erneut in den Mittelpunkt der energiepolitischen Debatte. Länder wie Frankreich, die Niederlande, Schweden, Polen und Tschechien haben sich klar für den Bau neuer Atomkraftwerke ausgesprochen, und auch die Europäische Union hat die Kernkraft inzwischen als nachhaltige Energieform anerkannt (ANS, 2021). Damit eröffnen sich bedeutende Investitions- und Wettbewerbsperspektiven – Chancen, die Deutschland infolge seines ideologisch motivierten Ausstiegs bewusst ungenutzt lässt. Bis zum Regierungswechsel im März 2025 war im Koalitionsvertrag der damaligen Ampelkoalition sogar das Ziel verankert, den europaweiten Verzicht auf Kernenergie aktiv zu fördern. Deutschland sollte sich jedoch nicht länger anmaßen, seine energiepolitische Ideologie anderen Staaten aufzuzwingen, insbesondere jenen, auf die es politischen und wirtschaftlichen Einfluss ausüben kann. Stattdessen ist es an der Zeit, die energiepolitische Notbremse zu ziehen und insbesondere den Ausstieg aus der Kernkraft zu überdenken. Ein pragmatischer Kurswechsel würde helfen, die Versorgungssicherheit zu stärken, die Energiekosten zu senken und der deutschen Industrie wieder bessere Rahmenbedingungen zu bieten.

Auch das deutsche Erneuerbare-Energien-Gesetz (EEG) ist im Kontext des europäischen Emissionshandels nicht mehr zeitgemäß. Es regelt nicht nur die Einspeisetarife für Strom aus erneuerbaren Quellen, sondern räumt diesen zugleich Vorrang gegenüber konventionellen, grundlastfähigen Energieträgern wie Gas, Kohle und Kernkraft ein. Dadurch werden Marktmechanismen verzerrt, vorhandene Infrastrukturen ineffizient ausgelastet und höhere Strompreise verursacht. Für die Verbraucher entstehen dadurch jährliche Zusatzkosten von rund 20 Mrd. Euro – verursacht durch die Differenz zwischen den garantierten Einspeisevergütungen und den tatsächlichen Marktpreisen (BDEW, 2024).

Klimapolitisch bleibt die Wirkung des EEG hingegen aus. Der Stromsektor in Europa unterliegt längst dem europäischen Emissionshandelssystem, das den CO_2-Ausstoß durch eine Obergrenze für Emissionszertifikate limitiert (European Commission, 2024). Diese Grenze – nicht das EEG – bestimmt den CO_2-Ausstoß europäischer Kraftwerke. Wird in Deutschland durch zusätzlichen Ökostrom weniger CO_2 ausgestoßen, sinkt lediglich der Zertifikatspreis und andere Mitgliedstaaten können dann günstiger emittieren. Die gesamteuropäische Emissionsmenge bleibt unverändert. Das Resultat ist eine rein geografische Verlagerung von Emissionen innerhalb Europas – ohne realen Klimanutzen. Der Einspeisevorrang erneuerbarer Energien durch das EEG verdrängt lediglich grundlastfähige, regelbare Kraftwerke, trägt jedoch nicht zur effektiven CO_2-Reduktion bei.

Ein ähnlicher Mechanismus zeigt sich auch im globalen Maßstab. Deutschland verfolgt im Rahmen der EU-Vorgaben ehrgeizige CO_2-Ziele, etwa durch Flottengrenzwerte für Autos, die ab 2030 einen Verbrauch von 2,2 Litern pro 100 Kilometer vorschreiben. Dies zwingt die Hersteller zur Umstellung auf Elektrofahrzeuge, deren Emissionsbilanz mit Null angesetzt wird. Doch selbst wenn der dafür benötigte Strom nicht aus fossilen Quellen stammt, führen solche Maßnahmen nicht zu einer weltweiten Emissionsminderung (IEA, 2024a).

Denn fossile Brennstoffe wie Öl, Steinkohle und Gas sind international gehandelte Güter. Wenn Europa beispielsweise weniger Öl importiert, sinkt der Weltmarktpreis – und andere Länder kaufen entsprechend mehr. Das in Europa eingesparte Erdöl wird dann etwa in Asien oder Amerika verbrannt. Eine Reduktion der weltweiten CO_2-Emissionen bleibt aus. Klimawirksam wäre es hingegen nur, wenn die freiwerdenden fossile Ressourcen tatsächlich im Boden blieben, was de facto nicht geschieht. Dieses Phänomen sogenannter Verdrängungsemissionen bedeutet, dass Europa zwar seine CO_2-Bilanz verbessert, der globale Klimanutzen jedoch ausbleibt.

Bei nicht global gehandelten Energieträgern wie heimischer Braunkohle entfaltet ein Verzicht auf Förderung hingegen eine echte Klimawirkung. Wird der Abbau unterlassen, verbleibt der Kohlenstoff physisch im Boden und kann nicht in die Atmosphäre gelangen. Daraus folgt, dass wirksamer Klimaschutz primär bei der Angebotsseite ansetzen muss. Solange Europa lediglich seine Nachfrage senkt, ohne das weltweite Angebot an fossilen Energieträgern im Blick zu haben, läuft die Strategie ins Leere. Eine solche Politik führt nicht zur Dekarbonisierung, sondern verlagert Emissionen in andere Regionen und verschärft internationale Wettbewerbsverzerrungen.

Ein spürbarer Klimaeffekt wäre nur dann zu erwarten, wenn Förderländer bereit wären, ihre Produktionsmengen fossiler Energieträger tatsächlich zu verringern. Doch genau daran fehlt es. Ein Blick auf die Entwicklung der weltweiten Ölförderung von den frühen 1980er Jahren bis zum Ausbruch der Corona-Pandemie im Jahr 2020 zeigt einen nahezu ununterbrochenen, linear ansteigenden Trend (Abb. 2.5). Über beinahe vier Jahrzehnte blieb dieser Förderpfad bemerkenswert stabil, ungeachtet massiver Preisschwankungen. Phasen wirtschaftlicher Schwäche, die regional zu Nachfragerückgängen und sinkenden Weltmarktpreisen führten, wurden regelmäßig von Boomphasen abgelöst, in denen die Preise wieder deutlich stiegen. Dennoch hielten die Förderländer unbeirrt an ihrer Angebotsstrategie fest und reduzierten ihre Produktionsmengen selbst während wiederholter Rezessionen und Nachfragerückgänge nicht.

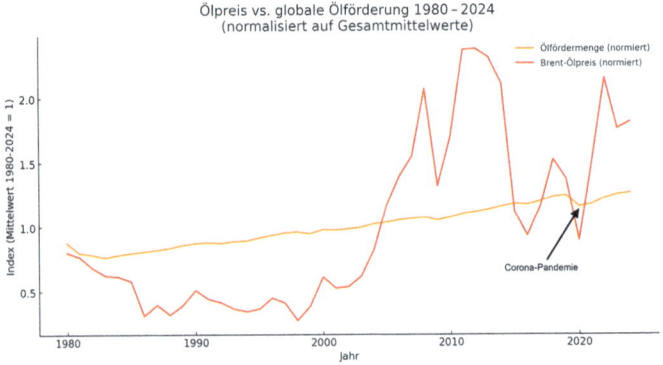

Abb. 2.5 Weltweite Ölförderung und Ölpreis bis August 2022. (Quelle: Energy Institute – Statistical Review of World Energy 2024, Tabelle "Oil production (thousand barrels daily)"; U.S. Energy Information Administration (EIA), Europe Brent Spot Price FOB, Serien-ID PET.RBRTE.A)

Diese langfristig ausgerichtete Förderpolitik folgt einem klar erkennbaren System. Bei Förderung fossiler Brennstoffe fallen überwiegend marginale Kosten an, die deutlich unter den erzielbaren Marktpreisen liegen. Dies verschafft den Förderstaaten erheblichen Spielraum, denn selbst bei stark fallenden Weltmarktpreisen bleibt die Extraktion wirtschaftlich attraktiv. In den 1970er-Jahren verfolgte die OPEC noch eine andere Strategie, die von kurzfristigen Marktinterventionen geprägt war. Diese Eingriffe führten zu erheblichen weltwirtschaftlichen Turbulenzen und trugen maßgeblich zu den beiden Ölkrisen jener Zeit bei. In den 1980er-Jahren vollzog die OPEC deshalb einen grundlegenden Kurswechsel. Anstelle kurzfristiger Eingriffe setzte sie auf eine langfristig orientierte Förderpolitik mit einem kontinuierlich ansteigenden Förderpfad, der sich am globalen Industrialisierungsgrad und der weltweiten Wohlstandsentwicklung orientiert (Yergin, 2009).

Der nachfrageunabhängige, angebotsorientierte Kurs der OPEC erwies sich als überaus stabilitätsfördernd und ökonomisch erfolgreich. Die Fördermengen stiegen kontinuierlich, ungeachtet der Volatilität auf den Weltmärkten. Fossile Brennstoffe wurden beständig nachgefragt und verbrannt.

Erst infolge des pandemiebedingten globalen Nachfrageeinbruchs kam es 2020 erstmals seit vier Jahrzehnten zu einer deutlichen Produktionsdrosselung (Abb. 2.5). Auslöser waren der dramatische Verfall des Weltmarktpreises und fehlende Absatzmöglichkeiten fossiler Brennstoffe aufgrund weltweiter Lockdowns. Die Förderstaaten sahen sich gezwungen, ihre Produktion substanziell zu kürzen, um einen Preisverfall unter die marginalen Extraktionskosten zu verhindern (OPEC, 2021).

Gleichzeitig wirkte die Pandemie wie ein unbeabsichtigtes globales Experiment (Sinn, 2020). Es machte deutlich, dass nur eine weltweit koordinierte Reduktion der

Nachfrage nach handelbaren fossilen Brennstoffen tatsächlich zu einer effektiven Senkung der Fördermengen und damit der CO_2-Emissionen führen kann. Nationale Alleingänge hingegen bleiben ohne Wirkung, da andere Länder die freiwerdenden Brennstoffe einfach abnehmen. Dieser Mechanismus zeigt die Grenzen unilateraler Nachfrageeinschränkungen klar auf.

Solange lediglich einzelne Weltregionen wie Europa ihre Nachfrage nach handelbaren fossilen Energieträgern drosseln, bleibt also ein spürbarer Effekt auf das globale Extraktionsverhalten aus. Die dadurch freiwerdenden Mengen landen zu sinkenden Preisen auf dem Weltmarkt und werden von anderen Konsumenten gekauft und verbrannt. Der CO_2-Ausstoß setzt sich unvermindert fort, sofern keine CO_2-Abscheidungstechnologien (CCS) eingesetzt werden (IEA, 2024a).

Wirksamer Klimaschutz erfordert daher eine internationale Koordination. Erst wenn es gelingt, einen globalen *Klimaklub* zu etablieren, in dem die bedeutenden Industrienationen ihre Nachfrage gemeinsam begrenzen, entsteht echter Handlungsdruck auf die Förderländer. Ohne Absatzmärkte wären diese gezwungen, fossile Ressourcen nicht mehr zu fördern und somit den Kohlenstoff dort zu belassen, wo er keinen Schaden anrichtet: im Boden (Nordhaus, 2015).

Die einseitige Reduktion der Nachfrage nach handelbaren fossilen Energien in Europa birgt zudem die Gefahr einer klimapolitisch kontraproduktiven Gegenreaktion. Die Förderländer könnten das europäische Vorgehen als Signal verstehen, dass ihr Absatzmarkt künftig durch erneuerbare Energien verdrängt wird. In der Folge würden sie ihre Exploration beschleunigen, Lagerstätten früher erschließen und das Angebot ausweiten, um dem grünen Strukturwandel zuvorzukommen. Eine solche Entwicklung hätte fatale Folgen für das Klima, da geförderte fossile

Ressourcen stets auch verbrannt werden. Europas Nachfragebeschränkungen könnten damit paradoxerweise nicht zur Verringerung, sondern zur Beschleunigung des globalen CO_2-Ausstoßes beitragen (Nature Climate Change, 2024).

Was als Beitrag zum Klimaschutz gedacht ist, verkehrt sich damit ins Gegenteil. Unilaterale Einschränkungen beim Verbrauch handelbarer fossiler Energieträger bleiben global nicht nur wirkungslos, sondern können sogar zu einem Anstieg klimaschädlicher Emissionen führen. Dieses Phänomen ist als *Grünes Paradoxon* bekannt und verdeutlicht, wie unrealistisch es ist zu glauben, der weltweite Klimawandel ließe sich allein durch deutsche oder europäische Maßnahmen wirksam eindämmen. Daraus ergibt sich jedoch die zwingende Notwendigkeit die unilateral geführte Klimapolitik wissenschaftlich fundiert neu zu bewerten.

Eine zentrale und kurzfristig wirksame Maßnahme wäre der Wiedereinstieg in die Kernenergie. Moderne Reaktortechnologien sind sicher, klimaneutral und wirtschaftlich wettbewerbsfähig. Selbst herkömmliche Druckwasserreaktoren unterscheiden sich technisch grundlegend vom sowjetischen Graphitreaktor in Tschernobyl, und deutsche Standorte sind weder durch Erdbeben noch durch Tsunamis gefährdet. Auch das häufig angeführte Endlagerproblem verliert an Brisanz, da neue Reaktorgenerationen bereits verwendete Brennstäbe weiterverwerten und das Volumen radioaktiver Abfälle erheblich reduzieren können (IAEA, 2023). Es überrascht daher nicht, dass weltweit eine Renaissance der Kernenergie im Gange ist, belegt durch steigende Investitionen in neue Anlagen (Abb. 2.6). In dieser Entwicklung liegt eine strategische Chance, die Deutschland nicht länger ignorieren sollte (IEA, 2024b).

Was wir brauchen, ist keine Symbolpolitik in Form gigantischer Windräder als Ausdruck ideologischer Zielset-

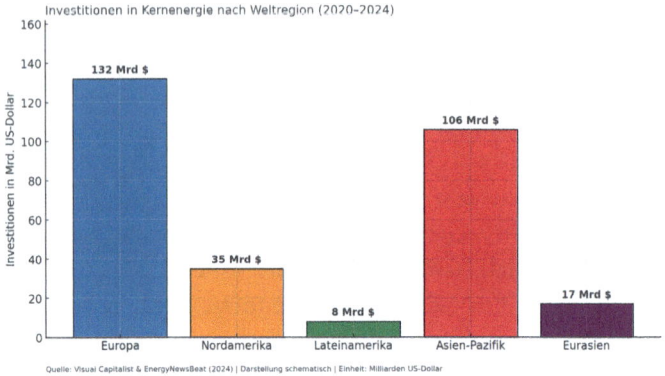

Abb. 2.6 Starker Zuwachs der weltweiten Investition in Kernkraftwerke, Juni 2024. (Quelle: IEA 2024)

zungen und Weltverbesserungsethik, sondern eine bezahlbare, verlässliche und klimaverträgliche Energieversorgung. Der einsame deutsche Sonderweg in der Klima- und Energiepolitik sollte überdacht und beendet werden. Effektiver Klimaschutz erfordert marktwirtschaftliche, technologieoffene und international koordinierte Lösungen – grüner Aktionismus wird dem nicht gerecht (McKinsey, 2024).

2.2 Klimanationalismus – Deutschland verbrennt seine Industrien

Unter dem Druck europäischer Richtlinien und Verordnungen im Rahmen des Europäischen Green Deal sowie aufgrund eigener politischer Weichenstellungen hat sich Deutschland einem utopischen Klimadirigismus verschrieben. Dies ist der Fahrplan ins wirtschaftliche Abseits: Europäischer CO_2-Zertifikatehandel (2013), CO_2-Grenzwerte für Pkw (2018), Klimaschutzgesetz (2020), Nationale CO_2-Steuern (2021), Atomausstieg (2023), Energieeffizienzgesetz (2023), verschärfte Flottenverbrauchsgrenzen ab 2030, Verbot von Verbrennungsmotoren ab 2035, Kohleausstieg bis 2038, Erdgasausstieg bis 2045 sowie der Rückbau der Gasnetze – all dies sind Meilensteine einer unilateralen Strategie zur erzwungenen grünen Transformation von Industrie und Gesellschaft.

Mit seiner radikalen Klimapolitik isoliert sich Deutschland zunehmend auf der internationalen Bühne. Die Mechanismen des Grünen Paradoxons führen dazu, dass nationale Nachfrageeinschränkungen bei handelbaren fossilen Brennstoffen keinen positiven Klimaeffekt erzielen, was der ungebremste Anstieg der globalen CO_2-Emissionen (Abb. 2.1) klar unterstreicht.

Zudem gibt es weltweit kein einziges Land, das sich freiwillig einer Verpflichtung wie dem Energieeffizienzgesetz unterwirft, das eine Reduktion des gesamten Energieverbrauchs um 45 % bis 2045 gegenüber dem Stand von 2008 vorschreibt – selbst dann, wenn die Energie vollständig aus erneuerbaren Quellen stammt. Während andere Industrienationen auf Technologieneutralität, preisgünstige Energie und wirtschaftliches Wachstum setzen, nimmt Deutschland mit seiner überambitionierten Klimapolitik und einer bewusst forcierten Energieverknappung den Verlust industrieller Substanz, zahlreicher Arbeitsplätze und gesellschaftlichen Wohlstands in Kauf (Kap. 3).

Die Begrenzung des globalen Temperaturanstiegs zählt zweifellos zu den größten Herausforderungen unserer Zeit. Doch Gesinnungsethik und unilaterale Regulatorik führen nicht zum Ziel. Ein Elektroauto, das mit Ökostrom betrieben wird, stößt kein CO_2 aus – ebenso wenig wie ein Fahrzeug mit konventionellem Motor, das mit klimaneutralem E-Fuel fährt. Dennoch subventioniert die Politik die Elektromobilität, während konventionelle Antriebe durch rigide CO_2-Flottengrenzwerte und das geplante Verbot von Verbrennungsmotoren zunehmend verdrängt werden. Der künftige Mobilitätsmix wird somit nicht durch Marktmechanismen, sondern durch staatliche Vorgaben bestimmt – mit allen Ineffizienzen, die ein planwirtschaftliches Vorgehen mit sich bringt (ACEA, 2023).

Das Prinzip des Grünen Paradoxons verdeutlicht, dass die Direktiven des Europäischen Green Deal keine globale Reduktion der CO_2-Emissionen bewirken, sondern vielmehr kontraproduktiv sind. Die europäische Einschränkung der Nachfrage nach handelbaren fossilen Brennstoffen führt zu sinkenden Weltmarktpreisen und stärkt insbesondere die Wettbewerbsfähigkeit der energieintensiven Industrien im Ausland, etwa in China, Indien und Amerika. Die in Europa eingesparten fossilen Brennstoffe werden dort für den Ausbau der Volkswirtschaften genutzt, was das Problem klimaschädlicher Emissionen weiter verschärft. Denn diese Länder weisen eine deutlich höhere Emissionsintensität auf, bedingt durch unzureichende CO_2-Sequestrierung und eine niedrigere Energieeffizienz (Abb. 2.4).

Die radikale Klima- und Energiepolitik Europas, allen voran Deutschlands, hat weitreichende ökonomische Nebenwirkungen, die sich zusätzlich durch die geopolitischen Spannungen verstärken. Da Europa keine fossilen Rohstoffe mehr aus Russland bezieht, landen diese zu fallenden Preisen auf dem Weltmarkt. Davon profitieren unsere Wettbewerber in Asien und Amerika gleich zweimal: Einerseits sinken die Preise infolge der europäischen Sanktionen und andererseits durch Europas freiwillige, klimapolitisch motivierte Zurückhaltung beim Verbrauch fossiler Energieträger (ifo-Institut, 2024).

Zusätzlich wird dieser Effekt durch außenpolitische Spannungen verschärft, etwa wenn europäische Politiker mit moralisierendem Gestus in Peking auftreten. Solche Auftritte fördern weder internationale Kooperation noch gegenseitiges Vertrauen. Stattdessen begünstigen sie wirtschaftliche Abschottung und mindern Chinas Bereitschaft, seine Abhängigkeit von fossilen Energien zu verringern. Anstelle moralisierender Besserwisserei bedarf es einen internationalen Ansatz, der auf Kooperation und Interessenausgleich setzt – insbesondere im Kontext von Klimaschutz und Freihandel (Abschn. 2.6).

Es ist an der Zeit, eine neue Entspannungspolitik zu etablieren, die nicht nur China, sondern alle großen Weltmächte einbezieht. Für eine exportorientierte Volkswirtschaft wie Deutschland, deren Wohlstand auf offenem Welthandel und stabilen internationalen Wertschöpfungsketten beruht, ist eine solche diplomatische Neuausrichtung von strategischer Bedeutung.

Deutschland jedoch verfolgt stattdessen eine Form von Klimanationalismus, der zunehmend die Grundlagen seiner Industrie zerstört. Die Vorstellung, durch eine radikale Energiewende zur weltweiten Vorbildnation aufzusteigen, entbehrt jeder ökonomischen und realpolitischen Grundlage. Kein Land der Welt wird einem Modell folgen, das Deindustrialisierung, Arbeitsplatzverluste und Wohlstandseinbußen in Kauf nimmt (DIHK, 2024). Ein Klimakurs, der zudem keinen Beitrag zur globalen CO_2-Minderung leistet, taugt nicht als Vorbild – er schreckt vielmehr ab. Deutschland riskiert zu verarmen, ohne damit dem Klima zu nützen. Mit der Energiewende hat sich das Land in eine Sackgasse manövriert – ohne positiven internationalen Klimaeffekt, dafür mit gravierenden nationalen volkswirtschaftlichen Schäden.

Der Krieg in der Ukraine hat in Europa und besonders in Deutschland einen tiefgreifenden Realitätsschock ausgelöst. Dabei geht es nicht nur um das plötzliche Bewusstsein für die Bedeutung militärischer Sicherheit, sondern auch um die schmerzhafte Korrektur einer klima- und energiepolitischen Illusion: Der Glaube an eine funktionierende Energiewelt, die ausschließlich auf Wind- und

Solarenergie basieren könne (FAZ, 2023). Spätestens seit der Sabotage der zentralen europäischen Gasleitung in der Nordsee (Northstream) ist vielen Deutschen bewusst geworden, wie stark das Land von dieser günstigen Energiequelle abhängig war und welches strategische Risiko in der einseitigen Ausrichtung seiner Energiepolitik liegt.

Eine weitere Erkenntnis daraus ist die Tatsache, dass die als Ersatz für fossile Brennstoffe propagierte grüne Energie aus Wind und Sonne ohne eben diese fossilen Energien gar nicht nutzbar ist. Wetterabhängige erneuerbaren Energien sind volatil und stehen nicht kontinuierlich zur Verfügung. Damit der schwankende grüne Strom überhaupt genutzt werden kann, braucht es regelbare Energiesysteme, die im entgegengesetzten Rhythmus einspeisen und die Nachfrage jederzeit abdecken können (Abb. 2.7). Und in Zeiten mit wenig Wind und Sonnenschein müssen konventionelle Kraftwerke die Versorgung vollständig übernehmen, da saisonale Großspeicher für grünen Strom auf absehbare Zeit nicht verfügbar sind (Heindl, Vortrag Windenergie, 2024).

Die gesamte installierte Leistung von Wind- und Solaranlagen betrug im Jahr 2022 bereits über 120 Gigawatt – das entspricht ungefähr der Kapazität von 120 Kohlekraftwerksblöcken. Doch in Zeiten sogenannter Dunkelflauten fällt diese Leistung nahezu vollständig aus. Und wenn in Zukunft durch Elektrifizierung, E-Mobilität und Wärmepumpen der Strombedarf auf ein Fünffaches steigt, wird auch eine fünfmal größere Kapazität an konventionellen, regelbaren Kraftwerken erforderlich sein.

In den Industrieländern beruhen regelbare Energiesysteme nahezu ausschließlich auf den Energieträgern Kernkraft, Kohle und Erdgas. Für Deutschland, das sowohl aus der Kernenergie als auch zunehmend aus der Kohle ausgestiegen ist, bedeutet dies eine nahezu vollständige Abhängigkeit vom Erdgas – zumindest solange am im Kli-

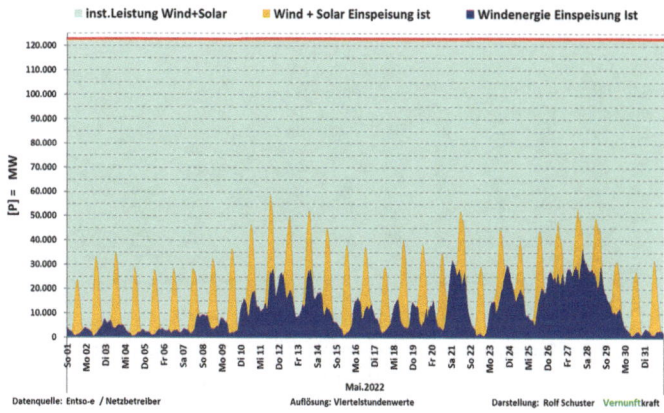

Abb. 2.7 Einspeisung und installierte Leistung Wind+Solar, tatsächlicher Verbrauch in MW, Mai 2022. (Quelle: Entso-e)

maschutzgesetz verankerten Fahrplan festgehalten wird (Abb. 2.8). Da das Gasangebot auf absehbare Zeit knapp bleiben dürfte, entstehen erhebliche Risiken für die Versorgungssicherheit. Der Krieg in der Ukraine hat die Schwächen der grünen Energiewende schonungslos offengelegt. Die ernüchternde Erkenntnis ist, dass sich allein mit dem minderwertigen wetterabhängigen Flatterstrom keine Industrienation zuverlässig versorgen und dauerhaft aufrechterhalten lässt.

Auch das Ziel, Deutschland durch den Umstieg auf grüne Technologien energiepolitisch unabhängiger zu machen, erweist sich als Illusion. Wenn künftig nicht nur Haushalte und Industrie, sondern auch Verkehr und Wärmesektor elektrifiziert werden, verfünffacht sich der Strombedarf. Dieser soll aus Wind- und Sonnenenergie gedeckt werden – doch deren Erzeugung ist naturgemäß volatil. Um längere Phasen mit wenig Wind und Sonne zu überbrücken, sind Gaskraftwerke erforderlich, die wiederum die Abhängigkeit von Energieimporten erhöhen, oft-

Abb. 2.8 Emissionen an Treibhausgasen in Deutschland 1990 bis 2020 und Ziele bis 2045. (Quelle: Wirtschaftsdienst, Heft 8, 2021)

mals aus politisch instabilen oder autoritär regierten Regionen (Tagesschau, 2025). Die angestrebte Unabhängigkeit droht somit, lediglich durch neue Abhängigkeiten ersetzt zu werden (Council on Foreign Relations, 2024).

Günstiger Ökostrom gilt oft als Standortvorteil, wie etwa bei der Ansiedlung von Tesla im windreichen Norden Deutschlands. Tatsächlich beruhte diese Entscheidung jedoch nicht auf den vermeintlichen Vorzügen der wetterabhängigen Stromerzeugung aus Wind- und Solaranlagen, sondern auf einem funktionierenden Ausgleichssystem. Bei Flaute oder bedecktem Himmel muss der Strombedarf durch konventionelle Kraftwerke gedeckt werden. Wären die Betreiber von Solar- und Windkraftanlagen selbst für die Versorgungssicherheit verantwortlich, wäre es schnell vorbei mit der preislichen Attraktivität grüner Energie. Je stärker sich unsere Stromversorgung den Schwankungen des Wetters anpasst, desto unverzichtbarer werden konventionelle Reservekapazitäten als Rückgrat der Netzstabilität – mitsamt ihren hohen Vorhaltekosten, die letztlich auch dem grünen Strom zugerechnet werden müssen.

In der fernen Zukunft wird es wahrscheinlich möglich sein, den wetterabhängigen grünen Strom mithilfe von

Kraftwerken zu glätten, die mit Wasserstoff aus saisonalen Energiespeichern betrieben werden. Denn Wasserstoff ist ein effektiver Energieträger. Allerdings muss der Wasserstoff selbst aus einem bereits stabilisierten Strom gewonnen werden, damit seine wirtschaftliche Erzeugung halbwegs realisierbar ist. Dies führt zu der paradoxen Situation, dass Wasserstoff eine Voraussetzung benötigt, die er gleichzeitig erst noch schaffen soll. Wie dieses Dilemma im Einklang mit einem akzeptablen Wirkungsgrad in der Energiewandlung gelöst werden kann, ist noch Gegenstand der Forschung. Zusätzlich besteht das grundsätzliche Problem, dass saisonale Wasserstoff-Energiespeicher nur mit einem hohen Anteil an grundlastfähigen Energien, also Kernkraft und Kohle, wirtschaftlich betrieben werden können. Dieser Anteil sollte bei mindestens 60 % des Primärenergieverbrauchs liegen (Wehrle, Energiegespräch, 2022). Allerdings stehen gerade diese Energieträger nicht mehr im deutschen Energiemix zur Verfügung.

Die Frage nach bezahlbaren saisonalen Speicherlösungen ist bislang unbeantwortet. Manche hoffen darauf, die Batterien der E-Autos als Puffer zur Glättung des schwankenden grünen Stroms nutzen zu können (Justen, 2020). Wenn die Verbrennungsmotoren verboten und größtenteils durch E-Autos ersetzt sind, könnten theoretisch diese Batterien eines Tages die kurzfristigen Schwankungen mildern, die innerhalb eines Tages auftreten. Das eigentliche Problem jedoch liegt in den saisonalen Schwankungen des grünen Stroms. Insbesondere die wind- und sonnenarmen Wintermonate müssen überbrückt werden – idealerweise mit Energie aus den Sommer- und Herbstmonaten. Doch Batterien sind dafür ungeeignet, zumal sie während dieser Zeit regelmäßig genutzt werden. Sie reichen nicht einmal aus, um den Eigenbedarf der Fahrzeuge im Winter über einen längeren Zeitraum abzudecken, geschweige denn, um darüber hinaus Strom zu speichern und bis zum Frühjahr vorzuhalten.

Seit 1990 hat Deutschland seine CO_2-Emissionen deutlich reduziert – ein Erfolg, der jedoch vor allem dem Zusammenbruch der DDR-Industrie nach der Wiedervereinigung zu verdanken ist. Um einen vergleichbaren Einspareffekt erneut zu erzielen, müsste folgerichtig auch noch die westdeutsche Industrie dezimiert werden, ein Szenario, das die große Mehrheit der Bevölkerung klar ablehnt. Dennoch setzte mit dem beschleunigten Ausbau der erneuerbaren Energien und insbesondere mit der Einführung des EU-Klimazielplans, Anfang 2018 ein schleichender Abbau industrieller Strukturen ein (Kap. 3). Maßnahmen wie CO_2-Verordnungen, Flottenverbrauchsgrenzen, das Zurückdrängen des Verbrennungsmotors sowie der forcierte Ausstieg aus Kohle und Erdgas beschleunigen seither die Deindustrialisierung Westdeutschlands – ein Prozess, der gleichzeitig zur Erfüllung der europäischen Klimaziele beiträgt (Abb. 2.8).

Vor dem Hintergrund aktueller Entwicklungen erweist sich das von der Bundesregierung angestrebte Ziel, bis 2045 vollständig aus fossilen Energieträgern auszusteigen, als höchst ambitioniert und kaum realistisch. Die historische Entwicklung zeigt deutlich, dass Deutschland über drei Jahrzehnte benötigte, um seine CO_2-Emissionen um rund 40 % zu senken (AGEB, 2023). Nun sollen die verbleibenden 60 % innerhalb von nur zwei Dekaden eingespart werden – vor allem durch den Ausbau wetterabhängiger erneuerbarer Energien.

Ein Blick auf die aktuellen Ausgangsdaten verdeutlicht die Herausforderung: Im Jahr 2023 lag der Anteil von Wind- und Solarenergie am Primärenergieverbrauch in Deutschland bei lediglich 7,2 % (Abb. 2.9). Diese Quellen sollen bis 2045 sämtliche fossilen Energieträger ersetzen, zu denen Mineralöl mit 35,6 %, Kohle mit 17 %

2 Im Bann ideologisierter Klimapolitik

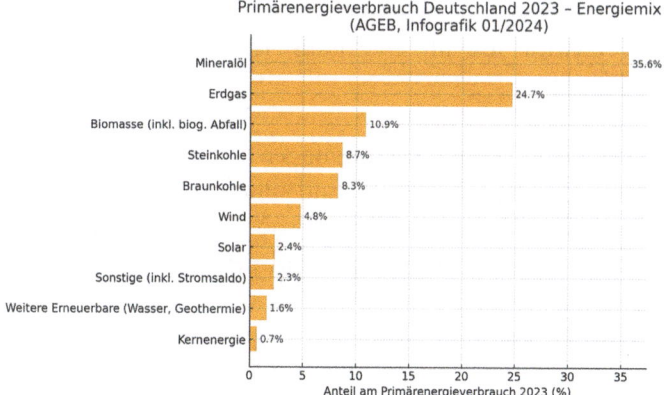

Abb. 2.9 Energiemix in Deutschland im Jahr 2023 nach Anteilen am Primärenergieverbrauch. (Quelle: AGEB)

sowie Erdgas mit 24,7 % zählen. Insgesamt müsste somit ein Anteil von rund 78 % des heutigen Primärenergieverbrauchs durch Wind- und Solarenergie substituiert werden – was der Summe aller fossilen Energieträger und der Kernenergie entspricht, ohne Berücksichtigung von Biomasse, anderen erneuerbaren Quellen oder sonstigen Energieträgern.

Diese Rechnung geht dann auf, wenn eine Reihe von optimistischen Annahmen gleichzeitig erfüllt wird:

- Der Primärenergieverbrauch steigt nicht gegenüber dem Niveau von 2023.
- Saisonale Großspeichersysteme gewährleisten eine stabile Stromversorgung auch während längerer Dunkelflauten und ohne Rückgriff auf grundlastfähige konventionelle Kraftwerke.
- Die gesamte installierte Leistung aus Wind- und Solar kann vollständig in Speicher eingespeist und bedarfsgerecht rückgewonnen werden.

- Der Beitrag von Biomasse wächst nicht weiter.
- Verkehr, Haushalte und Industrie sind vollständig elektrifiziert.

Unter diesen Rahmenbedingungen müsste die installierte Leistung von Windkraft- und Photovoltaikanlagen auf gut das Zehnfache des Niveaus von 2023 steigen, um den Wegfall fossiler Energieträger und der Kernkraft zu kompensieren. Diese Abschätzung basiert jedoch auf der unrealistischen Annahme, dass die gesamte Strommenge verlustfrei in Stromspeicher eingespeist und zurückgewonnen werden kann.

In der Realität sind jedoch erhebliche Umwandlungsverluste zu berücksichtigen – insbesondere bei Power-to-Gas-Systemen, die Strom in Wasserstoff oder Methan umwandeln, saisonal speichern und bei Bedarf wieder in elektrische Energie zurückverwandeln. Der Gesamtwirkungsgrad dieser Technologie liegt bei nur rund einem Viertel (Escamilla, 2022). Das bedeutet, dass für jede tatsächlich nutzbare Kilowattstunde mehr als vier Kilowattstunden erzeugt werden müssen. Folglich müsste die installierte Kapazität von Wind- und Solaranlagen nicht nur verzehnfacht, sondern sogar mehr als vervierzigfacht werden.

Umgekehrt gedacht verfügt Deutschland derzeit (Stand 2023) nur über rund ein Vierzigstel der Wind- und Solarkapazität, die notwendig wäre, um die Klimaziele bis 2045 zu erreichen – und das selbst bei der optimistischen Annahme, dass der Primärenergieverbrauch nicht weiter steigt. Die Kluft zwischen politischem Anspruch und physikalischer Realität ist somit eklatant. Der geplante Umbau des Energiesystems ignoriert technische, infrastrukturelle und wirtschaftliche Grenzen und gefährdet langfristig nicht nur die Versorgungssicherheit, sondern auch die industrielle Basis und die gesellschaftliche Stabilität des Landes.

Selbst Planungen für kleinere Windparks stoßen häufig auf massiven Widerstand in der betroffenen Bevölkerung – nicht zuletzt wegen des enormen Flächenverbrauchs und der damit verbundenen Belastungen für Mensch und Natur. Zur Veranschaulichung der Dimension: Angenommen, die Leistung eines Blocks des Kernkraftwerks Neckarwestheim in Baden-Württemberg soll vollständig durch Windkraft ersetzt werden. Block 2 des Kraftwerks lieferte eine elektrische Leistung von 1.200 Megawatt (MW). Eine moderne Windkraftanlage mit etwa 150 m Höhe erreicht eine maximale Leistung von 5 MW. Im windarmen Süden Deutschlands liegt die durchschnittliche Auslastung jedoch bei lediglich 20 % – das entspricht einer effektiven Leistung von nur etwa 1 MW pro Anlage. Um die Leistung von Neckarwestheim 2 zu kompensieren, wären somit etwa 1.200 Windräder erforderlich. Bei einem typischen Mindestabstand von zwei Kilometern zwischen den Anlagen ergäbe sich daraus ein Flächenbedarf von rund 80×60 km (Heindl, 2024).

Noch eindrücklicher wird das Ausmaß beim Vergleich mit den drei zuletzt betriebenen Kernkraftwerken im Süden Deutschlands – Gundremmingen C, Isar 2 und Neckarwestheim 2 –, die bis zu ihrer Abschaltung im April 2023 gemeinsam rund 4.000 MW Leistung bereitstellten. Um diese Kapazität allein durch Windenergie zu ersetzen, wären etwa 4.000 Windräder notwendig. Das entspräche einem Flächenbedarf von rund 267×60 km – nahezu der Hälfte der Fläche Baden-Württembergs. In einem derart großen Gebiet stünde im Durchschnitt alle zwei Kilometer ein 150 Meter hohes Windrad.

Angesichts der gewaltigen Dimensionen, die der Ausbau erneuerbarer Energien bis 2045 erreichen müsste, drängt sich der Verdacht auf, dass die deutsche Energiepolitik zu sehr ideologisch motivierten Zielen folgt und sich zunehmend von der Realität entfernt. Tatsächlich werfen diese Zahlen ein bezeichnendes Licht auf wahre Beweggründe hinter jüngsten legislativen Entwicklungen – Zusammenhänge, die einer genaueren Betrachtung bedürfen.

Wie bereits dargelegt, ist die Prognosefähigkeit heutiger Klimamodelle in Bezug auf langfristige Entwicklungen begrenzt (IPCC, 2021). Es existiert bislang keine belastbare wissenschaftliche Grundlage für die Festlegung konkreter Ausstiegsdaten wie dem Jahr 2045 im deutschen Klimaschutzgesetz oder 2050 im EU-Klimazielplan. Im Kern handelt es sich dabei um politische Zielmarken ohne empirische Absicherung. Die wirtschaftlichen Auswirkungen des Klimaschutzgesetzes jedoch sind erheblich und ganz konkret – es hat eine markante Deindustrialisierung in Deutschland befördert (Kap. 3).

Doch das Klimaschutzgesetz ist nicht das einzige regulative Instrument mit weitreichenden Folgen für Industrie und Gesellschaft. Im November 2023 verabschiedete die Bundesregierung das Energieeffizienzgesetz, das auf Basis einer EU-Richtlinie vom März desselben Jahres basiert (EU-Rat, 2023). Dieses Gesetz schreibt absolute Einsparziele für den Endenergieverbrauch in Deutschland vor. Bis 2030 soll der Verbrauch gegenüber 2008 um 26,5 %, bis 2045 sogar um 45 % gesenkt werden. Dabei wird nicht zwischen fossilen und erneuerbaren Energiequellen unterschieden, die Deckelung gilt unabhängig von der Herkunft der Energie.

Die Auswirkungen des Energieeffizienzgesetzes auf die Industrie sind gravierend, denn historisch sind wirtschaftliches Wachstum und Energieverbrauch eng miteinander verknüpft. Deutschland hat seit 2008 erhebliche Fortschritte bei der Steigerung der Energieeffizienz erzielt (Fuest, 2023b). Selbst wenn diese Entwicklung im bisherigen Tempo bis 2030 anhielte, läge das reale Bruttoinlandsprodukt Deutschlands im Jahr 2030 etwa 20 % unter dem bislang prognostizierten Trendpfad, sofern der im Energieeffizienzgesetz vorgesehene Deckel für den Endenergieverbrauch eingehalten wird (Fuest, 2023).

Vor dem Hintergrund der erforderlichen Vervierzigfachung der installierten Wind- und Solarkapazitäten bis 2045 – und der damit absehbar einhergehenden massiven gesellschaftlichen Proteste – erscheint es kaum als Zufall, dass die Bundesregierung 2023 einer entsprechenden EU-Richtlinie zustimmte und auf dieser Grundlage das Energieeffizienzgesetz in nationales Recht verankerte. Auf diesem legislativen Weg lässt sich der ansonsten erforderliche großflächige Ausbau von Windkraft- und Photovoltaikanlagen deutlich begrenzen. Denn dieses Gesetz schreibt eine strikte Deckelung des gesamten Energieverbrauchs in Deutschland vor – unabhängig davon, ob die Energie aus fossilen oder klimaneutralen Quellen stammt. Bis zum Jahr 2045 soll der Endenergieverbrauch um 45 % sinken. Der notwendige Ausbau der Erneuerbaren ließe sich damit auf etwa das 22-Fache der Anlagenleistung von 2023 beschränken, was nahezu einer Halbierung gegenüber der ursprünglichen Abschätzung ohne Verbrauchsdeckel entspricht.

Allerdings führt das Energieeffizienzgesetz zu einer erheblichen Verknappung von Energie, deren Folgen mit denen der Energiekrise des Jahres 2022 vergleichbar sein dürften (Manager Magazin, 2024). Es verschlechtert die Standortbedingungen für die deutsche Industrie weiter und beschleunigt die Deindustrialisierung (Kap. 3). Die damit verbundenen Verluste an Wachstum und Wohlstand werden von der Politik offenbar bewusst in Kauf genommen. Hinzu kommt, dass seit 2025 der Reduktionspfad klimaschädlicher Emissionen gemäß Klimaschutzgesetz in Deutschland Verfassungsrang besitzt – ein weltweit einmaliger Vorgang. Damit ist Deutschland das einzige Land der Welt, das Degrowth und Deindustrialisierung faktisch zum Staatsziel erklärt hat.

Sowohl das deutsche Klimaschutzgesetz als auch das Energieeffizienzgesetz wirken wie ein konjunktureller Bremsklotz – mit weitreichenden Folgen für das Geschäftsmodell der deutschen Volkswirtschaft. Umso bemerkenswerter ist, dass ausgerechnet die FDP, die sich traditionell als wirtschaftsfreundlich positioniert, dieser Entwicklung im Jahr 2023 als Teil der Regierungskoalition nicht effektiv entgegengetreten ist.

Es überrascht daher kaum, dass die deutsche Klimas- und Energiepolitik auf nationale wie internationale Investoren abschreckend wirkt und inzwischen verheerende ökonomische Folgen für den Standort Deutschland entfaltet (Sinn, 2024a). Besonders energieintensive Branchen meiden eine Ansiedlung in Deutschland, Direktinvestitionen ausländischer Unternehmen brechen dramatisch ein und Erweiterungsinvestitionen werden inzwischen nahezu vollständig ins Ausland verlagert (Focus, 2024). In der Folge schreitet der strukturelle Niedergang der industriellen Basis unaufhaltsam voran. Seit Anfang 2018 ist die Produktion in der Automobilindustrie um 15 %, in der Chemieindustrie um 25 % und in der Gesamtindustrie um rund 10 % zurückgegangen. Besonders ausgeprägt sind die Verlagerungstendenzen bei den energieintensiven Branchen. Angesichts der hohen Spezialisierung und engen Vernetzung solcher Sektoren stellt sich die Frage, ob nachgelagerte Wertschöpfungsbereiche wettbewerbsfähig bleiben können, wenn zentrale Vorprodukte nicht mehr am heimischen Markt produziert werden, sondern künftig aus Übersee bezogen werden müssen (Kap. 3).

Sollte Deutschland unbeirrt an seinem grünen Energiekurs und den beschlossenen Ausstiegsplänen festhalten, bliebe kaum eine andere Wahl, als zur Stabilisierung der Stromversorgung teures Flüssiggas dauerhaft zu importieren und auf Atomstrom aus den Nachbarländern zurückzugreifen. Der Lernprozess, der sich zwangsläufig daraus ergibt, dürfte schmerzhaft verlaufen. Deutschland droht – nicht zuletzt wegen seiner einseitigen Energiepolitik – erneut, wie schon vor einem Vierteljahrhundert, zum „kranken Mann Europas" zu werden (Sinn, 2012).

Die EU-Kommission verfolgt erklärtermaßen das Ziel, Handelsungleichgewichte innerhalb der Union zu verringern (Brinke, 2017). Gemäß der Lissabon-Strategie wäre hierfür die Stärkung marktwirtschaftlicher Mechanismen erforderlich, um wirtschaftlich schwächere Mitgliedstaaten wettbewerbsfähiger zu machen (Kap. 8). Tatsächlich jedoch deutet vieles auf das Gegenteil hin.

Die ESG-Regulatorik mit dem Europäischen Green Deal – insbesondere Klimazielplan, Energieeffizienzrichtlinien, EU-Emissionshandel Flottenverbrauchsvorgaben und dem ab 2035 geltende Verbot neuer Verbrennungsmotoren – trifft ausgerechnet Deutschland am stärksten. Diese Maßnahmen schwächen überproportional die Wettbewerbsfähigkeit des deutschen verarbeitenden Gewerbes sowohl innerhalb der EU als auch auf globaler Ebene. Einerseits profitieren davon konkurrierende Industrien in anderen EU-Staaten, andererseits verlagern deutsche Unternehmen ihre Produktion zunehmend in Länder mit niedrigeren Energiepreisen – auch innerhalb Europas.

Es ist an der Zeit, den Kurs der grünen Energiewende mit ihrer einseitigen Ausrichtung auf Erneuerbare und der staatlich verordneten Energieverknappung zu korrigieren (Sachverständigenrat, 2024). Bestehende Technologien und konventionelle Kraftwerke dürfen erst dann ersetzt werden, wenn funktionierende, skalierbare und kostengünstige Alternativen verfügbar sind. Ein erfolgreicher ökologischer Strukturwandel, der Industrie und Gesellschaft gleichermaßen mitnimmt, lässt sich nicht durch Regulierung und Verbote erzwingen, sondern nur durch Technologieoffenheit, marktwirtschaftliche Effizienz und internationaler Kooperation verwirklichen. Unilateral verpflichtende Technologieverbote – wie das Aus für Kernenergie, Kohle und Verbrennungsmotoren – sind kontraproduktiv (VDI, 2023). Solche Eingriffe mögen politisch populär und moralisch gut gemeint sein, doch sie unterminieren nicht nur die Markteffizienz und verursachen erhebliche ökonomische Schäden, sondern leisten auch keinen Beitrag zum globalen Klimaschutz.

Deutschland ist eine führende Industrienation mit exzellenten Ingenieuren, Technikern und Erfindern. Es liegt nahe, dass diese Innovationskraft auch künftig bei Schlüsseltechnologien wie Wasserstoffkraftwerken, Elektrolyseuren, CCS-Anlagen und moderner Kerntechnik wegweisende Lösungen hervorbringen kann. Die Welt braucht neue Umwelttechnologien, und hier kann Deutschland als drittgrößte Industrienation seine Stärken ausspielen.

Statt Innovation durch staatlichen Dirigismus und zentralplanerische Strukturen auszubremsen, sollten wir unseren Unternehmen die Freiheit geben, neue technologische Pfade zu beschreiten. Dafür benötigen sie attraktive Standortbedingungen und einen verlässlichen ordnungspolitischen Rahmen, innerhalb dessen sie frei agieren können. Ein global verbindlicher Preis auf klimawirksame Emissionen ist dabei der entscheidende Hebel, die ökologische Transformation wirtschaftlich effizient zu gestalten (Abschn. 2.6).

Ein häufig bemühtes Argument – insbesondere aus grünen Politikkreisen – lautet, man müsse klimapolitisch national vorangehen, selbst wenn andere Länder diesem Weg nicht folgen. Dieses Streben nach einseitigen Vorleistungen entspringt jedoch einer gesinnungsethischen Haltung, die sowohl aus volkswirtschaftlicher als auch aus klimawissenschaftlicher Perspektive kontraproduktiv ist (Nordhaus, 2015). Was stattdessen gebraucht wird, ist eine entschlossene außenpolitische Initiative, die internationale

Spannungen abbaut und die globale Bereitschaft zu koordiniertem Handeln gegen den Klimawandel stärkt.

Die einzige realistische Option zur wirksamen Bekämpfung des menschengemachten Klimawandels – ohne Industrie und Wohlstand zu gefährden – ist die Etablierung eines globalen Klimaklubs (OECD, 2024). Ein solches Bündnis, getragen von den größten Emittenten und führenden Wirtschaftsnationen, kann die Grundlage für ein weltweit verpflichtendes Emissionshandelssystem schaffen. Eine verpflichtende CO_2-Bepreisung würde die weltweite Nachfrage nach Kohle, Erdgas und Erdöl effektiv senken oder den Einsatz von CCS-Technologien zur klimaneutralen Nutzung fossiler Energien entscheidend vorantreiben. Die Corona-Pandemie hat eindrucksvoll gezeigt, dass selbst tiefgreifende Maßnahmen – wie eine Begrenzung der Förderung fossiler Brennstoffe – durch international koordiniertes Handeln realisierbar sind.

Gegen die europäische Klimapolitik formiert sich jedoch absehbar großer Widerstand – nicht nur in Russland, sondern auch innerhalb der OPEC. Diese Förderstaaten sehen ihre Exportmärkte bedroht und könnten versucht sein, ihre fossilen Reserven möglichst rasch zu verkaufen, bevor globale Maßnahmen greifen und sie Gefahr laufen, auf ihren Ressourcen sitzen zu bleiben. Eine beschleunigte Extraktion würde den Klimawandel jedoch weiter anheizen. Umso dringlicher ist daher die rasche Einbindung der wichtigsten Emittenten – allen voran der USA, Chinas und Indiens – in ein globales Klimabündnis (Abschn. 2.6).

Dabei kommt es auch auf diplomatisches Geschick an. Außenpolitischer Moralismus und ein belehrendes Auftreten westlicher Staaten gegenüber asiatischen Ländern und strategisch wichtigen Partnern erweisen sich als kontraproduktiv. Sie mindern die Kooperationsbereitschaft und untergraben die Glaubwürdigkeit westlicher Klimapolitik. Ziel sollte es sein, auf Augenhöhe zu verhandeln mit pragmatischen Anreizen und gegenseitigem Respekt als Basis für eine global wirksame Klimastrategie.

Zweifellos stellt die globale Erderwärmung eine ernsthafte Herausforderung dar (IPCC, 2021). Doch die apokalyptische Vorstellung, die Welt werde unweigerlich verglühen, wenn nicht sofort radikale Maßnahmen ergriffen werden, entbehrt jeder wissenschaftlichen Grundlage. Selbst der Weltklimarat betont, dass es keine sich selbst verstärkende Temperaturdynamik gibt, sondern vielmehr die Gefahr eines langfristig erhöhten Temperaturniveaus. Ein fest definiertes CO_2-Restbudget, dessen Überschreitung zwangsläufig zum Klimakollaps führen würde, existiert nicht (Abschn. 2.1).

Klimaschutz ist notwendig – aber mit Augenmaß und unter Berücksichtigung der wirtschaftlichen Leistungsfähigkeit der Länder (WBGU, 2023). Ein global koordinierter Beitrag aller großen Emittenten ist ein realistischer und wirksamer Weg. Wer hingegen wie die Deutschen einseitig extremistische Klimapolitik betreibt, gefährdet nicht nur die Grundlagen seines Wirtschaftsmodells, sondern untergräbt auch den eigentlichen Kern der grünen Idee: Nachhaltigkeit im Sinne eines ausgewogenen Zusammenspiels von Ökologie, Ökonomie und sozialer Verantwortung (IWP, 2023).

Gemäß dem Prinzip des Grünen Paradoxons hat der deutsche Klimanationalismus (Rademacher, 2025) keinen positiven Effekt auf die globalen CO_2-Emissionen – verbrennt aber die industrielle Substanz unseres Landes (Sinn, 2025). Die beiden zentralen Säulen der deutschen Klimapolitik – das Klimaschutzgesetz und das Energieeffizienzgesetz – entpuppen sich als Programme einer erzwungenen Deindustrialisierung. Sie stehen nicht für verantwortungsvollen Klimaschutz, sondern für eine wirtschaftspolitische Selbstaufgabe mit weitreichenden Folgen für Wachstum und Wohlstand (Kap. 3).

2.3 Wettbewerbsfähige Energieversorgung durch Diversifikation

Der Verzicht Deutschlands auf den Weiterbetrieb und Neubau von Kernkraftwerken ist ein weltweit einmaliger Vorgang. Während in allen führenden Industrieländern die Kernenergie eine Renaissance erlebt (Abb. 2.6), beschreitet Deutschland einen einsamen Sonderweg und setzt ausschließlich auf erneuerbare Energien – Deutschland bleibt der Geisterfahrer auf der globalen Atomautobahn (National Geographic, 2025).

Der Atomausstieg ist eine riskante Wette auf die Zukunft. Günstiger Atomstrom wird durch Wind- und Solarenergie ersetzt, gestützt auf den parallelen Einsatz teurer Gaskraftwerke. Die Folge sind dauerhaft steigende Strompreise. Zugleich verschärft sich die Lage, da in den kommenden Jahren schrittweise erhebliche Mengen an Kohlestrom vom Netz gehen werden (Gerg, 2023).

Abgeschriebene Kernkraftwerke erzeugen Strom zu Kosten von lediglich zwei Eurocent pro Kilowattstunde (Vahrenholt, 2023). Das ist im internationalen Vergleich von erheblicher Bedeutung. In Ländern wie China und den USA liegt der Erzeugungspreis bei nur drei bis vier Eurocent, während er in Deutschland im Jahr 2025 bei rund zehn Eurocent pro Kilowattstunde liegt (Abb. 2.10).

Trotz des hohen Strompreises deutet derzeit vieles darauf hin, dass die Politik in Deutschland am Ausstieg aus der Kernenergie festhalten wird. Anstatt in den Neubau moderner Reaktoren der vierten Generation – sogenannter inhärent sicherer Kernkraftwerke – zu investieren oder die noch vorhandenen Anlagen zu reaktivieren und weiter zu betreiben, importiert Deutschland in erheblichem Umfang Atomstrom aus dem europäischen Ausland.

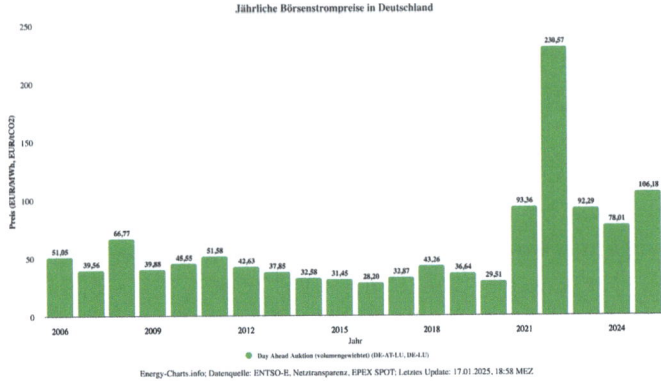

Abb. 2.10 Entwicklung Erzeugerstrompreise Deutschland bis 2025, 10 EUR/MWh = 1 ct/KWh. (Quelle: Energy-Charts ENTSO-E)

Die vierte Generation von Kernkraftwerken stellt einen bedeutenden technologischen Fortschritt dar, insbesondere im Hinblick auf Sicherheit und Entsorgung radioaktiver Abfälle. Diese Reaktoren schließen Risiken für Mensch und Umwelt nahezu vollständig aus. Ein bemerkenswertes Merkmal dieser Technologie ist ihre Fähigkeit, aus abgebrannten Brennelementen klassischer Reaktoren – etwa durch den Einsatz schneller Neutronen – weiterhin Energie zu gewinnen. Am Ende dieses Prozesses entstehen dank eines internen Transmutations- und Abtrennungsverfahrens keine langlebigen Spaltprodukte mehr, was die Herausforderungen der Endlagerung erheblich entschärft (Vahrenholt, 2023).

In herkömmlichen Reaktoren ist das Brennmaterial in der Regel auf bis zu fünf Prozent des spaltbaren Uranisotops U-235 angereichert, während die übrigen 95 %, vor allem Uran-238, ungenutzt bleiben. Entsprechend groß fällt das Volumen des radioaktiven Abfalls aus. Reaktoren der vierten Generation hingegen können das bislang ungenutzte Uran-238 direkt spalten oder in das spaltbare Plutoniumisotop Pu-239 umwandeln. Auf diese Weise wird der vermeintliche Abfall zu einem wertvollen Rohstoff, der erneut zur Energiegewinnung genutzt werden kann (Tromm, 2023).

Da natürliches Uran zu 99,3 % aus dem nicht spaltbaren Isotop U-238 und nur zu 0,7 % aus dem spaltbaren U-235 besteht, ermöglicht die Technologie der vierten Reaktorgeneration eine erheblich effizientere Nutzung des verfügbaren Brennstoffs. Theoretisch vervielfacht sich dadurch die nutzbare Menge des Spaltstoffs um den Faktor 140. Die weltweiten Uranvorkommen würden somit ausreichen, um Kernkraftwerke über Jahrzehntausende hinweg wirtschaftlich und zuverlässig zu betreiben. Zudem sind diese Reaktoren in der Lage, den Atommüll aus konventionellen Anlagen wiederzuverwerten und besitzen das Potenzial, langlebige Spaltprodukte durch Neutronenbestrahlung und Abtrennung in kurzlebigere Bestandteile umzuwandeln. Anstelle einer Endlagerzeit von bis zu einer Million Jahren müssten die Rückstände dieser neuen Reaktoren nur noch über wenige Jahrhunderte sicher verwahrt werden.

Die meisten klassischen Kernkraftwerke sind Siede- oder Druckwasserreaktoren, in denen Wasser sowohl als Moderator als auch als Kühlmittel dient. Die dabei entstehende Wärme wird zur Stromerzeugung genutzt. Ein wesentlicher Nachteil dieses Konzepts besteht darin, dass das Kühlwasser ständig zirkulieren und aktiv gekühlt werden muss, um eine Verdampfung zu verhindern – andernfalls droht eine Kernschmelze.

Reaktoren der vierten Generation hingegen setzen auf Kühlmittel wie flüssiges Blei oder Salz, die nicht verdampfen können. Sie ermöglichen selbst bei einem vollständigen Ausfall des aktiven Kühlsystems eine zuverlässige Wärmeabfuhr. Mit dieser Technologie sind die bekannten Nuklearunfälle der Vergangenheit wie Wasserstoffexplosionen oder Kernschmelzen technisch ausgeschlossen (Abschn. 2.4).

Kernreaktoren der vierten Generation bieten nicht nur einen sicheren Betrieb, eine hocheffiziente Brennstoffnutzung und eine deutlich entschärfte Endlagerproblematik, sondern auch die Vorteile klassischer Kernkraftwerke in Bezug auf Grundlastfähigkeit und CO_2-Neutralität. Daher können sie einen entscheidenden Beitrag zum Klimaschutz und zur Versorgungssicherheit leisten und wesentlich zur gesellschaftlichen Akzeptanz der Kernenergie in Deutschland beitragen (Abb. 2.11). Weltweit setzt man auf diese zukunftsweisende Technologie, einzig in Deutschland sind Forschung und Entwicklung auf diesem Gebiet weitgehend zum Erliegen gekommen.

Unsere europäischen Nachbarn, allen voran Frankreich, sehen in der emissionsfreien Kernenergie das Fundament für den Aufbau einer künftigen Wasserstoffwirtschaft in Europa. Ihr Ziel ist es, grünen Wasserstoff in großem Maßstab zu produzieren und vor allem nach Deutschland zu exportieren. Zu diesem Zweck planen sie den Bau zahlreicher Kernkraftwerke. Frankreich etwa hat angekündigt, jährlich mindestens ein neues Atomkraftwerk zu errichten (St, 2023). Sogar das kleine Dänemark, das Kernenergie seit 1985 gesetzlich verboten hatte, vollzieht inzwischen eine Kehrtwende (Frankfurter Rundschau, 2025). Der Import von teurem grünem Wasserstoff aus sicherheitstechnisch fragwürdigen französischen und osteuropäischen Atomreaktoren ist somit eine direkte Konsequenz der deutschen Klima- und Energiepolitik (Schneider, 2010).

In der Bevölkerung vollzieht sich unterdessen ein Meinungswandel: 67 % der Deutschen sprechen sich mittlerweile für die Nutzung von Kernkraftwerken aus, 42 % befürworten den Bau neuer Anlagen (Abb. 2.11). Nur noch 23 % halten den Atomausstieg für richtig.

Neben der Kernenergie stehen Deutschland grundsätzlich zwei weitere Optionen offen, um die Strom- und Energiepreise nachhaltig zu senken und zugleich die Ver-

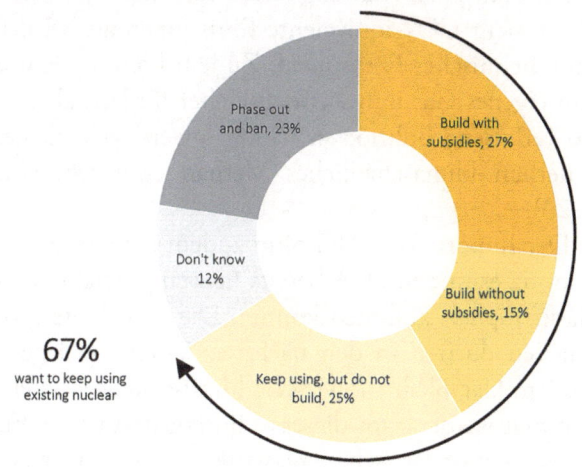

Source: Graph by Radiant Energy Group, as featured in its Public Attitudes toward Clean Energy Index 2023

Abb. 2.11 Zwei Drittel der Deutschen sind für die Nutzung von Atomkraftwerken, 2023. (Quelle: Radiant Energy Group)

sorgungssicherheit zu stärken. Als erste Option besteht die Erschließung heimischer Gasvorkommen. Die Lagerstätten sind bekannt, und mit dem entsprechenden politischen Willen könnte die Förderung zeitnah beginnen. Insbesondere in Niedersachsen und Sachsen-Anhalt existieren bedeutende Reserven, die den nationalen Bedarf für mehrere Jahrzehnte decken könnten (Vahrenholt, 2023).

Diese Lösung wäre deutlich kostengünstiger als das aufwendig aus den USA importierte Fracking-Gas (LNG). LNG weist zudem eine vergleichsweise schlechte CO_2-Bilanz auf, da es verflüssigt, über weite Strecken transportiert und am Terminal regasifiziert werden muss – ein energieintensiver Prozess, der LNG teuer und aus klimapolitischer Sicht problematisch macht. Daher kann LNG lediglich als temporäre Lösung dienen, um den

Wegfall russischer Gaslieferungen auszugleichen. Allein durch Transport, Kühlung und Gasschlupf entstehen rund 25 % mehr CO_2-äquivalente Emissionen als bei der Nutzung heimischer Ressourcen. Zudem könnte Deutschland sein eigenes Gas umweltfreundlicher fördern als die USA, wo verlassene Bohrlöcher häufig unversiegelt bleiben und dauerhaft klimaschädliches Methan entweicht (Kümpel, 2023).

Der Import von LNG birgt zudem ein strategisches Risiko, da es in den USA bereits in wenigen Jahren zu einer Gasknappheit kommen könnte. Die aktuell erschlossenen Quellen dürften in den nächsten Jahren versiegen, während unklar bleibt, inwieweit künftig neue Gasfelder genehmigt werden. Vor diesem Hintergrund ist die Erschließung heimischer Schiefergasvorkommen eine realistische Option, um die Versorgungssicherheit in Deutschland nachhaltig zu stärken – und das zu deutlich geringeren Kosten (Kümpel, 2023). Die hierfür eingesetzten Technologien gelten inzwischen als technisch ausgereift und sicher, nennenswerte Risiken für Mensch und Umwelt sind ausgeschlossen.

Die zweite Option liegt in der verstärkten Nutzung heimischer Braunkohle. Trotz der zusätzlichen Kosten durch europäische CO_2-Zertifikate zählt sie nach wie vor zu den preiswertesten verfügbaren Energiequellen. Eine ökologisch verantwortbare Kohleverstromung setzt allerdings den konsequenten Einsatz von Technologien zur Abscheidung und Speicherung von Kohlendioxid (CCS) voraus. Diese Verfahren haben sich technisch deutlich weiterentwickelt und gelten inzwischen als wirtschaftlich konkurrenzfähig. Island und Norwegen bieten hierfür bereits erprobte Lösungen an. In Island wird CO_2 in vulkanische Basaltschichten verpresst, wo es sich innerhalb weniger Jahre in festes Dolomitgestein umwandelt. Norwegen wiederum hat angeboten, Deutschland mit Erdgas zu beliefern und das dabei entstehende CO_2 zurückzunehmen – zur dauerhaften Einlagerung in geeignete geologische Formationen (Walker, 2023).

Deutschland sollte sich daher aktiv an der Weiterentwicklung moderner CCS-Technologien beteiligen und damit beginnen, das bei der Verbrennung entstehende CO_2 zu verflüssigen und in ausgeförderten Lagerstätten im Meeresboden sowie in natürlichen Kavernen oder strömungsfreien Senken in der Tiefsee einzulagern. Der dort herrschende hohe Wasserdruck hält das CO_2 im flüssigen Zustand, und da es schwerer als Wasser ist, verbleibt es dort dauerhaft. Das norwegische Sleipner-Projekt belegt eindrucksvoll die technische Machbarkeit und wirtschaftliche Tragfähigkeit der CO_2-Einlagerung in entleerten Gasfeldern unter dem Meeresboden (Vattenfall, 2024). Die Entdeckung eines natürlichen Kohlendioxidsees in der Tiefsee zwischen Taiwan und Japan (Scinexx, 2006) liefert zudem einen überzeugenden Nachweis für das praktisch unbegrenzte und langfristige Speicherpotenzial von Kohlendioxid im Ozean.

Durch den gezielten Einsatz von CCS könnte Deutschland einen direkten Beitrag zum globalen Klimaschutz leisten – nicht indem es weniger, sondern bewusst mehr fossile Energieträger auf den Weltmärkten erwirbt und das bei der Nutzung entstehende CO_2 dauerhaft speichert. Ein solcher Ansatz wäre nicht nur klimaneutral, sondern würde sogar den globalen CO_2-Ausstoß reduzieren. Steigende Weltmarktpreise infolge erhöhter deutscher Nachfrage würden fossile Brennstoffe besonders für energieineffiziente Länder mit geringen Klimaschutzambitionen unattraktiver machen.

In Deutschland war Forschung und Entwicklung auch im wichtigen Zukunftsfeld der CO_2-Abscheidung und -Speicherung (CCS) lange Zeit verpönt. Selbst der Bau von Versuchsanlagen zur CO_2-Sequestrierung war bis vor kurzem noch verboten. Erst im Mai 2024 vollzog die Bundesregierung eine vorsichtige Kursänderung, als sie im Kabinett die Novelle des Kohlendioxidspeicherungsgesetzes beschloss (ntv.de, 2024). Damit wird unter bestimmten Voraussetzungen die Offshore-Einlagerung von CO_2 aus energieintensiven Industrien und Gaskraftwerken genehmigungsfähig. Ein großflächiger Einsatz – etwa in der Kohleverstromung – bleibt jedoch weiterhin ausgeschlossen. Auch die Speicherung an Land ist entweder nicht erlaubt oder nur in einzelnen Bundesländern zulässig – ein bemerkenswerter Widerspruch zur gängigen Praxis, unterirdische Erdgasspeicher in Deutschland mit Methangas bei Drücken von bis zu 270 bar zu befüllen (Vattenfall, 2024).

Deutschland braucht insgesamt mehr Technologieoffenheit und eine stärkere Diversifizierung seiner Energielandschaft. Es darf nicht übersehen werden, dass ein erheblicher Teil der Welt weiterhin auf Kohle setzt – den weltweit am häufigsten vorkommenden fossilen Energieträger (Welt der Physik, 2017). Daraus erwächst eine globale Verantwortung: Deutschland sollte sich aktiv an der Erforschung und Weiterentwicklung von Techniken der klimaneutralen Kohleverstromung beteiligen. Ziel sollte es sein, ihr Effizienzpotenzial auch im großskaligen Einsatz zu erschließen und sie international verfügbar zu machen – als Grundlage für bezahlbare und ökologisch tragfähige Energiesysteme auf Kohlebasis.

Es ist an der Zeit, den ökologischen Widerspruch und das moralische Dilemma zu beenden, Entwicklungsländern wie Indien, Pakistan oder Indonesien das knappe Erdgas vom Weltmarkt wegzukaufen. Weil sie sich dieses nicht mehr leisten können, greifen viele dieser Länder auf die besonders klimaschädliche Kohleverstromung ohne begleitende CCS-Technologie zurück. Die Folge: In Asien entstehen derzeit gigantische CO_2-Schleudern (Mishra, 2025).

Die deutsche Wirtschaft ist auf absehbare Zeit mit hohen Energiekosten belastet. Anfang 2025 lag der Erzeugerstrompreis bei rund zehn Eurocent pro Kilowattstunde – deutlich über dem Niveau, das für internationale Wettbewerbsfähigkeit im industriellen Sektor erforderlich wäre (Abb. 2.10). Um im globalen Vergleich mithalten zu können, wären Erzeugerpreise von drei bis vier Eurocent pro Kilowattstunde notwendig (Kap. 3). Besonders mittelständische Unternehmen leiden unter dieser Belastung, da sie – anders als große Konzerne – ihre Produktion nicht ohne Weiteres in Länder mit niedrigeren Energiekosten verlagern können.

Ursächlich für das dauerhaft hohe Strompreisniveau in Deutschland ist nicht der Ukrainekrieg, sondern vielmehr die unzureichende Umsetzung der Energiewende. Nach dem Atomausstiegsbeschluss im Jahr 2011 und dem bereits 2007 eingeleiteten Kohleausstieg wurde das Stromangebot spätestens ab 2021 knapp, unmittelbar nach dem Ende der pandemiebedingten Lockdowns, als die Wirtschaft wieder anzog. Schon zu diesem Zeitpunkt hatten sich die Industriestrompreise im Vergleich zu den Vorjahren nahezu verdreifacht (Abb. 2.10) – und das deutlich vor Beginn des Ukrainekriegs. Neben dem Anstieg der europäischen CO_2-Zertifikatspreise war dafür vor allem das Versäumnis der Bundesregierung verantwortlich, rechtzeitig neue, verlässliche Energiequellen zu erschließen.

Um der weiterhin drohenden Energieknappheit wirksam zu begegnen, sollte das Angebot an verfügbarer Energie deutlich ausgeweitet werden. Europa – und insbesondere Deutschland – sollte seine ideologischen Blockaden überwinden und sich, wie andere führende Wirtschaftsräume, auf eine technologieneutrale Energiepolitik verständigen. Dazu zählt vor allem die Offenheit gegenüber modernen konventionellen Kraftwerkstechnologien, vorzugsweise unter Einbeziehung heimischer Energieträger.

Nur auf diesem Weg lassen sich Strom- und Gaspreise dauerhaft senken und auf ein international wettbewerbsfähiges Niveau bringen. Preissubventionen wie die Energiepreisbremse hingegen sind keine nachhaltige Lösung, da sie die Last entweder auf die Steuerzahler verlagern oder durch zusätzliche Schulden auf kommende Generationen übertragen (Kap. 6).

Deutschland verfolgt derzeit eine Klima- und Energiepolitik, die stark ideologisch geprägt und weitgehend losgelöst von ökonomischen und physikalischen Realitäten ist. Erforderlich wäre hingegen eine technologieneutrale und diversifizierte Strategie, die auch konventionelle grundlastfähige Energiesysteme der neuen Generation als festen Bestandteil des Energiemixes einbezieht. Selbst der Weltklimarat (IPCC) spricht sich ausdrücklich für deren Einsatz aus (Freiwah, 2023; Bien, 2023).

2.4 Atommüll zu Brennstoff – die neue Generation der Kernkraftwerke

Die neue, vierte, Generation von Kernreaktoren stellt einen technologischen Wendepunkt dar. Sie ermöglicht eine deutlich effizientere Nutzung der nuklearen Brennstoffe und reduziert zugleich erheblich die Menge radioaktiver Abfälle. Während herkömmliche Reaktoren nur einen Bruchteil des im Uran enthaltenen Energiepotenzials nutzen und dabei langlebigen Atommüll erzeugen, erlauben die neuen Reaktoren eine nahezu vollständige Brennstoffverwertung. Darüber hinaus können sie Abfälle aus bestehenden Anlagen energetisch verwerten und verfügen über das Potenzial, die Strahlungsdauer entstehender Spaltprodukte deutlich zu senkenn. Diese Fortschritte eröffnen neue Perspektiven für eine nachhaltige, sichere und langfristig tragfähige Nutzung der Kernenergie.

Ein zentrales Element dieser Entwicklung sind die sogenannten Small Modular Reactors (SMR) – kompakte Kernspaltungsanlagen, die auf inhärente Sicherheit ausgelegt sind und eine geringere elektrische Leistung als konventionelle Kernkraftwerke besitzen (GRS, 2022). Ihr modularer Aufbau ermöglicht eine serielle Fertigung, wodurch sich Bau- und Bereitstellungszeiten erheblich verkürzen und die Kosten deutlich reduzieren lassen. Die vorgefertigten Module werden direkt zum Einsatzort transportiert und dort endmontiert. Dieses Konzept bietet nicht nur logistische Vorteile, sondern erlaubt auch flexible, dezentrale Anwendungen und erweitert damit die Einsatzmöglichkeiten der Kernenergie.

SMR der vierten Generation stoßen weltweit auf wachsende Resonanz (Welt, 2025). Länder wie die USA, China und Großbritannien investieren gezielt in diese zukunftsweisende Technologie – im Gegensatz zu Deutschland, das weiterhin am Atomausstieg festhält. In diesen Ländern genießt die Kernenergie breite gesellschaftliche Unterstützung. Großbritannien plant beispielsweise, eine Vielzahl dieser kompakten Reaktoren dezentral im ganzen Land zu errichten, bevorzugt in unmittelbarer Nähe zu Verbrauchszentren. Dank ihres Baukastenprinzips lassen sich SMR schnell, flexibel und kosteneffizient in bestehende Energieinfrastrukturen integrieren – ein entscheidender Vorteil in Zeiten wachsender Versorgungsanforderungen und ambitionierter Klimaziele.

Grundsätzlich lassen sich bei SMR verschiedene technologische Ansätze unterscheiden. Herkömmliche Vertreter der dritten Generation mit einer elektrischen Leistung von bis zu rund 300 Megawatt (MW) basieren überwiegend auf bewährter Leichtwassertechnologie, bei der Wasser sowohl als Kühl- als auch als Moderatormedium dient. Ein prominentes Beispiel ist der BMR X-300, den das Unternehmen GE Hitachi Nuclear Energy derzeit in Kanada realisiert (Nuklearforum, 2022).

SMR der neuen, vierten Generation sind hingegen deutlich kompakter konzipiert und erreichen eine elektrische Leistung von bis zu etwa 100 Megawatt (MW). Sie werden als standardisierte, modulare Einheiten vollständig in Fabriken vorgefertigt und eignen sich dadurch ideal für die industrielle Serienproduktion. Im Gegensatz zu konventionellen Kernkraftwerken, deren Bau oft viele Jahre dauert, können diese Minireaktoren grundsätzlich innerhalb weniger Monate installiert und ans Netz gebracht werden.

Bei der Entwicklung dieser Systeme standen vor allem drei Ziele im Vordergrund: Maximale Sicherheit, hohe Effizienz und größtmögliche Einsatz- und Betriebsflexibilität. Zwar liegt ihre elektrische Leistung deutlich unter der klassischer Großreaktoren, die typischerweise über 1000 Megawatt (MW) erzeugen, doch erlaubt ihre kompakte Bauweise in Verbindung mit dem modularen Konzept eine präzise Anpassung an unterschiedliche Leistungsanforderungen und Standortbedingungen. Die beeindruckenden technologischen Fortschritte der vergangenen Jahre verdeutlichen die Dynamik, mit der sich die Nukleartechnik weltweit weiterentwickelt.

Minireaktoren der neuen Generation bieten eine Reihe von Vorteilen, die sie zu einem wichtigen Baustein der künftigen Energielandschaft machen. Diese Vorzüge ergeben sich sowohl aus ihrem durchdachten Design als auch aus ihrer Fähigkeit, den vielfältigen Anforderungen einer modernen Energieinfrastruktur flexibel gerecht zu werden. Nachfolgend sind die zentralen Vorteile im Überblick dargestellt:

- Kompakte Bauweise und Modularität: Dank ihrer geringen Abmessungen und modularen Struktur können Minireaktoren an unterschiedlichsten Standorten und in vielfältigen Umgebungen eingesetzt werden – insbesondere dort, wo der Bau großdimensionierter Anlagen nicht realisierbar ist. Der modulare Aufbau erlaubt eine standardisierte Serienfertigung, wodurch sich die Logistik- und Bereitstellungsaufwendungen deutlich reduzieren.

- Hohe Einsatzflexibilität: Kleine Reaktoren lassen sich bedarfsgerecht zu größeren Einheiten kombinieren und ermöglichen so eine skalierbare Energieversorgung unter verschiedensten Rahmenbedingungen. Dadurch eignen sie sich sowohl für die Einbindung in große Stromnetze als auch für abgelegene Regionen, die eine zuverlässige Energiequelle benötigen, jedoch über keine umfassende Infrastruktur verfügen.
- Geringe Bereitstellungszeiten und -kosten: Dank der industriellen Serienfertigung und des Transports in vorgefertigten, standardisierten Modulen lassen sich sowohl Baukosten als auch Realisierungszeiten im Vergleich zu konventionellen, individuell geplanten Kernkraftwerken drastisch senken.
- Maximale Sicherheit: Minireaktoren der neuen Generation erfüllen höchste Sicherheitsstandards und sind mit passiven Systemen sowie inhärenten Sicherheitsmechanismen ausgestattet. Diese reduzieren die betrieblichen Risiken erheblich und minimieren den Bedarf an aktivem menschlichem Eingreifen. Zu den zentralen Sicherheitsmerkmalen zählen unter anderem passive Kühlsysteme und die Fähigkeit zur automatischen Abschaltung im Notfall.
- Klimafreundliche und umweltschonende Technologie: Kernenergie ist im Betrieb grundsätzlich frei von klimaschädlichen Emissionen. Minireaktoren erzeugen Strom ohne CO_2-Ausstoß und leisten damit einen wichtigen Beitrag zur Bekämpfung des Klimawandels. Ihre kompakte Bauweise sowie die Möglichkeit der nahtlosen In-

tegration in bestehende Stromnetze reduzieren darüber hinaus den Bedarf an zusätzlicher Infrastruktur und minimieren Umwelteingriffe.
- Optimale Abfallentsorgung: Zwar erzeugen alle Kernreaktoren radioaktive Rückstände, doch nutzen die neuen Minireaktoren den Brennstoff wesentlich effizienter und reduzieren dadurch das Abfallvolumen erheblich. Darüber hinaus verfügen sie über integrierte Transmutationsprozesse, die langlebige radioaktive Isotope in kurzlebigere umwandeln. Auf diese Weise wird die langfristige Toxizität des verbleibenden Atommülls vollständig beseitigt.
- Verbesserte Netzstabilität: Kernreaktoren – ob groß oder klein – gewährleisten eine grundlastfähige Stromversorgung, da sie unabhängig von Wetterbedingungen kontinuierlich Energie liefern. Minireaktoren können darüber hinaus als dezentrale Netzstützpunkte fungieren und kurzfristige Schwankungen im Stromnetz effektiv ausgleichen. Dies gewinnt insbesondere in Energiesystemen mit hohem Anteil wetterabhängiger erneuerbarer Energien an Bedeutung. Dank ihrer hohen Regelbarkeit lassen sich Minireaktoren innerhalb weniger Minuten auf volle oder minimale Leistung anpassen und leisten so einen wichtigen Beitrag zur Netzstabilität.

SMR der neuen Generation arbeiten mit schnellen Neutronen und nutzen durch einen internen Brutprozess auch nicht spaltbares Material als Brennstoff. Diese Reaktoren bieten gegenüber herkömmlichen Leichtwasserreaktoren einen doppelten Vorteil. Zum einen können sie neben Thorium auch Uran-238 verwerten, ein Isotop, das bisher kostenintensiv endgelagert werden muss. Dadurch sind sie in der Lage, alte Bestände aus Zwischen- und Endlagern als Ausgangsbrennstoff zu nutzen. Zum anderen erzeugen diese Reaktoren ausschließlich Spaltprodukte mit vergleichsweise kurzen Halbwertszeiten von maximal 30 Jahren. Infolgedessen ist die Radioaktivität des verbleibenden Abfalls bereits nach etwa 300 Jahren weitgehend abgeklungen, wodurch das Endlagerproblem erheblich entschärft wird (Heindl, 2025a).

Ein markantes Beispiel für diesen Reaktortyp ist die Entwicklung des Unternehmens Copenhagen Atomics, das als Pionier auf dem Gebiet thoriumbasierter Schmelzsalz-Reaktoren gilt. Erste Prototypen wurden bereits erfolgreich erprobt, die Serienproduktion ist ab dem Jahr 2030 vorgesehen (CA, 2024). Besonders bemerkenswert ist die kompakte Bauweise. Ein einzelner Reaktor leistet rund 100 Megawatt und passt in einen Standard-Industriecontainer. Dadurch lässt er sich unkompliziert per Lkw an nahezu jeden Einsatzort transportieren. Bei diesem System kommen die Vorteile der SMR-Technologie in besonderer Weise zum Tragen – vor allem die Bereitstellungs- und Inbetriebnahmekosten sind im Vergleich zu klassischen Kernkraftwerken um ein Vielfaches geringer.

Thorium-Reaktoren zählen zur Gruppe der Brutreaktoren, da sie den Spaltstoff durch einen internen Reaktionsprozess erzeugen. Zum Anfahren des Reaktors ist lediglich eine geringe Menge Uran-235 oder Plutonium erforderlich. Im weiteren Betrieb wird nicht spaltbares Thorium zugeführt, das Neutronen absorbiert und sich über Beta-Zerfall in das spaltbare Uranisotop U233 umwandelt – den eigentlichen Treibstoff der nuklearen Kettenreaktion.

Thorium ist ein natürlich vorkommendes, schwach radioaktives Element, das chemisch dem Uran ähnelt, jedoch in deutlich größeren Mengen auf der Erde vorhanden ist. Es fällt unter anderem als Nebenprodukt bei der Gewinnung seltener Erden an – Rohstoffe, die für moderne Technologien wie Batterien und Smartphones unverzichtbar sind. In

Flüssigsalzreaktoren auf Thoriumbasis reicht eine einmalige Befüllung mit dem thoriumhaltigen Salzfluid aus, um den Reaktor über einen Zeitraum von bis zu 100 Jahren zu betreiben (Heindl, 2025b). Diese außergewöhnlich hohe Energiedichte verleiht Thorium ein nahezu unbegrenztes Potenzial als global verfügbarer Kernbrennstoff.

Bei den Minireaktoren des Unternehmens Copenhagen Atomics ist der Thorium-Brennstoff in einer Salzschmelze gelöst, die gleichzeitig als Kühlmittel, Moderator und Spaltmedium dient. Die durch den nuklearen Zerfall erzeugte Wärme hält das Salz in flüssigem Zustand. Der Reaktor arbeitet drucklos bei Temperaturen zwischen 500 und 1.000 Grad Celsius. Über einen Wärmetauscher wird die thermische Energie auf Wasser übertragen, dessen Dampf eine Turbine antreibt und so elektrische Energie erzeugt.

Im Gegensatz zu klassischen Leichtwasserreaktoren kommt der Wasserkreislauf hierbei nicht in direkten Kontakt mit dem spaltbaren Material. Dadurch wird die Bildung von explosivem Wasserstoff im Falle einer Überhitzung verhindert – einem Szenario, das maßgeblich zur Katastrophe im japanischen Fukushima beitrug. Eine Überhitzung im Minireaktor führt stattdessen zu einer Volumenvergrößerung des Salzes, wodurch es sich selbstständig abkühlt. In diesem Fall fließt die Salzschmelze in Notfalltanks, die die nukleare Kettenreaktion zuverlässig unterbrechen und das Salz rasch erkalten und aushärten lassen. Eine unkontrollierte Kettenreaktion – wie sie beim Reaktorunglück von Tschernobyl auftrat – ist bei dieser Reaktortechnologie technisch ausgeschlossen.

Die Minireaktoren auf Schmelzsalz-Basis zeichnen sich durch eine inhärente Betriebssicherheit aus:

- Automatischer Stopp der Kettenreaktion bei Überhitzung: Im Falle eines Ausfalls des Kühlsystems dehnt sich die Salzschmelze durch die steigende Temperatur

aus, was die Dichte verringert und die Kettenreaktion von selbst unterbricht – ganz ohne aktives Eingreifen.
- Keine Brandgefahr: Die verwendete Salzschmelze ist nicht brennbar und wird sogar als Löschmittel in der Brandbekämpfung eingesetzt. Ein Szenario wie in Tschernobyl, wo brennender Graphit wochenlang radioaktive Stoffe freisetzte, ist bei dieser Reaktortechnologie ausgeschlossen.
- Keine Explosionsgefahr: Der Reaktor arbeitet drucklos, und der Wasserkreislauf ist vollständig vom Spaltmaterial getrennt. Dadurch kann kein explosiver Wasserstoff entstehen – eine Situation wie in Fukushima ist technisch nicht möglich.

Auch China hat mit dem Testbetrieb eines nuklearen Thorium-Flüssigsalzreaktors (TMSR-LF1) begonnen (Nature, 2021). Dieses System erfüllt jedoch nicht die hohen Anforderungen an Kompaktheit und Modularität, wie sie bei den Minireaktoren von Copenhagen Atomics konsequent umgesetzt werden. Dennoch stellen auch die chinesischen Schmelzsalz-Reaktoren einen bedeutenden technologischen Fortschritt dar. Sie sind deutlich sicherer und nutzen den Brennstoff wesentlich effizienter als die weltweit noch dominierenden Druck- und Leichtwasserreaktoren.

International wird intensiv an innovativen, sicheren und gleichzeitig kosteneffizienten Reaktortechnologien wie Flüssigsalzsystemen geforscht, die sich flexibel in unterschiedliche Energiesysteme integrieren lassen. China sowie die großen US-Technologie- und Internetkonzerne investieren Milliardenbeträge in nukleare Forschungsprojekte (HB, 2024). Während Amerika und Asien diese Entwicklungen entschlossen vorantreiben, hält Deutschland an ideologisch geprägten Debatten über die Kernkraft fest – und blockiert damit die eigene energiepolitische Handlungsfähigkeit.

Angesichts der wachsenden Herausforderungen in den Bereichen Klimaschutz und Energieversorgung ist ein technologieoffenes Umdenken längst überfällig. Deutschland sollte sich aus seiner energiepolitischen Abschottung lösen und sich dem internationalen Trend zur Nutzung moderner Kerntechnologien nicht länger verschließen (IEA, 2025b). Ein zukunftsfähiges Energiesystem auf Basis modularer und inhärent sicherer Kleinreaktoren bietet die Chance, ökologische Nachhaltigkeit, ökonomische Effizienz und Versorgungssicherheit in Einklang zu bringen.

2.5 Technologieneutralität – Leitlinien für eine Klimapolitik

Die deutsche Klima- und Energiepolitik folgt einem einsamen Sonderweg, der sowohl ökonomisch als auch ökologisch in eine Sackgasse führt. Der gleichzeitige Verzicht auf Kernkraft und fossile Energieträger, der Grundlage der deutschen Energiewende ist, erfolgt ohne tragfähige Alternativen. Diese Strategie gefährdet die Versorgungssicherheit und treibt die Energiepreise in die Höhe. Gleichzeitig bleiben die globalen CO_2-Emissionen trotz nationaler Einsparungen auf unverändert hohem Niveau, da große Volkswirtschaften wie die USA, China und Indien weiterhin massiv fossile Energien nutzen (Abb. 2.1).

Regulatorische Alleingänge in Deutschland wie das Energieeffizienzgesetz und das Klimaschutzgesetz befeuern die Deindustrialisierung, indem sie Investitionen hemmen und industrielle Wertschöpfung bremsen (Kap. 3). Das politisch formulierte Ziel einer emissionsfreien Volkswirtschaft bis 2045 ist unter realistischen physikalischen und ökonomischen Rahmenbedingungen nicht erreichbar (Abschn. 2.2). Zudem wirft das sogenannte Senkenmodell grundlegende Zweifel an der Belastbarkeit des Budgetansatzes und des darauf basierenden europäischen und deutschen Ausstiegspfads auf (Abschn. 2.1).

Wirksamer Klimaschutz setzt technologieoffene Rahmenbedingungen und marktwirtschaftliche Anreizmechanismen voraus. Deutschland sollte daher seinen isolierten Sonderweg verlassen und eine diversifizierte, realitätsbezogene Energiepolitik verfolgen – eine Politik, die moderne Kernkraft, CCS-Technologien und die Nutzung heimischer fossiler Energiequellen einbezieht. Eine zukunftsfähige Energiewende sollte sich an drei zentralen Kriterien messen lassen: Versorgungssicherheit, Bezahlbarkeit und ökologische Wirksamkeit.

Das Grüne Paradoxon besagt, dass unilaterale Nachfrageeinschränkungen bei handelbaren fossilen Brennstoffen nicht nur wirkungslos für den Klimaschutz sind, sondern sogar kontraproduktive Effekte haben können. Ökonomisch tragfähige Transformationsprozesse lassen sich daher nur durch Technologieneutralität und einen international verpflichtenden Preis für klimaschädliche Emissionen im Rahmen eines globalen Emissionshandelssystems gestalten.

Planwirtschaftliche Steuerung und ideologisch motivierte Ge- und Verbote führen hingegen zu Subventionsexzessen, Wettbewerbsverzerrungen, Fehlallokationen und erheblichen Effizienzeinbußen. Der Europäische Green Deal zeigt exemplarisch die negativen Folgen eines dirigistischen, zentralplanerischen Ansatzes. Anstatt ein neues grünes Wirtschaftswunder auszulösen, beschneidet er unternehmerische Freiräume, verschlechtert die Standortbedingungen und befördert die Deindustrialisierung (Abschn. 3.1).

Eine tragfähige, nachhaltige Energie- und Klimapolitik sollte sich auf marktwirtschaftliche Prinzipien und globalen Freihandel stützen. Dazu gehört, dass die internationale Staatengemeinschaft effektiv im Bereich der Emissionsminderung zusammenarbeitet, preisliche Anreize setzt und einen verlässlichen ordnungspolitischen Rahmen schafft, in dem sich unternehmerische Initiative frei entfalten kann – ohne staatliche Einflußnahme auf konkrete Technologien oder Transformationspfade.

Für Deutschland sind in diesem Sinne folgende Maßnahmen von zentraler Bedeutung: die vollständige Freigabe der CO_2-Sequestrierung, die Aufhebung der Verbote für Kernkraft, Fracking und Kohleverstromung sowie die Abschaffung sämtlicher Subventionen, insbesondere für Wind- und Solarenergie. Ebenso notwendig ist die Beendigung regulatorischer Eingriffe durch das EEG, das Klimaschutzgesetz, das Energieeffizienzgesetz, die Flottenverbrauchsvorgaben und das geplante Verbrennerverbot.

Im Mobilitätssektor sollte Deutschland konsequent auf Technologieneutralität setzen und die Gleichstellung von mit E-Fuels betriebenen Verbrennungsmotoren mit batterieelektrischer Mobilität anerkennen. Nicht zuletzt ist im Sinne einer strategischen Diversifizierung der Energieinfrastruktur auch die Wiederinbetriebnahme der Nord-Stream-Pipelines dringend geboten.

Parallel dazu sollte die Grundlagenforschung im Bereich leistungsfähiger Energie- und Speichertechnologien deutlich ausgebaut werden, insbesondere in den Feldern Kerntechnik, CCS, Wasserstoffwirtschaft und synthetische Kraftstoffe. Darüber hinaus ist ein entschlossenes Engagement beim Aufbau eines globalen Klimaklubs mit verbindlicher CO_2-Bepreisung erforderlich – als entscheidender Schritt hin zu einem wirksamen internationalen Klimaschutz.

Nur ein umfassender Kurswechsel in Europa – insbesondere in Deutschland – hin zu einer technologieneutralen, marktwirtschaftlich ausgerichteten Energie- und Klimapolitik, eingebettet in internationale Kooperation im

Rahmen eines globalen Klimaklubs, kann eine nachhaltige Balance zwischen Klimaschutz, Versorgungssicherheit und wirtschaftlicher Tragfähigkeit ermöglichen.

2.6 Ein globaler Klimaklub kann gelingen

Die Coronakrise hat eindrucksvoll gezeigt, dass weltweit koordiniertes Handeln selbst ein mächtiges Kartell wie die OPEC zu einer Änderung ihrer Förderpolitik bewegen kann (NNZ, 2022). Aus dieser Erfahrung lässt sich eine strategisch bedeutsame Erkenntnis ableiten: Ein Klimaklub lässt sich grundsätzlich verwirklichen. Gemeint ist ein Zusammenschluss der Industrieländer, der darauf abzielt, die globale Erwärmung wirksam einzudämmen. Damit ein solcher internationaler Verbund breite Akzeptanz findet, sollte er möglichst flexibel gestaltet sein und marktwirtschaftliche Effizienz gewährleisten.

Anstelle verbindlicher Mengenbeschränkungen für CO_2-Emissionen sollte der Klimaklub einen einheitlichen CO_2-Preis im Rahmen eines Zertifikatehandels einführen – und zwar ohne zusätzliche regulatorische Eingriffe. Dieses Modell erweist sich als deutlich weniger restriktiv als die im Pariser Klimavertrag von 2015 vorgesehenen Emissionsobergrenzen für fossile Brennstoffe. Strategien, die eine Emissionsreduktion im Gleichschritt für alle Staaten entlang eines festen Ausstiegspfads fordern, sind zu starr, zu radikal – und damit letztlich kontraproduktiv.

Ein global einheitlicher CO_2-Preis im Rahmen eines freien Emissionshandelssystems eröffnet dagegen wesentlich bessere Chancen für eine erfolgreiche Umsetzung und internationale Akzeptanz. Dafür sprechen vier wesentliche Gründe:

- Erstens: Die EU hat sich im Rahmen des Europäischen Green Deals einseitig auf nachfrageseitige Mengenbeschränkungen konzentriert – insbesondere durch rigide CO_2-Reduktionspfade gemäß dem Klimazielplan. Dabei wird die Angebotsseite des globalen Energiemarkts, also die Förderpolitik rohstoffreicher Staaten, ausgeblendet. Diese einseitige Strategie hat in Deutschland zu Deindustrialisierung und Wachstumsverlusten geführt. Die einst angestrebte Vorbildfunktion hat sich ins Gegenteil verkehrt: Deutschlands radikale Energiewende wirkt inzwischen weltweit eher abschreckend – niemand will mehr „am Wesen Deutschlands oder Europas genesen".
- Zweitens: In nahezu allen Weltregionen – mit Ausnahme Europas – fehlt die grundsätzliche Bereitschaft, verbindliche Emissionsobergrenzen zu akzeptieren. Ein prägnantes Beispiel sind die USA, das weltweit größte Ölförderland, das Anfang 2025 erneut aus dem Pariser Klimavertrag ausgetreten ist. Eigentümer fossiler Ressourcen lehnen es ab aus Klimaschutzgründen auf wirtschaftlichen Wohlstand zu verzichten. Sie betrachten Emissionsobergrenzen als faktisches Förderverbot. Wird das Geschäftsmodell dieser Länder infrage gestellt, ist ihre effektive Mitwirkung an einem Klimaklub von vornherein ausgeschlossen. Eine wirksame Klimaklub-Strategie sollte daher sicherstellen, dass diese Staaten fossile Rohstoffe weiterhin fördern und verkaufen können.
- Drittens: Explizite Emissionsvorgaben müssen zwangsläufig zentralplanerisch organisiert werden. Aufgrund stark unterschiedlicher nationaler Rahmenbedingungen wäre dafür ein hochkomplexes Regulierungssystem erforderlich – dessen Umsetzung nicht nur ineffizient, sondern vielfach auch unrealistisch wäre. Starre, länderspezifische Mengenbeschränkungen könnten kaum fle-

xibel auf unterschiedliche und sich verändernde Marktgegebenheiten reagieren. Das Ergebnis wären erhebliche Unterschiede bei den CO_2-Vermeidungskosten der Mitgliedstaaten und damit verbundene Wettbewerbsverzerrungen. Die Folge wären eine sinkende Effektivität der globalen Klimastrategie und eine schwindende Akzeptanz des gesamten Klimaklubs.

- Viertens: Ein weltweit verbindlicher CO_2-Preis würde – im Gegensatz zu expliziten Emissionsbeschränkungen – eine feinfühlige, marktwirtschaftlich gesteuerte Reduktion der Emissionen ermöglichen und wirtschaftliche Schäden minimieren. Bereits heute stehen ausgereifte Verfahren zur Abscheidung und Speicherung von Kohlendioxid (CCS) sowie Recyclingtechnologien zur stofflichen Nutzung von CO_2 zur Verfügung – etwa zur Herstellung synthetischer, kohlenstoffbasierter Produkte wie Kunststoffe. Jedes Land könnte diese Technologien im industriellen Maßstab nutzen und so den Einsatz fossiler Energieträger mit Klimaneutralität verbinden. Ein pauschales Verbot fossiler Brennstoffe aus klimapolitischen Gründen wäre damit überflüssig. Anders als bei verbindlichen Emissionsobergrenzen im Sinne der Pariser Klimavereinbarung wäre unter diesen Bedingungen auch die Zustimmung der Förderländer fossiler Ressourcen realistisch.

Ein Klimaklub sollte daher nicht auf starre Emissionsobergrenzen und CO_2-Reduktionspfade setzen, sondern auf die Schaffung eines verlässlichen ordnungspolitischen Rahmens und einen global gültigen, hinreichend hohen Preis auf klimaschädliche Emissionen. Dieser international einheitliche Preis würde wirtschaftliche Anreize schaffen, damit die Mitgliedstaaten freiwillig in emissionsmindernde Technologien investieren. Dabei bliebe es den einzelnen Ländern überlassen, den für ihre spezifischen wirtschaftlichen Rahmenbedingungen effizientesten Weg zu wählen – sei es durch den Einsatz von Kernenergie, fossilen Energieträgern in Kombination mit CCS, den Ausbau erneuerbarer Energien oder den Erwerb von Emissionszertifikaten.

Besonders großes Potenzial bietet neben der Kernkraft die CO_2-Sequestrierung. Weltweit stehen Speicherstätten mit praktisch unbegrenzter Kapazität zur Verfügung, vor allem in geologisch geeigneten Strukturen am Meeresboden der Tiefsee wie Kavernen, Senken oder strömungsarmen Zonen. Ein eindrucksvolles Beispiel liefert der kürzlich entdeckte Kohlendioxidsee am Tiefseeboden vor der Ostküste Taiwans – ein natürlicher Beleg dafür, dass CCS auch im großindustriellen Maßstab realisierbar ist (Scinexx, 2006).

Es stellt sich die Frage, wie realistisch es ist, dass die internationale Staatengemeinschaft einen globalen Emissionshandel mit verbindlichem CO_2-Preis als zentrales Klimaschutzinstrument akzeptiert. Die Ausgangslage ist ernüchternd, denn Länder wie Indien, China und Russland verfolgen weiterhin steigende Emissionspfade (Abb. 2.12). China liegt mit großem Abstand an der Spitze der weltweiten CO_2-Emittenten und weist zugleich eine geringe CO_2-Vermeidungseffizienz auf – gegeben durch die CO_2-Intensität gemessen am Emissionsausstoß pro Einheit des Bruttoinlandsprodukts (Abb. 2.4). Am anderen Ende der Skala steht Deutschland, dessen Anteil an den globalen Emissionen kaum ins Gewicht fällt. Offensichtlich sind unsere unilateralen Klimaschutzbemühungen im weltweiten Maßstab bedeutungslos – selbst dann, wenn die von uns nicht mehr genutzten fossilen Brennstoffe nicht auf dem Weltmarkt landen würden.

Dennoch besteht Grund zur Zuversicht, dass China und die USA für die Teilnahme an einem Klimaklub gewonnen werden könnten – vorausgesetzt, Maßnahmen

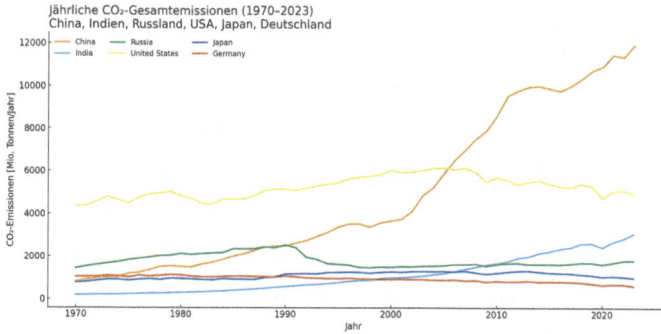

Abb. 2.12 Entwicklung gesamter CO_2-Emissionen ausgewählter Staaten. (Quelle: Crippa et al. (2024), EDGAR_2024_GHG (2024) Europäische Kommission – JRC)

zur Emissionsreduktion führen dort nicht zu Wachstumseinbußen im Vergleich zu anderen Industrienationen. Dies wäre dann gegeben, wenn alle Industrieländer einem einheitlichen, verbindlichen CO_2-Preissystem unterliegen und eine vergleichbare CO_2-Vermeidungseffizienz erreichen. In einem solchen System würden alle Mitgliedstaaten proportional zu ihrem Bruttoinlandsprodukt denselben relativen Preisaufschlag tragen. Wettbewerbsverzerrungen ließen sich so vermeiden – eine zentrale Voraussetzung für internationale Zustimmung und die langfristige Akzeptanz eines solchen Bündnisses.

Für die tatsächliche Umsetzung eines globalen Klimaklubs sprechen mehrere entscheidende Faktoren:

- Nicht alle Länder der Welt müssen von Beginn an teilnehmen. Es genügt zunächst, wenn die drei größten Wirtschaftsblöcke – die EU, die USA und China – den Anfang machen. Gemeinsam verfügen sie über ausreichend wirtschaftliches Gewicht, um die Interessen des Klimaklubs weltweit durchzusetzen und weitere Staaten schrittweise einzubinden – auch solche, die bislang noch keine ausreichende CO_2-Vermeidungseffizienz erreicht haben, wie etwa Indien.

- Diese drei Wirtschaftsblöcke könnten aufgrund ihrer jeweiligen spezifischen Rahmenbedingungen tatsächlich als Gründungsmitglieder gewonnen werden:
  - China: Die geringe CO_2-Vermeidungseffizienz stellt derzeit das größte Hindernis für Chinas Akzeptanz eines verbindlichen einheitlichen CO_2-Preises dar (Abb. 2.4). Gleichwohl sind Chinas Bevölkerung und Wirtschaftsmetropolen stark in den Küstenregionen konzentriert (Abb. 2.13), was das Land – ebenso wie Indien oder Brasilien – besonders anfällig für die Folgen eines steigenden Meeresspiegels macht. Daraus ergibt sich ein bedeutender Hebel und ein erhebliches Eigeninteresse an wirksamem

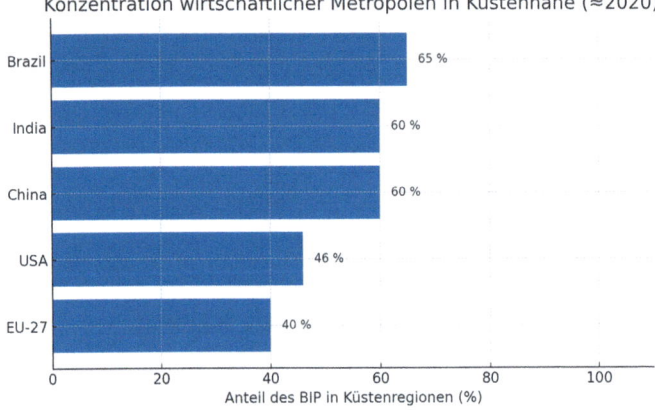

Abb. 2.13 Konzentration wirtschaftlicher Metropolen in Küstennähe bezogen auf BIP. Darstellung nach Ländern. 2020. (Quelle: NOAA/BEA Coastal Economy Series (USA), NBSC China Statistical Yearbook + Diercke Atlas China – Raumentwicklung, MOSPI/RBI Staatliche GSDP + Census Urban Coastal Agglomerations (Indien), IBGE Contas Regionais & Seade (Brasilien), Eurostat REGIOsoft Tool & Coastal Typology 2022 (EU-27))

Klimaschutz, das wesentlich ausgeprägter sein dürfte als in der EU oder den USA. Vor diesem Hintergrund erscheint ein baldiger Beitritt Chinas zu einem Klimaklub realistisch. Um den Handlungsdruck Chinas zu maximieren und seinen Beitritt nicht unnötig zu verzögern, sollten die EU und die USA diesen Hebel gezielt nutzen und bis dahin auf weitere einseitige Emissionsminderungen verzichten.

– USA: Der CO_2-Ausstoß der Vereinigten Staaten ist – unabhängig von der jeweiligen Regierung – seit Jahren rückläufig (Abb. 2.12). Treibende Faktoren sind das ausgeprägte Umweltbewusstsein vieler Bundesstaaten und die konsequente Technologieoffenheit des Landes. Infolgedessen verfügen die USA bereits über eine akzeptable CO_2-Vermeidungseffizienz (Abb. 2.4). In einem Klimaklub mit einem verpflichtenden, international einheitlichen CO_2-Preis würden die Vereinigten Staaten daher weder als Industriestandort noch als Exporteur fossiler Energieträger substanzielle Wettbewerbsnachteile erleiden.

– EU: Als Initiatorin klimapolitischer Maßnahmen ist ihre Bereitschaft zur Teilnahme ohnehin gegeben.

Die Chancen stehen daher gut, dass sich die EU, die USA und China in einem Klimaklub zusammenschließen und sich gemeinsam mit Nachdruck für die Einführung eines weltweit verbindlichen Emissionshandels starkmachen. Als die drei größten Wirtschaftsblöcke der Welt verfügen sie über den nötigen Einfluss und die wirtschaftliche Schlagkraft, um weitere Staaten zur raschen Teilnahme zu bewegen.

Darüber hinaus verbindet sie eine gemeinsame Erfahrung: Ihren Wohlstand verdanken sie marktwirtschaftlich geprägten Systemen – und sie wissen, dass ein globaler Emissionshandel das wirksamste Instrument für effektiven Klimaschutz ist, ohne dabei die eigene wirtschaftliche Leistungsfähigkeit zu gefährden.

Grundsätzlich ist eine unilateral ausgerichtete Reduktion der Nachfrage nach international handelbaren fossilen Energieträgern ohne gleichzeitige Einbindung der Angebotsseite nicht nur ökonomisch ineffizient, sondern zugleich klimapolitisch wirkungslos (Abschn. 2.1). Vor dem Hintergrund dieser Erkenntnis läuft die bisherige europäische Strategie einseitiger Selbstverpflichtungen im Rahmen des Pariser Klimaabkommens aus dem Jahr 2015 ins Leere. Denn nur etwa ein Drittel der Unterzeichnerstaaten – die sogenannten „grünen Staaten" – hat sich zu verbindlichen Mengenbeschränkungen verpflichtet, während die übrigen Länder die dadurch freiwerdenden Brennstoffe aufgrund sinkender Preise vermehrt konsumieren.

Ist zudem ein Klimaklub mit einem weltweiten Emissionshandelssystem und der Einbindung zentraler Akteure wie den USA, Europa, China, Indien und Brasilien etabliert, würde sich die bisherige Strategie einseitiger Selbstverpflichtungen im Rahmen des Pariser Klimaabkommens ebenfalls als kontraproduktiv erweisen. Die Emissionsbeschränkungen der „grünen Staaten" würden lediglich dazu führen, dass Zertifikate freiwerden und Emissionen an anderer Stelle in gleichem Umfang entstehen. Ein aktuelles Beispiel dafür ist das deutsche Erneuerbare-Energien-Gesetz (EEG), das aufgrund des europäischen Emissionshandelssystems keinen Einfluss auf den gesamten CO_2-Ausstoß in Europa hat. Der Kohlenstoff, den Deutschland durch seine Energiewende über das EEG einspart, setzt Emissionszertifikate zu sinkenden Preisen frei, die dann von anderen europäischen Volkswirtschaften genutzt werden – der gesamteuropäische Einspareffekt ist gleich Null.

Literatur

AGEB. 2023. Energiebilanzen für Deutschland 2023. https://www.ag-energiebilanzen.de/ed2023

ACEA. 2023. Fuel Types of New Cars: Trends Report 2023.

American Nuclear Society (ANS), 2021. EU lawmakers call on EC to recognize nuclear as sustainable. 13.07.2021. https://www.ans.org/news/article-3064/eu-lawmakers-call-on-ec-to-recognize-nuclear-as-sustainable/

Bien. 2023. https://bdi.eu/artikel/news/co2-speicherung-und-nutzung-ein-schluessel-fuer-die-klimaneutralitaet

BDEW. 2024. EEG-Umlage und Kostenstruktur 2024.

BloombergNEF. 2023. New Energy Outlook 2023. https://about.bnef.com/new-energy-outlook

BMWK. 2024. Fortschrittsbericht Energiesicherheit 2024.

BP. 2023. Statistical Review of World Energy 2023. https://www.bp.com/en/global/corporate/energy-economics/statistical-review-of-world-energy

BP (2024): Statistical Review of World Energy 2024.

Brinke, A. 2017. Macroeconomic imbalances in the EU: Commission's toolbox. https://www.hertie-school.org/fileadmin/user_upload/JDI_7_Aussenhandelsbilanzen_web.pdf.

BZ – Berliner Zeitung. 2024. „Für die Bevölkerung ist das ein Super-GAU", Interview mit Hans-Werner Sinn, 2 Dez 2024.

CA. 2024. Copenhagen Atomics first Test Reactor, Copenhagen Atomics, 20.11.2024. https://www.youtube.com/watch?v=GVue7cgmM00

Council on Foreign Relations. 2024. Europe's Emerging Energy Dependencies.

Destatis. 2023. Bruttostromverbrauch nach Energieträgern 2023. https://www.destatis.de/DE/Themen/Branchen-Unternehmen/Energie/Erzeugung/Tabellen/bruttostromerzeugung.html

Destatis. 2024. Produktion im Verarbeitenden Gewerbe 2024.

DIHK. 2024. Unternehmensbefragung Energiewende 2024.

Diercke-Atlas, China – Raumentwicklung, 978-3-14-100870-8 | Seite 159 | Abb. 3. https://diercke.de/content/china-raumentwicklung-978-3-14-100870-8-159-3-1

EDGAR. 2024. Global CO_2 Emissions 1970–2023. https://edgar.jrc.ec.europa.eu/report_2024

EU-Rat. 2023. Richtlinie (EU) 2023/1791 zur Energieeffizienz. https://eur-lex.europa.eu/legal-content/DE/TXT/?uri=CELEX:32023L1791

Escamilla A. et al. (2022). *Assessment of power-to-power renewable energy storage based on the smart integration of hydrogen and micro gas turbine technologies*, Int. J. Hydrogen Energy 47 (26). https://doi.org/10.1016/j.ijhydene.2022.03.238

El País. 2025. Apagón eléctrico en la Península Ibérica: causas y consecuencias. 30 April 2025. https://elpais.com/internacional/europa/

EPICA Community Members. 2004. Eight glacial cycles from an Antarctic ice core. Nature 429, 623-628. https://doi.org/10.1038/nature02599

European Commission. 2024. EU Taxonomy Complementary Delegated Act: Nuclear and Gas.

EU Commission. 2024. EU ETS Phase IV Factsheet. https://climate.ec.europa.eu/eu-action/eu-emissions-trading-system-eu-ets_en

FAZ – Frankfurter Allgemeine Zeitung. 2023. Energiepolitik nach dem Ukraine-Krieg.

Focus. 2024. Chemiekonzerne verlagern Produktion ins Ausland.

Frankfurter Rundschau. 2025. Windkraft-Weltmeister Dänemark schwenkt auf Atomkraft um, 18.05.2025. https://www.fr.de/wirtschaft/schwenkt-auf-atomkraft-um-windkraft-weltmeister-daenemark-93733173.html

Fuest. 2023. Energieeffizienz und Wachstum. Clemens Fuest, ifo Schnelldienst 76(17).

Fuest. 2023b. Das Energieeffizienzgesetz – ein Wachstumskiller?, Clemens Fuest, Handelsblatt, May 12, 2023.

Freiwah. 2023. https://www.merkur.de/wirtschaft/atomkraft-technologie-energiewende-atomausstieg-deutschland-kohle-wmo-weltklimakonferenz-2023-zr-92701261.html

Gerg. 2023. Augsburger Allgemeine: „Braunkohleausstieg in Deutschland: Termin und Zeitplan". Verfügbar unter: https://www.augsburger-allgemeine.de/politik/braunkohleausstieg-in-deutschland-termin-und-zeitplan-id65131476.html

Global Energy Monitor (2024): Boom and Bust Coal 2024. https://globalenergymonitor.org/report/boom-and-bust-coal-2024/

Ganteför Gerd. Plan B für das Klima – Mit den Kräften der Natur den Klimawandel bewältigen, 11. November 2024. Westend Verlag.

GRS. 2022. Kernkraftwerke im Kleinformat, 3. Februar 2022 https://www.grs.de/de/aktuelles/kernkraftwerke-im-kleinformat-was-steckt-hinter-smr-konzepten

Handelsblatt. 2021. Klimaschutz – China erstmals mit mehr CO_2-Emissionen als alle Industrieländer zusammen, 6. Mai 2021.

Handelsblatt. 2023. Hohe Strompreise gefährden den Standort Deutschland. https://www.handelsblatt.com/

Handelsblatt (2025a): Energiepolitik vertreibt Industrieunternehmen aus Deutschland. https://www.handelsblatt.com/politik/deutschland/energiewende-energiepolitik-vertreibt-industrieunternehmen-aus-deutschland/100108112.html

Handelsblatt (2025b): Energie: Gasspeicherumlage steigt 2025 um 20 Prozent. https://www.handelsblatt.com/politik/deutschland/energie-gasspeicherumlage-steigt-2025-um-20-prozent/100089741.html

Heindl. 2024. Rohstoffbedarf, Überschüsse, Speicherproblem, Vortrag Windenergie (2024). https://www.youtube.com/watch?v=f0eXfn1EziU&t=31.

Heindl. 2025. Alles zur Kernenergie, Prof. Eduard Heindl – Energievortrag, 22.02.2025. https://www.youtube.com/watch?v=8f2GfxBviJ0&t=2264s

Heindl. 2025b. Stimmt das Badewannenmodell nach Prof. Ganteför?, Eduard Heindl, Energievortrag, 26.07.2025. https://www.youtube.com/watch?v=hMT4EMypF9w

HB. 2024. Was steckt hinter dem Hype um die Mini-Atomkraftwerke? Handelsblatt, Kathrin Witsch, 29.10.2024. https://www.handelsblatt.com/unternehmen/energie/smr-was-steckt-hinter-dem-hype-um-die-mini-atomkraftwerke-01/100081517.html

IEA. 2025b. IEA sieht Kernkraft weltweit vor einer Renaissance, Deutschlandfunk, 16.01.2025. https://www.deutschlandfunk.de/iea-sieht-kernkraft-weltweit-vor-einer-renaissance-100.html

IAEA. 2023. Advances in Small Modular Reactor Technology Developments. https://aris.iaea.org/Publications

IEA. 2024a. World Energy Outlook 2024. https://www.iea.org/reports/world-energy-outlook-2024

IEA. 2024b. Nuclear Power in a Clean Energy System – 2024 Update.

IEA (2025): Energy Prices – Data Service. https://www.iea.org/data-and-statistics/data-product/energy-prices

ifo Institut (2023): ifo Schnelldienst 76 (3): Deindustrialisierung. https://www.ifo.de/publikationen/2023/zeitschrift-einzelheft/ifo-schnelldienst-032023-deindustrialisierung

ifo-Institut. 2024. Klimapolitik und Wettbewerbsfähigkeit.

Institut der deutschen Wirtschaft (2024): Hohe Abflüsse deuten auf Deindustrialisierung hin. https://www.iwkoeln.de/presse/pressemitteilungen/christian-rusche-hohe-abfluesse-deuten-auf-deindustrialisierung-hin.html

IPCC. 2021. Sixth Assessment Report, Working Group I: The Physical Science Basis. https://www.ipcc.ch/report/ar6/wg1/

IW Köln. 2024. Windkraftausbau und Flächenkonflikte. https://www.iwkoeln.de/

Justen. (2020). https://www.auto-motor-und-sport.de/tech-zukunft/alternative-antriebe/v2g-ladesaeulen-fca/.

IWP. 2023. Hans-Werner Sinn: Der Extremismus in der Energiepolitik am Beispiel Deutschlands & der EU. IWP Institut für Schweizer Wirtschaftspolitik, 04.10.2023. https://www.youtube.com/watch?v=NfdHSOtRERo

Knutti, Reto & Joeri Rogelj. 2021. The legacy of historical emissions in shaping future climate. Nature Climate Change 11, 907-913.

Kretschmer, T. 2022. BASF investiert zehn Mrd. Euro in China. Chemie Technik. https://www.augsburger-allgemeine.de/wirtschaft/yinchuan-das-zehn-milliarden-projekt-basf-eroeffnet-neues-werk-in-china-id63874631.html.

Manager Magazin. 2024. Energieeffizienzgesetz als Industrie-Risiko. https://www.manager-magazin.de/energieeffizienzgesetz-2024

McKinsey & Company. 2024. The future of Europe's energy transition. https://www.mckinsey.com/industries/electric-power-and-natural-gas/our-insights

Mishra. 2025. Aashi Mishra, Coal power generation market: A realm of innumerable opportunities. https://asian-power.com/environment/commentary/coal-power-generation-market-realm-innumerable-opportunities?utm_source=chatgpt.com

New York Times. 2025. U.S. Formally Leaves Paris Accord.

National Geographic. 2025. Comeback der Atomkraft: Die neue Ära der Kernenergie, 17 März 2025. https://www.nationalgeographic.de/umwelt/2025/03/comeback-der-atomkraft-die-neue-aera-der-kernenergie

Nature Climate Change. 2024. Producers rush to pump: Fossil supply reactions to climate policy. Nr. 14, 456–458. https://www.nature.com/articles/nclimate2456

Nature. 2021. China prepares to test thorium-fuelled nuclear reactor, Smriti Mallapaty, 10.09.2021. https://www.nature.com/articles/d41586-021-02459-w

NNZ. 2022. Kein Alleingang in der Klimapolitik, Neue Züricher Zeitung, H.-W. Sinn, 19.02.2022.

Nuklearforum. 2022. Kanada: erste Vorbereitungsarbeiten für SMR in Darlington, Nuklearforum Schweiz, 17. März 2022. https://www.nuklearforum.ch/de/news/kanada-erste-vorbereitungsarbeiten-fuer-smr-darlington/

NASA GISS. 2024. GISTEMP Team: Global Surface Temperature Change 1960–2025. https://data.giss.nasa.gov/gistemp/

Nordhaus, William. 2015. Climate Clubs: Overcoming Free-riding in International Climate Policy. American Economic Review 105(4), 1339-1370. https://doi.org/10.1257/aer.15000001

Kümpel. 2023. https://www.youtube.com/watch?v=kMmbkIvog48

OECD (2024a): Taxing Wages 2024. https://www.oecd.org/en/publications/2024/04/taxing-wages-2024_f869da31.html

OECD. 2024. Climate and Industrial Policy Outlook 2024.

OPEC. 2021. Annual Statistical Bulletin 2021. https://www.opec.org/opec_web/en/publications/6580.htm

Rademacher. 2025. Interview Klimanationalismus in Welt am Sonntag vom 6. Juli 2025. Franz Josef Radermacher, 25. Juli 2025. https://www.fawn-ulm.de/interview-klimanationalismus-in-welt-am-sonntag-vom-6-juli-2025

Reuters. 2024. Explainer: What's in the U.S. Inflation Reduction Act for Climate? 12 August 2024.

Scinexx, 2006. Kohlendioxid-See am Meeresboden entdeckt, Scinexx.de, Das Wissensmagazin, 4. September 2006. https://www.scinexx.de/news/geowissen/kohlendioxid-see-am-meeresboden-entdeckt/

Science. 2019. The oceanic sink for anthropogenic CO2, 5. Mar 2019, Vol 363, Issue 6432, pp. 1193–1199. https://www.science.org/doi/https://doi.org/10.1126/science.aau5153

Sinn, 2012. Das grüne Paradoxon: Plädoyer für eine illusionsfreie Klimapolitik, Ullstein, Sinn Hans-Werner, Februar 2012.

Sinn. 2024a. Es drohen Verteilungskonflikte zwischen Jung und Alt, Hans-Werner Sinn, 16.04.2024. https://www.youtube.com/watch?v=FYzgWixU_S0&t=1172s

Sinn. 2024. Deutschland verbrennt seine alten Industrien, Hans-Werner Sinn, 21.05.20242024. https://www.youtube.com/watch?v=trYO5KtLq0Q

Sinn. 2025. All IN! vs. All Electric – Wie Klimaschutz und Wohlstand international gleichzeitig gelingen können. Wirtschaftsbeirat Bayern, H.W. Sinn, F.J. Radermacher, 21.03.2025. https://www.youtube.com/watch?v=9AD6gG0k8cg

Stainforth, David & Leonard Smith. 2020. Improving the accuracy of climate projections. Nature Climate Change 10, 107-112.

Sachverständigenrat. 2024. Jahresgutachten 2024: Wirtschaft im Spannungsfeld der Transformation. https://www.sachverstaendigenrat-wirtschaft.de/

Schneider. 2010. https://www.sueddeutsche.de/politik/interview-zahlreiche-anlagen-in-osteuropa-sind-noch-unsicherer-1.298352

Tromm. 2023. Walter Tromm, Kernenergie, Reaktortypen, Fusion, Solar, Energiegespräche, 18.11.2023. https://www.youtube.com/watch?v=iHihbUjubIY.

Tagesschau. 2025. Energieimporte und Abhängigkeiten, 10 März 2025.

Tagesschau. 2023, China setzt massiv auf Kohlekraftwerke, 27.02.2023. https://www.tagesschau.de/wirtschaft/weltwirtschaft/china-ausbau-kohlekraftwerke-101.html

Tagesspiegel. 2024. EU-Klimaziele: Warum die Welt nicht mitzieht. 14 Juni 2024.

UNEP. 2024. Emissions Gap Report 2024: Broken Promises. https://www.unep.org/resources/emissions-gap-report-2024

UNFCCC. 2024. Nationally Determined Contributions Synthesis Report 2024.

VDI. 2023. Positionspapier Technologien für Klimaneutralität.

Vahrenholt. 2023. Die große Energiekrise, Langen-Müller Verlag, 17. Februar 2023.

Vattenfall. 2024. Sleipner in Norwegen: Wo CO2 seit 1996 im Gestein lagert, 04. März 2024, Daniel Dickson. https://group.vattenfall.com/de/newsroom/news/2024/sleipner-in-norwegen-wo-co2-seit-1996-im-gestein-lagert

Walker. 2023. Amy Walker, CO_2-Speicherung: So will Deutschland seine Emissionen nach Norwegen verfrachten,

26.10.2023. https://www.fr.de/wirtschaft/co-speicherung-so-will-deutschland-seine-emissionen-nach-norwegen-verfrachten-zr-92599297.html

WBGU. 2023. Zwischenbericht Klimapolitik 2030.

Wehrle Nico. 2022.: Energiespeicher für Wind und Sonne, Kosten | Eduard Heindl Energiegespräch https://www.youtube.com/watch?v=R138MU2Pimg.

Welt. 2025. Jetzt bereitet Großbritannien den Weg für die Ära der Mini-Atomkraftwerke, Claudia Wanner, 07.02.2025. https://www.welt.de/wirtschaft/article255359886/Grossbritannien-Jetzt-wird-der-Weg-fuer-die-Aera-der-Mini-Atomkraftwerke-bereitet.html

Welt der Physik. 2017. Fossile Energiequellen. https://www.weltderphysik.de/gebiet/technik/energie/fossile-quellen/

Yergin, Daniel. 2009. The Prize: The Epic Quest for Oil, Money & Power (Updated Edition). Free Press. https://www.simonandschuster.com/books/The-Prize/Daniel-Yergin/9781439110126

3

Rückbau statt Aufbruch: Wie Deutschland seine industrielle Basis verliert

Die deutsche Klimapolitik verfolgt seit Jahren ambitionierte Ziele und strebt allen voran Klimaneutralität bis 2045 an. Getrieben vom Europäischen Green Deal und flankiert durch nationale Maßnahmen wie das Klimaschutzgesetz und das Energieeffizienzgesetz, wurde ein umfassender Strukturwandel eingeleitet – vom Ausstieg aus fossilen Energieträgern und Kernkraft, über die forcierte Elektrifizierung und Umstellung auf Elektro-Mobilität bis hin zur massiven Förderung erneuerbarer Energien. Diese Transformation gilt als alternativloser Weg zu Nachhaltigkeit, ökologischer Verantwortung und wirtschaftlicher Zukunftsfähigkeit.

Bei näherer Betrachtung zeigen sich jedoch tiefgreifende nachteilige Konsequenzen für das industrielle Fundament der deutschen Volkswirtschaft. Die Energiewende, kombiniert mit hohen Unternehmenssteuern und einer umfassenden ESG-Regulierung mit weitreichenden Berichts- und Offenlegungspflichten, hat die Produktionsbedingungen am Standort Deutschland erheblich verschlechtert, besonders für Schlüsselbranchen wie die Chemie-, Automobil- und Maschinenbauindustrie.

Maßgeblich das deutsche Klimaschutzgesetz, das eine strikte Senkung der CO_2-Emissionen entlang eines vorgegebenen Pfads bis auf Null vorsieht, soll die grüne Transformation von Gesellschaft und Industrie durch staatliche Vorgaben erzwingen. Dieses Vorgehen blendet jedoch grundlegende marktwirtschaftliche Prinzipien aus. Anstelle von Erweiterungsinvestitionen werden Ersatzinvestitionen getätigt oder Betriebe verlagern ihre Produktion direkt ins Ausland. So entsteht kein neues Produktionspotenzial und kein zusätzlicher Wohlstand, sondern es werden allenfalls bestehende Strukturen ersetzt.

Die erhoffte „grüne industrielle Revolution" ist bislang ausgeblieben. Seit Anfang 2018 zeigt sich stattdessen ein deutlicher Trend zur Deindustrialisierung. Private Investitionen bleiben aus, Produktionskapazitäten werden abgebaut und Unternehmen verlagern ihre Aktivitäten zunehmend ins Ausland, wo Energie günstiger ist, Regulierung flexibler und die wirtschaftlichen Rahmenbedingungen insgesamt investitionsfreundlicher sind.

Unbestritten ist, dass die Welt wirksamen und nachhaltigen Klimaschutz braucht. Dieser lässt sich jedoch nur durch globale Koordination und internationale Zusammenarbeit erreichen. Der in Deutschland verfolgte Klimanationalismus hat sich hingegen als kontraproduktiv erwiesen. Er hat keinen positiven Effekt auf die globalen klimaschädlichen Emissionen, schwächt jedoch das industrielle Fundament des Landes und führt zu Arbeitsplatz- sowie Wohlstandsverlusten.

Vor diesem Hintergrund stellt sich eine zentrale Frage: Kann Deutschland die Transformation hin zu einer klimafreundlichen Volkswirtschaft meistern, ohne dabei seine industrielle Basis zu verlieren? Die Antwort hängt entscheidend davon ab, ob es gelingt, ökologische Ambitionen mit ökonomischer Realität in Einklang zu bringen und ob neue Industriezweige entstehen, die den fortschreitenden Verlust an Wertschöpfung ausgleichen können. Die nachfolgenden Abschnitte widmen sich der Dynamik der Deindustrialisierung, ihren Ursachen und Folgen, und werfen einen kritischen Blick auf die wirtschaftspolitische Balance zwischen ökologischer Verantwortung und industrieller Substanzsicherung.

3.1 De-Industrialisierung in Deutschland – Ursachen, Dynamik und Folgen

Das in den 1950er-Jahren unter Ludwig Erhard etablierte Modell der Sozialen Marktwirtschaft bildete über Jahrzehnte einen zentralen Pfeiler des wirtschaftlichen Erfolgs der Bundesrepublik. Deutschlands Rolle als Exportweltmeister für hochwertige Industriegüter verdeutlicht die herausragende Leistungsfähigkeit seiner Unternehmen in einer global vernetzten, arbeitsteilig organisierten Wirtschaft. Ein hoher Industrieanteil – gemeinsam mit Japan international führend –, eine ausgeprägte Exportorientierung und der Zugang zu kostengünstigen grundlastfähigen Energiesystemen gehören dabei zu den tragenden Säulen dieses Erfolgsmodells. Doch genau diese Erfolgsfaktoren geraten zunehmend unter Druck. Deindustrialisierung, Deglobalisierung und Dekarbonisierung setzen eine Entwicklung in Gang, die zentrale Strukturen der deutschen Wirtschaft grundlegend infrage stellt.

Deindustrialisierung setzt ein, wenn Investoren und Unternehmen eine anhaltende und signifikante Verschlechterung der Wettbewerbsfähigkeit eines Standorts erwarten. Entscheidend ist dabei die Bewertung zentraler

Standortfaktoren im internationalen Vergleich. Der ZEW-Länderindex zum Standortwettbewerb der Industrieländer zeigt, dass Deutschland inzwischen zu den größten Verlierern zählt. Unter 21 bewerteten Ländern liegt die Bundesrepublik nur noch auf Platz 18. Lediglich Ungarn, Spanien und Italien schneiden schlechter ab (Handelsblatt, 2023). Diese Entwicklung spiegelt sich in einer seit Anfang 2018 beobachtbaren strukturellen Schrumpfung der Industrieproduktion wider (Abb. 3.1). Es handelt sich nicht um einen plötzlichen Umbruch, sondern um einen schleichenden, langfristigen Rückbau des Produktionspotenzials mit zunehmenden Auswirkungen auf das allgemeine Wohlstandsniveau. In hohem Maße ist dieser Negativtrend auf hausgemachte Standortschwächen zurückzuführen, die eine wachsende Investitionszurückhaltung privater Akteure und insbesondere von Unternehmen nach sich ziehen (Abb. 3.2).

Die Deindustrialisierung geht daher mit einem deutlichen Rückgang der Unternehmensinvestitionen einher.

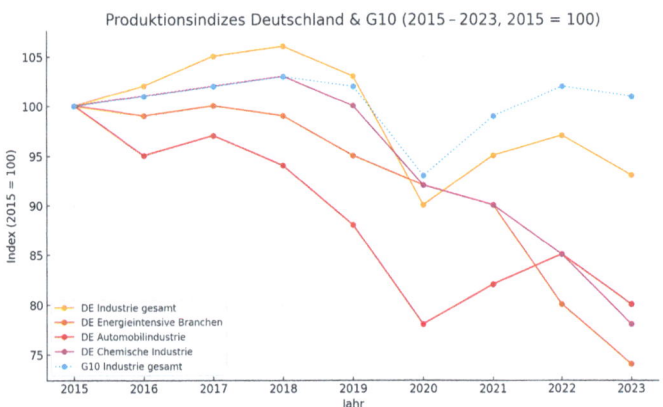

Abb. 3.1 Schrumpfung der deutschen Industrieproduktion ab Anfang 2018. (Quelle: Destatis – GENESIS Tabelle 42153-0001; ECD Main Economic Indicators, Kennzahl PRINTO02 – G10 Total)

Abb. 3.2 Schrumpfung der deutschen Unternehmensinvestitionen ab 2018. (Quelle: Destatis 2024)

Während die Investitionen in Fabriken und Fertigungsanlagen in Deutschland bis 2018 einem positiven Trend folgten, ist seither ein kontinuierlicher Abwärtstrend zu beobachten. Seit 2018 sind die Unternehmensinvestitionen um rund zehn Prozent zurückgegangen (Abb. 3.2).

Der anhaltende Investitionsattentismus in Deutschland hat zwei wesentliche Ursachen. Einerseits belasten preistreibende Rahmenbedingungen die Unternehmen erheblich. So zählt Deutschland unter den großen Industrienationen zu den Ländern mit den höchsten Strom- und Energiepreisen (Abb. 3.3) und weist gleichzeitig eine der weltweit höchsten Unternehmenssteuerlasten auf (Abb. 3.4). Andererseits wird die Investitionsbereitschaft durch eine Vielzahl wachstumshemmender Faktoren gedämpft. Dazu gehören der sich verschärfende Fachkräftemangel, die demografische Alterung, geopolitische Spannungen, die verstärkte wirtschaftliche Entkopplung von China, ein zunehmender Protektionismus sowie immer umfangreichere Regulierungen und Technologieverbote.

Vor dem Hintergrund eines dauerhaft schrumpfenden Arbeitskräftepotenzials und einer anhaltenden Energieknappheit ist davon auszugehen, dass sich der rückläufige

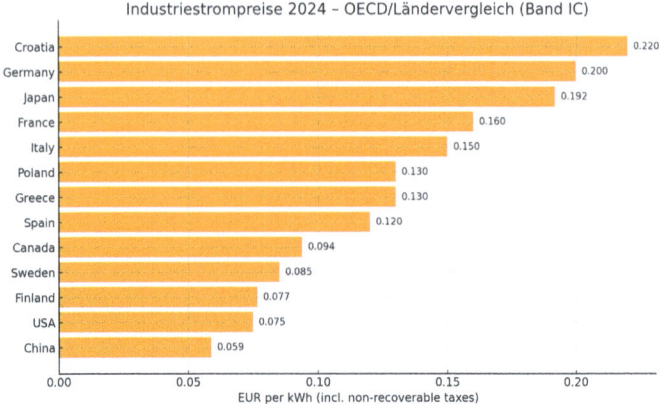

Abb. 3.3 Deutschland hat zweithöchsten Strompreis, Industriestrompreise 2024 im Ländervergleich von OECD-Staaten und China. (Quelle: Eurostat nrg_pc_205 (EU-Länder), GlobalPetrolPrices.com (Japan, Kanada), EIA Electric Power Monthly (USA), Bloomberg-Bericht über Guangdong-Stromtarife 2024 (China))

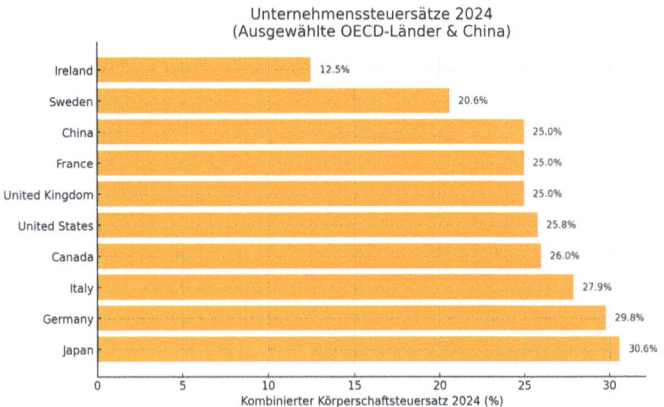

Abb. 3.4 Deutschland hat zweithöchste Steuerlast, Unternehmenssteuersätze 2024 im Ländervergleich wichtiger Industriestaaten. (Quelle: KPMG Corporate Tax Rates Table – 25 April 2025)

Trend in der industriellen Wertschöpfung weiter fortsetzt. Ohne tiefgreifende politische Kurskorrekturen drohen Deutschland daher erhebliche Wohlstandsverluste.

Eine zentrale Rolle für die Standortbedingungen in Deutschland spielen die Energiepreise. Flüssiggas, das seit dem Wegfall russischer Gaslieferungen zunehmend als Ersatz dient, ist rund 30 % teurer als herkömmliches Pipelinegas (iwd, 2023), wodurch besonders energieintensive Branchen stark belastet werden. Der hohe Energiepreis ist jedoch nicht ausschließlich auf geopolitische Krisen zurückzuführen. Bereits vor dem Ukraine-Krieg zählte Deutschland zu den Ländern mit den höchsten Energiekosten weltweit.

Die Hauptursache für die hohen Energiepreise in Deutschland ist die Energiewende, geprägt vom politisch verordneten Ausstieg aus Kernenergie und Kohle, nationalen CO_2-Steuern sowie dem europäischen Emissionshandel. Hinzu kommt die künstliche Verknappung von Energie durch das Energieeffizienzgesetz, das eine Reduktion des Gesamtenergieverbrauchs um 26,5 % bis 2030 und um 45 % bis 2045 gegenüber dem Stand von 2008 vorschreibt.

Unter solchen Rahmenbedingungen ist es kaum verwunderlich, dass Investoren zunehmend auf Distanz gehen. Aus ökonomischer Sicht wirkt die deutsche Energiewende wie ein staatlich verordnetes Programm zum schrittweisen Rückbau der Industrie (Abb. 3.1). Mit der Verankerung des Ziels der Klimaneutralität bis 2045 im Grundgesetz hat sich Deutschland zudem als erstes Land weltweit auf einen Kurs verpflichtet, der unweigerlich mit einer fortschreitenden Deindustrialisierung einhergeht.

Auffällig ist, dass die seit Anfang 2018 anhaltende Schrumpfung der deutschen Industrieproduktion zeitlich mit mehreren zentralen klimapolitischen Entscheidungen auf EU-Ebene zusammenfällt, darunter die Einführung der CO_2-Verordnung, Flottenverbrauchsvorgaben und Ausstiegsszenarien für den Verbrennungsmotor. Für die Automobilindustrie sind die CO_2-Grenzwerte nur noch durch den verstärkten Einsatz von Elektrofahrzeugen zu erfüllen, da diese im Rahmen der EU-Regulatorik als emissionsfrei gelten – auch wenn ihre Emissionen lediglich in vorgelagerte Prozesse der Stromerzeugung verlagert werden. In Kombination mit dem geplanten Verbot klassischer Antriebstechnologien verliert die deutsche Automobilindustrie, ein zentrales Standbein der Volkswirtschaft, entscheidende Wettbewerbsvorteile. Verbrennungsmotoren sind nämlich das Alleinstellungsmerkmal und Paradeprodukt des deutschen Auto- und Maschinenbaus – in ihrer Qualität und Effizienz international unübertroffen.

Zwar gibt sich die Branche nach außen kämpferisch, doch das Geschäftsmodell der deutschen Autohersteller gerät massiv ins Wanken. Die Hoffnung, in der Elektromobilität eine führende Rolle zu übernehmen, hat sich bislang nicht erfüllt. Das Scheitern von Volkswagen, sowohl in Europa als auch in China relevante Marktanteile im E-Mobilitätssegment zu gewinnen, verdeutlicht die Tragweite der Herausforderung (BZ, 2024). Infolgedessen befinden sich zentrale Unternehmen der Branche – darunter VW, Audi, Mercedes, ZF, Bosch und Continental – in einem tiefgreifenden Transformationsprozess, der vielfach mit erheblichem Stellenabbau und der Verlagerung von Investitionen ins Ausland verbunden ist. Besonders bei den klassischen heimischen Zulieferbetrieben ist ein großer Anteil der Arbeitsplätze gefährdet. Hunderttausende Beschäftigungsverhältnisse stehen auf dem Spiel (HNA, 2025).

Diese Entwicklung dürfte erst der Auftakt sein. Weitere umfassende Standortverlagerungen ins Ausland erscheinen unausweichlich, da dort deutlich günstigere Produktionsbedingungen, insbesondere im Bereich der E-Mobilität, vorherrschen. Die Entwicklung und Fertigung von Elektroantrieben ist technisch weniger komplex, global einfacher skalierbar und daher in Deutschland zunehmend unrentabel. Viele Länder produzieren bereits heute wettbewerbsfähige Elektrofahrzeuge – selbst die Türkei tritt inzwischen als relevanter Entwicklungs- und Produktionsstandort auf und bringt eigene Elektroautos auf den Markt (Seibert, 2023). Damit droht sich ein Muster zu wiederholen, das Deutschland bereits mit der Solarbranche der 2000er-Jahre erlebt hat. Damals setzte man auf den Aufbau einer konkurrenzfähigen heimischen Solarindustrie, doch heute wird die Herstellung von Solarmodulen fast vollständig in Schwellenländern erbracht – allen voran in China.

Entsprechend den Ausführungen in Kap. 2, haben internationale Vereinbarungen wie das Pariser Abkommen von 2015 keinen Nutzen für das Klima, solange zentrale Emittenten wie China, Indien und die USA nicht verpflichtend eingebunden sind. Eine unilaterale Politik der Nachfragebegrenzung bei international handelbaren fossilen Energieträgern, die die Angebotsseite außer Acht lässt, ist ökonomisch kontraproduktiv und klimapolitisch wirkungslos. Der Verzicht auf fossile Brennstoffe in Deutschland und Europa trägt daher nicht zur globalen Emissionsminderung bei, belastet jedoch massiv den Wirtschaftsstandort.

Vor diesem Hintergrund ist es dringend erforderlich, die Strategie einseitiger Selbstverpflichtungen im Rahmen des Europäischen Green Deals grundsätzlich zu überdenken. Es ist legitim, wenn Deutschland – analog zum resoluten migrationspolitischen Kurs einiger mittel- und osteuropäischer Staaten – eine EU-Klimapolitik ablehnt, die gravierende volkswirtschaftliche Schäden verursacht, ohne globalen Nutzen zu stiften. Kein europäisches Regelwerk kann stark genug sein, ein Land sehenden Auges in die Deindustrialisierung zu zwingen. Ein erster notwendiger

Schritt wäre daher ein Stopp der deutschen Energiewende – zumindest solange, bis ein international koordinierter Klimaklub mit verbindlichen Verpflichtungen aller wesentlichen Emittenten etabliert ist. Denn der Klimawandel ist ein globales Problem, das sich nicht durch nationale Alleingänge lösen lässt.

Zwar machen extreme Wetterereignisse wie Starkregen oder ungewöhnlich milde Winter die Folgen des Klimawandels zunehmend spürbar und unterstreichen den Handlungsbedarf. Doch ein überstürztes und isoliertes Vorgehen ist kontraproduktiv. Nationale klimapolitische Alleingänge – so gut sie auch gemeint sein mögen – schaden der Volkswirtschaft und führen zu Wohlstandsverlusten. Ein Land, das im Alleingang voranschreitet und dabei wirtschaftlich zurückfällt, wird nicht zum Vorbild, sondern zum abschreckenden Beispiel – der gewünschte Nachahmungseffekt bleibt aus. Wirksamer Klimaschutz kann nur im Gleichschritt mit anderen Wirtschaftsnationen gelingen. Nur wenn die großen Emittenten gemeinsam handeln und bereit sind, den Einsatz fossiler Energieträger zu begrenzen oder durch Sequestrierung klimaneutral zu nutzen, lassen sich ökologische Nachhaltigkeit und ökonomische Prosperität miteinander verbinden (Kap. 2).

Der Trend zur Deindustrialisierung in Deutschland wird auch durch externe Einflüsse geprägt. Einen markanten Einschnitt stellt der im August 2022 verabschiedete Inflation Reduction Act (IRA) in den Vereinigten Staaten dar. Mit einem Fördervolumen von rund 369 Mrd. US$ zielt dieses Gesetz auf die ökologische Neuausrichtung der US-Wirtschaft in den kommenden zehn Jahren. Im Fokus steht dabei nicht die Bepreisung von Emissionen, sondern deren gezielte Vermeidung – unterstützt durch großzügige Subventionen und Steuergutschriften, insbesondere für Unternehmen, die innerhalb der Vereinigten Staaten produzieren (Baur et al., 2023).

Dieser industriepolitisch motivierte Ansatz steht in scharfem Kontrast zur europäischen Klimapolitik, die auf den Emissionshandel als zentrales Steuerungsinstrument setzt. In Europa gilt das Verursacherprinzip, dem zufolge Unternehmen, die CO_2 emittieren, für ihre Emissionen finanziell aufkommen müssen. Zwar generiert dieses System Einnahmen für die öffentlichen Haushalte, doch gleichzeitig mindert es die internationale Wettbewerbsfähigkeit der betroffenen Branchen erheblich. Die Vereinigten Staaten umgehen diesen Nachteil gezielt und schaffen durch ihre Förderpolitik starke Investitionsanreize im eigenen Land.

Die Wirkung des IRA bleibt nicht auf die USA beschränkt. Das enorme Fördervolumen in Verbindung mit vergleichsweise niedrigen Energiepreisen und attraktiven Unternehmenssteuersätzen entfaltet einen starken Sogeffekt und führt dazu, dass immer mehr Unternehmen ihre Produktion in die USA verlagern. Dort entsteht bereits eine neue industrielle Aufbruchsstimmung, während Europa und insbesondere Deutschland ein weiterer Verlust an industrieller Substanz droht (Potrafke, 2023).

Vor dem Hintergrund dieser Entwicklungen sind die relativen Standortbedingungen in Deutschland inzwischen auf ein untragbar schlechtes Niveau abgesunken. Zusätzliche Belastung entsteht durch die im Jahr 2025 eingeführten US-Handelszölle auf zentrale Industriegüter und Automobile, die den ohnehin fortschreitenden negativen Strukturwandel weiter beschleunigen.

Die ursprünglich mit der grünen Transformation verknüpfte Vorstellung, sie sei zugleich klimapolitisch notwendig und industriepolitisch chancenreich, hat sich als Illusion erwiesen. Neue Industriezweige mit dem Potenzial, etablierte Sektoren abzulösen, sind nicht in Sicht (Fuest, 2023b). Der von Joseph Schumpeter beschriebene Prozess der „schöpferischen Zerstörung" – also die fortlaufende Erneuerung wirtschaftlicher Strukturen durch Wettbewerb und Innovation – bleibt aus. Statt einer dynamischen Umstrukturierung der Volkswirtschaft durch neue industrielle Impulse ist vielmehr eine stete Erosion der industriellen Substanz zu beobachten.

Auch der Versuch der Bundesregierung, mit kostspieligen Subventionen neue Industrieansiedlungen zu fördern, zeigt keinen durchschlagenden Erfolg. Die strukturellen Standortnachteile lassen sich auf diese Weise nicht ausgleichen, und der Trend zur Deindustrialisierung bleibt ungebrochen (Hüther, 2023). Diese Entwicklung ist auch empirisch sichtbar. Seit Anfang 2018 befindet sich die Industrieproduktion in einem anhaltenden Abwärtstrend (Abb. 3.1). Bis 2023 ging die Gesamtproduktion um mehr als zehn Prozent zurück, wobei einzelne Schlüsselbranchen noch deutlichere Einbußen verzeichnen. So sank die Automobilproduktion um über 15 %, während die energieintensiven Industrien – allen voran die chemische Industrie – Verluste von rund 25 % hinnehmen mussten. Im Vergleich dazu blieb die Industrieproduktion der G10, der zehn führenden Industriestaaten, im selben Zeitraum weitgehend stabil.

Besonders gravierend sind die Rahmenbedingungen für die energieintensiven Industrien. Dazu zählen neben der chemischen Industrie, die Metallerzeugung und -bearbeitung, die Herstellung von Zement, Glas, Keramik und Papier sowie die Mineralölverarbeitung. Diese Industrien tätigen in Deutschland keine Erweiterungsinvestitionen mehr. Umso erschreckender ist es, dass sich genau diese Branchen durch hohe Wertschöpfung, Innovationskraft und eine ausgeprägte Beschäftigungsintensität auszeichnen. Laut Statistischem Bundesamt erwirtschafteten sie im Jahr 2021 rund 17 % der industriellen Bruttowertschöpfung und stellten etwa 15 % der Arbeitsplätze im verarbeitenden Gewerbe (Destatis, 2025). Gemeinsam mit der

Automobilindustrie und dem Maschinenbau bilden sie das Rückgrat der exportorientierten deutschen Wirtschaft.

Keinesfalls lässt sich der Rückgang der deutschen Industrieproduktion als bloße konjunkturelle Delle abtun – also als Folge einer unzureichenden Auslastung des Produktionspotenzials, die sich mit dem nächsten Wirtschaftsaufschwung korrigieren ließe. Vielmehr handelt es sich um einen tiefgreifenden strukturellen Bruch, dessen Ursprung auf den Jahreswechsel 2017/2018 zurückgeht. Seither vollzieht sich in Deutschland ein negativer Strukturwandel, geprägt von ausbleibenden privaten Investitionen, dem Abbau von Produktionskapazitäten und einer fortschreitenden Aushöhlung des industriellen Kerns. Es fehlt nicht grundsätzlich an Kapital, sondern an Vertrauen in die Zukunftsfähigkeit des Standorts. Private Investoren meiden Deutschland und Unternehmer verlagern ihre Aktivitäten verstärkt ins Ausland, insbesondere in die USA oder nach China, wo attraktivere Rahmenbedingungen und eine günstige Energieversorgung locken. In Deutschland hingegen sehen sie sich einem zunehmend dirigistischen, zentralplanerischen Umfeld gegenüber, das vor allem durch hohe Abgabenlast und eine politisch erzwungene Energieverknappung geprägt ist.

Die Ursachen für den Rückgang der industriellen Wertschöpfung in Deutschland liegen daher primär in den im internationalen Vergleich schlechten Standortfaktoren. Diese Rahmenbedingungen führen zu Investitionszurückhaltung und hemmen letztlich den dringend notwendigen Strukturwandel hin zu einer ökonomisch wie ökologisch tragfähigen Wirtschaftsordnung. Die seit Anfang 2018 zu beobachtende Deindustrialisierung ist kein Ausdruck eines kreativen Erneuerungsprozesses, sondern ein fortschreitender, bloßer Substanzverlust – ohne dass neue Industriezweige in relevantem Umfang nachrücken. Die Hoffnung der Politiker, durch gezielte Verschlechterung der Standortbedingungen einen Prozess der „schöpferischen

Zerstörung" im Sinne Schumpeters auszulösen, bei dem klassische Industrien automatisch durch neue, innovative ersetzt werden, hat sich als fundamentaler Irrtum erwiesen (Cicero, 2024).

Besonders stark betroffen von diesem Strukturwandel sind die Schlüsselbranchen Automobil und Chemie, die traditionell das Rückgrat der deutschen Volkswirtschaft bilden. Doch auch angrenzende Bereiche wie die Pharmaindustrie, der Maschinenbau und die Elektrotechnik geraten unter Druck. Diese Sektoren sind zudem eng mit einem weit verzweigten Netzwerk aus Zulieferbetrieben verflochten. Der Rückbau industrieller Strukturen bedeutet daher weit mehr als den Verlust einzelner Produktionsstätten – es steht ein ganzes wirtschaftliches Ökosystem auf dem Spiel. Umso dringlicher ist es, die traditionellen Schlüsselindustrien gezielt zu erhalten und wieder wettbewerbsfähig zu machen.

Die Deindustrialisierung ist längst kein theoretisches Schreckensszenario mehr, sondern bittere Realität. Sie geht einher mit erheblichen Verlusten an Arbeitsplätzen und Wohlstand. Der erhoffte Aufschwung neuer grüner Industrien bleibt aus, stattdessen entstehen diese vorrangig in Schwellenländern, wo die strukturellen Rahmenbedingungen deutlich günstiger sind. Deutschland scheint es an den notwendigen komparativen Wettbewerbsvorteilen zu fehlen, um sich als globaler Vorreiter neuer Technologien zu behaupten. Gleichzeitig schreitet der Substanzverlust traditioneller Industriebranchen unaufhaltsam voran.

Aus ökonomischer Sicht spricht vieles dafür, dass die besten Jahre bereits hinter dem Land liegen. Ein dauerhaft sinkender Lebensstandard erscheint zunehmend wahrscheinlich. Die Vorstellung eines wirtschaftlichen Neubeginns, getragen von einem ökologischen Strukturwandel im Sinne Schumpeterscher schöpferischer Zerstörung, hat sich als illusionäres Wunschdenken politischer Entscheidungsträger erwiesen.

3.2 Wo sind die neuen Industrien? – Rückbesinnung auf unsere komparativen Vorteile

Komparative Wettbewerbsvorteile bezeichnen die Fähigkeit eines Landes, bestimmte Waren oder Dienstleistungen zu relativ geringeren Opportunitätskosten als andere Länder zu produzieren. Diese Opportunitätskosten entsprechen dem entgangenen Nutzen der jeweils besten, nicht gewählten Handlungsalternative. Im Unterschied zum Konzept absoluter Vorteile, das auf überlegener Effizienz oder höherer Produktivität basiert, liegt der Fokus komparativer Vorteile auf der relativen Leistungsfähigkeit in einzelnen Produktionsbereichen. Selbst wenn ein Land in allen Produktionsprozessen weniger effizient ist als ein anderes, kann es dennoch vom internationalen Handel profitieren – vorausgesetzt, es spezialisiert sich auf jene Produkte, bei denen sein Effizienznachteil im Vergleich am geringsten ist.

Ein anschauliches Beispiel hierfür ist die wirtschaftliche Arbeitsteilung zwischen Deutschland und Bangladesch: Deutschland besitzt komparative Vorteile im Maschinen- und Fahrzeugbau, während Bangladesch Textilien besonders kostengünstig herstellen kann. Auch wenn Deutschland technisch in der Lage wäre, Textilien effizienter zu produzieren, ist es ökonomisch sinnvoller, sich auf hochwertige Industrieerzeugnisse zu konzentrieren und Textilien zu importieren. Durch diese Form der Spezialisierung und den anschließenden Handel nutzen beide Länder ihre jeweiligen Stärken optimal – und können ihren Wohlstand nachhaltig steigern.

Deutschland ist ein Land mit hohem Industrieanteil, der sich über Jahrzehnte – insbesondere in den vergangenen zwei Dekaden – als tragende Säule wirtschaftlicher Stabilität erwiesen hat. In Krisenzeiten war es vor allem die industrielle Stärke, die entscheidend zum robusten Abschneiden der deutschen Volkswirtschaft beigetragen hat. Der wirtschaftliche Erfolg der Bundesrepublik basiert historisch auf Industrie und Export. Es wäre daher ein folgenschwerer Irrtum zu glauben, man könne den Industrieanteil reduzieren, ohne dabei den Wohlstand zu gefährden.

Die komparativen Wettbewerbsvorteile der Bundesrepublik liegen nach wie vor im industriellen Sektor. Diese Stärken preiszugeben, ohne gesicherte Erkenntnisse darüber zu besitzen, wo künftig neue Wertschöpfung entstehen soll, ist ein riskantes Unterfangen. Die Vorstellung, aus Klimaschutzgründen auf zentrale, etablierte Industriesektoren zu verzichten und gleichzeitig neue grüne Branchen erfolgreich aufzubauen, beruht auf der Annahme, dass diese Transformation tatsächlich gelingt. Der bisherige Verlauf der Industrieproduktion (Abb. 3.1) lässt jedoch keine erfolgreiche Neuausrichtung erkennen.

Deutschland ist und war eine Industrienation – und das aus gutem Grund. Die vergangenen Jahrzehnte haben eindrucksvoll belegt, dass der Wohlstand des Landes in hohem Maße auf industrieller Wertschöpfung beruht (Abb. 3.5). Eine Politik, die zulässt, dass diese Grundlage erodiert, ohne tragfähige Alternativen zu schaffen, handelt fahrlässig gegenüber Staat und Gesellschaft. Künftige Entwicklungen mögen neue Chancen eröffnen, doch ein vorschneller Abschied von bewährten Stärken ohne gesichertes Wissen über alternative Kompetenzen ist unverantwortlich. Deutschlands komparative Wettbewerbsvorteile

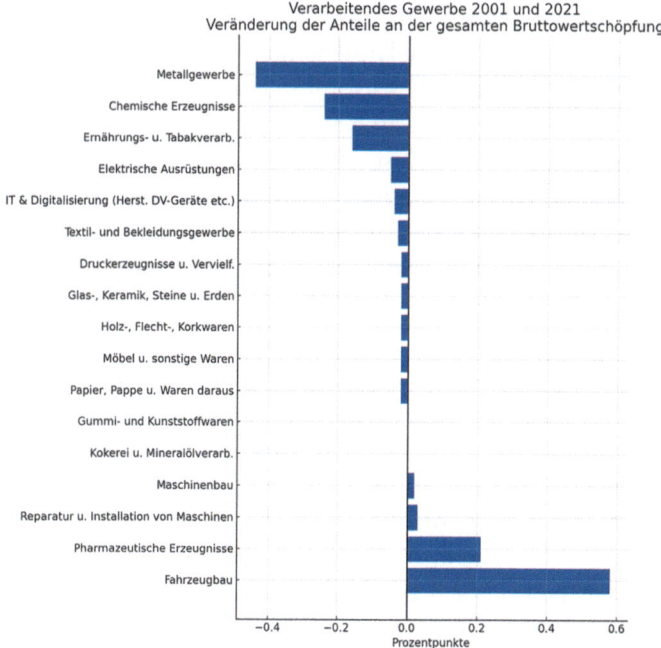

Abb. 3.5 Veränderung der Anteile an der gesamten Bruttowertschöpfung verarbeitendes Gewerbe 2001 und 2021. Quelle: Statistische Bundesamt (Destatis) 2023

lagen seit jeher in der klassischen Industrie – und daran hat sich bis heute nichts grundlegend geändert.

Doch woher kann künftig neue ökonomische Wertschöpfung kommen? Zahlreiche Stimmen behaupten, die Antwort längst gefunden zu haben – etwa in den grünen Technologien, der Halbleiterindustrie oder anderen vermeintlichen Zukunftsbranchen. Doch solche Annahmen bleiben spekulativ, denn verlässlich lässt sich nicht vorhersagen, wo tatsächlich tragfähige Wertschöpfungspotenziale entstehen werden. Genau hierin liegt eine der zentralen

Herausforderungen für die Wirtschaftspolitik, nämlich konstruktiv mit dieser Unsicherheit umzugehen. Es reicht nicht aus, künftige Wachstumsmärkte zu benennen oder Trends wie Digitalisierung und Dekarbonisierung zu erkennen. Entscheidend ist, ob ein Land in diesen Bereichen auch komparative Wettbewerbsvorteile entwickeln kann. Nur dann können sich aus neuen Technologietrends auch dauerhaft tragfähige Industriestrukturen herausbilden.

Die Wertschöpfung der Zukunft muss daher auf realen komparativen Vorteilen beruhen. Versuche von Seiten der Politiker, die Entstehung neuer Industrien administrativ anzuordnen oder durch massive Subventionen zu etablieren, bleiben in der Regel wirkungslos. Es genügt nicht, lediglich die Wachstumsmärkte von morgen zu benennen. Entscheidend ist, ob die heimische Wirtschaft in diesen Bereichen tatsächlich innovativ und wettbewerbsfähig agieren kann. Doch genau das lässt sich nicht zuverlässig prognostizieren. Gewiss ist nur eines: Deutschlands aktuelle Stärken liegen in den Branchen, in denen das Land bereits international konkurrenzfähig ist. Alles darüber hinaus bleibt unsicher und spekulativ.

Ein Blick zurück ins Jahr 2001 zeigt, wie wenig belastbar solche Zukunftsprognosen sind. Damals galt Deutschland als der „kranke Mann Europas", die öffentliche Debatte war von grundlegenden Zweifeln am wirtschaftlichen Kurs geprägt. Viele forderten eine Abkehr von der Exportorientierung und von traditionellen Industriebranchen, insbesondere von der Fahrzeugindustrie. Das etablierte Wirtschaftsmodell wurde vielerorts als überholt angesehen.

Doch wie entwickelten sich die damals relevanten Sektoren weiter? Welche Branchen waren bereits stark und welche wurden in den Folgejahren zu den tragenden Säulen des Wohlstands? Ein Blick auf Abb. 3.5 vermittelt ein klares Bild. Der klassische Fahrzeugbau avancierte in den darauffolgenden beiden Jahrzehnten zum dominierenden Industriezweig. Er erwies sich nicht nur als äußerst widerstandsfähig, sondern wurde zum Kristallisationspunkt weiterer Spezialisierung und Innovationskraft. Ausgerechnet jener Sektor, der bereits zur Jahrtausendwende zu den Stärken der deutschen Wirtschaft zählte, wurde zum langfristigen Erfolgsmodell.

Gleichzeitig gab es damals starke politische und gesellschaftliche Impulse, verstärkt in alternative Technologien wie die Umwelttechnik zu investieren. Doch diese Hoffnungen erfüllten sich nicht – die Umwelttechnik konnte sich nicht als tragende Säule industrieller Wertschöpfung etablieren. Stattdessen waren es neben dem Fahrzeugbau vor allem die Pharma- und Maschinenbauindustrie, die in den beiden Dekaden expandierten. Die meisten anderen Wirtschaftsbereiche hingegen stagnierten oder verzeichneten Rückgänge (Abb. 3.5). Die Lehre daraus ist eindeutig: Die Zukunft der deutschen Wertschöpfung lag – entgegen damals weit verbreiteter Prognosen – gerade in den Sektoren, in denen Deutschland bereits traditionell stark aufgestellt war.

Wie steht es nun um die neuen, alternativen Sektoren im Bereich grüner Technologien, wie Solar- und Windkraftsysteme, Batteriezellen oder Elektromobilität, die bis heute von vielen als vielversprechende Wachstumsmärkte angesehen werden? Noch im Jahr 2023 verkündete der damalige Bundeskanzler Scholz (SPD) optimistisch, die grüne Transformation werde Wachstumsraten wie in den 1950er- und 1960er-Jahren hervorbringen (NTV, 2023). Davon kann heute keine Rede mehr sein. Die Hoffnung, dass die umfangreiche Förderpolitik im Zuge der Dekarbonisierung einen nachhaltigen wirtschaftlichen Aufschwung in Deutschland auslösen würde, hat sich endgültig als Illusion erwiesen.

Erstens besitzt Deutschland im Bereich der grünen Technologien keine komparativen Wettbewerbsvorteile. Trotz Energiewende entstehen die Unternehmen vor allem im Ausland, während die private Investitionstätigkeit im Inland deutlich zurückgeht (Abb. 3.2). Die über Jahrzehnte hinweg gewährten Subventionen haben es nicht vermocht, eine wirtschaftlich tragfähige Umwelttechnologiebranche in Deutschland zu etablieren, die in der Lage wäre, klassische Industriesektoren abzulösen (Abb. 3.1). Heute steht fest, dass sich die Produktion grüner Technologien nahezu vollständig auf Asien und die USA konzentriert. Diese Entwicklung macht deutlich, dass fehlende komparative Vorteile nicht durch staatliche Förderprogramme ausgeglichen werden können.

Zweitens handelt es sich bei den Investitionen im Rahmen der Energiewende vor allem um sogenannte Ersatzinvestitionen, die bestehende und funktionierende Infrastrukturen wie Kern- und Kohlekraftwerke durch neue Anlagen wie Wind- und Solarparks ersetzen. Dies schafft jedoch kein zusätzliches Produktionspotenzial. Aus volkswirtschaftlicher Sicht bedeutet das, dass lediglich die bisherige Strommenge reproduziert wird – im besten Fall, und nur dann, wenn der Wind weht und die Sonne scheint. Ein echter Zuwachs an ökonomischer Wertschöpfung bleibt aus.

Genau das war bisher der zentrale Irrtum: Die Vorstellung, dass Subventionen in die grüne Transformation per se wachstumsfördernd seien. Ersatzinvestitionen schaffen keinen zusätzlichen Wohlstand, sondern substituieren lediglich bestehende Infrastrukturen. Zudem fehlt es Deutschland im Bereich der erneuerbaren Energien an komparativen Wettbewerbsvorteilen, sodass hierzulande bislang kaum selbsttragende grüne Industriezweige in volkswirtschaftlich relevantem Umfang entstehen konnten. Statt des vielfach beschworenen „grünen Wirtschaftswunders", das noch bis 2023 in politischen Reden propagiert wurde, steht Deutschland heute vor realen wirtschaftlichen Belastungen – geprägt von Deindustrialisierung, wachsender Unsicherheit und zunehmenden sozialen Spannungen.

Wie bereits ausgeführt, ist der Rückbau in der Automobilbranche in erster Linie auf den politisch forcierten Wandel zur Elektromobilität zurückzuführen. Deutschland verfügt zwar über ausgewiesene komparative Vorteile in der Herstellung komplexer Verbrennungsmotoren – einem Bereich mit hoher Wertschöpfung –, doch diese Stärken lassen sich nicht auf die Produktion von Elektrofahrzeugen übertragen. Ein erheblicher Teil der Wertschöpfung entfällt dabei auf die Batteriezellenfertigung – ein Segment, in dem Deutschland weder kosten- noch standortseitig konkurrenzfähig ist. In der Folge verlagert sich die Produktion zunehmend in Schwellenländer mit günstigeren Rahmenbedingungen.

Setzt sich dieser Kurs fort, droht der deutschen Autoindustrie der Verlust ihrer Rolle als Wachstumsmotor. Verschärft wird diese Entwicklung durch die politische Entscheidung, das Energieangebot in Deutschland gezielt zu verknappen. Das Energieeffizienzgesetz begrenzt den Gesamtenergieverbrauch und untergräbt damit einen wichtigen komparativen Vorteil, insbesondere für energieintensive Industrien, deren Rückzug aus Deutschland bewusst in Kauf genommen wird. Insgesamt steht damit rund ein Drittel der industriellen Basis in Deutschland im Feuer, einschließlich der eng verflochtenen Zulieferbranchen. Es droht ein volkswirtschaftlicher Substanzverlust von erheblichem Ausmaß.

Anders als zur Jahrtausendwende haben viele Deutsche inzwischen offenbar akzeptiert, dass der Verlust der Wettbewerbsfähigkeit ihrer traditionellen Leitindustrien nicht auf vermeintlich überlegene internationale Konkurrenten zurückzuführen ist, sondern auf staatlich angeordnete

Strukturbrüche – insbesondere durch den überbordenden europäischen Dirigismus und die deutsche Energiewende. Es sind nicht andere Länder, die relativ zu uns stärker geworden wären, sondern primär hausgemachte politische Fehlentscheidungen, die Deutschlands Position als Industrienation geschwächt haben. Eine Flut an EU-Vorgaben und deren teils überambitionierte Umsetzung in deutsches Recht haben bewährte industrielle Stärken systematisch geschwächt. Die Folge ist, dass Deutschland sehenden Auges zentrale Wettbewerbsvorteile seiner Schlüsselindustrien preisgibt, mit gravierenden Folgen für Standortqualität und Wachstumsperspektiven.

Zusammengefasst lässt sich sagen, dass es für die Etablierung zukunftsfähiger Wertschöpfung in Deutschland nicht genügt, lediglich die Wachstumsmärkte von morgen zu identifizieren. Entscheidend ist vielmehr, ob das Land in der Lage ist, in diesen Bereichen auch komparative Wettbewerbsvorteile zu entwickeln. Daraus ergibt sich die zentrale Frage, welche grundsätzlichen Faktoren die Entstehung solcher Vorteile überhaupt ermöglichen – und wie sie gezielt gestaltet werden können.

Im Mittelpunkt stehen dabei die drei klassischen Produktionsfaktoren: Arbeit, Kapital und Technologie. Sie bestimmen Umfang, Struktur und Dynamik wirtschaftlicher Wertschöpfung. Wer langfristiges Wirtschaftswachstum sichern will, muss deshalb die Rahmenbedingungen für diese Faktoren aktiv gestalten. Der Wohlstand von morgen hängt maßgeblich davon ab, wie gut es gelingt, die Grundlagen dafür zukunftsfähig auszurichten.

Das Arbeitsangebot hängt im Wesentlichen davon ab, wie viele Menschen dem Arbeitsmarkt zur Verfügung stehen, in Beschäftigung integriert sind und in welchem Umfang Zuwanderung stattfindet. Angesichts des demografischen Wandels ist jedoch absehbar, dass das verfügbare Arbeitskräftepotenzial in Deutschland in den kommenden Jahren deutlich schrumpfen wird. Diese Entwicklung macht sich bereits heute bemerkbar, da sich die Erwerbsstruktur zunehmend vom verarbeitenden Gewerbe hin zu Gesundheits- und Pflegeberufen verschiebt. Dadurch stehen immer weniger Fachkräfte für jene produktiven und wertschöpfungsintensiven Tätigkeiten bereit, die traditionell das Rückgrat der deutschen Wirtschaft bilden. Die Alterung der Gesellschaft führt damit zu einer strukturellen Verlagerung in Sektoren mit vergleichsweise geringerer Arbeitsproduktivität. Auf längere Sicht zeichnet sich zudem ab, dass der demografische Wandel zu einem signifikanten Rückgang des Arbeitsangebots führen wird – mit weitreichenden Konsequenzen für die wirtschaftliche Leistungsfähigkeit des Landes.

Um Wachstum – im Sinne einer stetigen Erweiterung des Produktionspotenzials – und Wohlstand trotz einer schrumpfenden Erwerbsbevölkerung zu sichern, ist ein gezielter Ausgleich durch verstärkten Kapitaleinsatz unerlässlich. Je mehr Kapital pro Beschäftigten zur Verfügung steht, desto größer ist das Potenzial für produktive und wertschöpfungsintensive Tätigkeiten. Ein rückläufiges Arbeitsangebot kann daher durch erhöhte unternehmerische Investitionen kompensiert werden – sie sind die Voraussetzung dafür, die bestehende Wertschöpfung zu erhalten und künftig auszubauen.

Im internationalen Vergleich fällt Deutschland bei der Gründung wachstumsstarker Unternehmen deutlich zurück. In den vergangenen zehn Jahren entstanden hierzulande lediglich 30 sogenannte Unicorns, also junge Unternehmen mit einer Bewertung von über einer Milliarde Euro. Bezieht man die Zahl dieser Gründungen auf das Bruttoinlandsprodukt, liegt Deutschland klar hinter vergleichbaren Ländern wie Frankreich oder Großbritannien und belegt nur einen der hinteren Plätze (Abb. 3.6). Selbst wenn es gelänge, das derzeitige Gründungsniveau trotz der demografischen Herausforderungen zu halten, wäre das

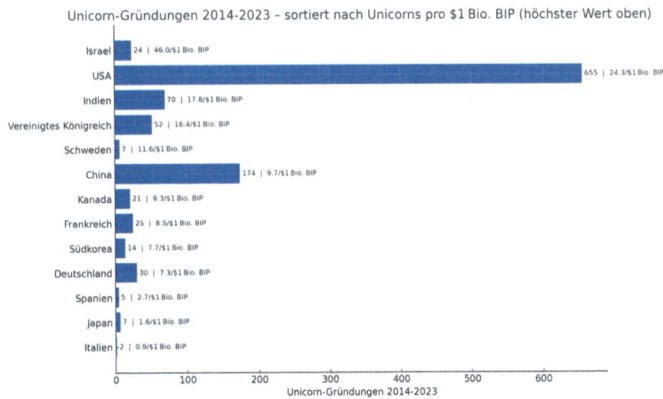

Abb. 3.6 Deutschland an viertletzter Stelle bei Unternehmensgründungen (Unicorns) im internationalen Vergleich, sortiert nach Anzahl Gründungen pro $1 Bio. BIP (Quelle: Global Unicorn Club, Jahresauswertung 2023)

daraus resultierende zusätzliche Produktionspotenzial aus gesamtwirtschaftlicher Sicht nur gering. Die durch Neugründungen erzielte Wertschöpfung reicht bei weitem nicht aus, um die Verluste in den klassischen industriellen Kernbranchen auszugleichen (Fuest, 2023b).

Auch ist es unrealistisch anzunehmen, dass Deutschland eine technologische Führungsrolle im Bereich der Künstlichen Intelligenz übernehmen kann. In diesem Feld fehlen dem Land entscheidende komparative Wettbewerbsvorteile. Die Entwicklung leistungsfähiger KI-Systeme ist äußerst kapitalintensiv und erfordert Zugang zu enormen Rechenkapazitäten sowie großen Datenmengen, insbesondere für das Training leistungsfähiger Grundmodelle. Gerade Letzteres ist in Deutschland kaum realisierbar, da der Datenschutz hierzulande und innerhalb der EU besonders streng geregelt ist.

Statt auf eine führende Rolle in der KI-Entwicklung zu setzen, sollte Deutschland daher gezielt seine bestehenden Stärken nutzen, insbesondere durch den breiten Einsatz bereits verfügbarer KI-Technologien. Gerade im industriellen Bereich eröffnen sich erhebliche Potenziale zur Produktivitätssteigerung. Das eigentliche Wertschöpfungspotenzial liegt dabei weniger in der Entwicklung als vielmehr in der effektiven Anwendung dieser Technologien. Dank des hohen Industrieanteils verfügt Deutschland über umfangreiche, strukturierte Datensätze aus Produktionsprozessen – eine wertvolle Ressource, um KI-Modelle praxisnah zu trainieren und gewinnbringend einzusetzen. Auch ohne technologische Spitzenposition in der KI-Entwicklung bietet sich somit die Chance, durch die intelligente Nutzung bestehender KI-Lösungen die industrielle Leistungsfähigkeit nachhaltig zu stärken.

Zusammengefasst besteht der vorrangige Handlungsbedarf darin, die vorhandenen komparativen Wettbewerbsvorteile Deutschlands konsequent zu bewahren. Anders als die oft vertretene These, das exportorientierte Wirtschaftsmodell mit seinem hohen Industrieanteil sei überholt, gilt vielmehr das Gegenteil. Die Stärke der deutschen Volkswirtschaft beruht maßgeblich auf ihrer Industrie- und Exportkompetenz. Gerade in diesen Feldern kommen die historisch gewachsenen Wettbewerbsvorteile zum Tragen und bilden das Fundament unseres Wohlstands. Es darf daher nicht zugelassen werden, dass traditionelle Industrien durch EU-Dirigismus und politische Fehlentscheidungen geschwächt oder aus dem Land gedrängt werden. Dieser Entwicklung sollte mit Nachdruck entgegengewirkt werden.

Ein zentrales Element eines solchen wirtschaftspolitischen Richtungswechsels ist ein grundlegender Kurswechsel in der Klima- und Energiepolitik. Dazu gehören die Rücknahme des Verbrennerverbots und bestehender CO_2-

Verordnungen sowie die Aussetzung des Klimaschutzgesetzes und des Energieeffizienzgesetzes. Gleichzeitig sollte das Energieangebot deutlich ausgeweitet werden, um die Energiepreise auf ein international wettbewerbsfähiges Niveau zu senken. Dies erfordert unter anderem die Wiederaufnahme der Kernenergienutzung, die Erschließung heimischer Erdgasvorkommen, eine Wiederaufnahme von Pipelinegasimporten aus Russland sowie die Zulassung der Kohleverstromung mit CO_2-Sequestrierung.

Auch weitere Elemente des bestehenden regulatorischen Rahmens bedürfen einer kritischen Überprüfung. Vorschriften wie das Lieferkettengesetz und die umfangreichen Berichts- und Offenlegungspflichten der ESG-Regulatorik erschweren unternehmerisches Handeln und treffen vor allem Konzerne.

Der Staat sollte sich wieder stärker auf seine originären Aufgaben zurückziehen – auf Investitionen in Infrastruktur, Bildung, Grundlagenforschung und Verteidigung. Darüber hinaus gilt es, leistungsbezogene Steuern auf ein international wettbewerbsfähiges Niveau zu senken. Auf diesen Aspekt wird im folgenden Abschnitt exemplarisch eingegangen.

Gleichzeitig sollte Deutschland seine Rolle als Export- und Industrienation auch im europäischen Kontext aktiv behaupten und strategisch weiterentwickeln. Die Europäische Kommission sollte sich verstärkt auf die Förderung des Freihandels konzentrieren und zugleich die überbordende EU-Regulatorik zurückführen. Erforderlich sind insbesondere neue Handelsabkommen mit internationalen Wirtschaftsräumen, der Abbau protektionistischer Maßnahmen sowie die Vertiefung des europäischen Binnenmarkts (Kap. 8).

3.3 Subventionspolitik – Reformbedarf für den Industriestandort

Staatliche Subventionen sind ein fester Bestandteil der Wirtschaftspolitik in Deutschland. Ihre Wurzeln reichen bis in die frühe Nachkriegszeit zurück, als der Staat durch gezielte Zuschüsse und Steuervergünstigungen den Wiederaufbau und die Industrialisierung vorantrieb. In den 1950er- und 1960er-Jahren standen vor allem infrastrukturelle und agrarpolitische Ziele im Vordergrund. In den folgenden Jahrzehnten kamen zunehmend sozialpolitische Aspekte hinzu – etwa die Sicherung von Arbeitsplätzen in strukturschwachen Regionen oder die Förderung des Wohnungsbaus. Mit dem Beginn der Energiewende und dem gestiegenen Bewusstsein für ökologische Fragestellungen rückten ab den 1990er-Jahren auch umwelt- und klimapolitische Zielsetzungen stärker in den Fokus der Förderpolitik.

Einen markanten Einschnitt stellte die deutsche Wiedervereinigung dar, die in den 1990er-Jahren einen erheblichen Subventionsschub auslöste. Der sogenannte „Aufbau Ost" entwickelte sich zu einem zentralen Förderbereich, in dem steuerliche Anreize, Investitionszulagen und Sonderabschreibungen helfen sollten, den wirtschaftlichen Rückstand der neuen Bundesländer zu verringern. Auch im Zuge der europäischen Integration und der fortschreitenden Globalisierung kamen Subventionen immer wieder zum Einsatz, etwa zur Unterstützung einzelner Branchen oder zur Abfederung wirtschaftlicher Strukturveränderungen im Rahmen der Klimapolitik.

Die Subventionspolitik in Deutschland blickt somit auf eine lange Tradition zurück. Ursprünglich diente sie dem Ziel, strukturschwache Regionen zu fördern und gesellschaftlich relevante Anliegen zu unterstützen. Im Laufe der Jahrzehnte entwickelte sich daraus jedoch ein komplexes Geflecht aus direkten Finanzhilfen, Steuervergünstigungen und regulatorischen Ausnahmen. Seit Jahren wächst daher die Kritik an Umfang und Ausgestaltung dieser Förderpraxis. Besonders problematisch ist ihre mangelnde Transparenz. Während direkte Finanzhilfen meist klar nachvollziehbar sind, bleiben viele indirekte Subventionen, etwa Steuererleichterungen oder Abgabenbefreiungen, selbst für politische Entscheidungsträger schwer zu überblicken. Schätzungen des IfW Kiel und des Bundesrechnungshofs zufolge belief sich das gesamte Subventionsvolumen in Deutschland zuletzt auf rund 300 Mrd. € jährlich (IfW Kiel, 2023). Der Großteil entfällt dabei auf steuerliche Vergünstigungen, die im Bundeshaushalt oft nicht unmittelbar sichtbar werden. Diese Summe entspricht nahezu einem Drittel des Bundeshaushalts und verdeutlicht die enorme finanzielle Dimension staatlicher Förderpolitik (Bundesrechnungshof, 2023).

Auch aus ökonomischer Perspektive bestehen erhebliche Zweifel an der Effizienz und Zielgenauigkeit staatlicher Fördermaßnahmen. Subventionen führen immer wieder zu Mitnahmeeffekten und setzen Fehlanreize. Kritisch ist zudem der langfristige Einfluss auf Wettbewerb und Marktordnung, da Subventionen Marktverzerrungen begünstigen, wenn sie Unternehmen vor notwendigem Strukturwandel schützen oder ineffiziente Geschäftsmodelle künstlich erhalten. Damit greifen sie tief in das marktwirtschaftliche Prinzip von Angebot und Nachfrage ein und schwächen langfristig die Innovationskraft der Volkswirtschaft. Der Sachverständigenrat zur Begutachtung der gesamtwirtschaftlichen Entwicklung fordert daher seit Jahren eine konsequentere Evaluierung sowie eine stringente Begrenzung staatlicher Förderung (SVR, 2021).

Trotz zahlreicher Reformversuche bleibt die Subventionslandschaft in Deutschland komplex, unübersichtlich und politisch stark aufgeladen. Der Abbau bestehender Subventionen stößt regelmäßig auf erheblichen Widerstand – sei es von betroffenen Branchen, Lobbygruppen oder regionalen politischen Interessenvertretern. Diese Blockaden behindern dringend notwendige Strukturveränderungen. Angesichts wachsender Herausforderungen – wie dem staatlichem Investitionsrückstand in Infrastruktur, Vereidigung und Bildung – wird ein grundlegender Kurswechsel jedoch immer dringlicher. Die öffentliche Hand ist mehr denn je gefordert, ihre finanziellen Mittel effizienter und strategischer einzusetzen.

Vor dem Hintergrund der seit Anfang 2018 rückläufigen Industrieproduktion und der Erosion der internationalen Wettbewerbsfähigkeit stellt sich zunehmend die Frage nach der Zukunftsfähigkeit der deutschen Wirtschaftspolitik. Die bisherigen Strategien erweisen sich angesichts tiefgreifender struktureller Herausforderungen als nicht mehr tragfähig – eine grundlegende Neuausrichtung ist unausweichlich.

Deutschland steht daher vor der dringenden Aufgabe, seine Subventionspolitik an die veränderten Anforderungen anzupassen. Der bisherige Fokus auf breit gestreute Branchenförderung sollte durch eine Strategie ersetzt werden, die gezielt bessere Rahmenbedingungen für private Investitionen, unternehmerisches Handeln und wirtschaftliches Wachstum schafft. Erforderlich ist eine klare Abkehr von staatlicher Lenkung und dirigistischen Eingriffen hin zu einer Rückbesinnung auf marktwirtschaftliche Prinzipien. Es ist nicht Aufgabe des Staates, über Subventionen festzulegen, welche Technologien sich künftig am Markt durchsetzen sollen – diese Entscheidungen sollten den Marktteilnehmern überlassen bleiben. Anstelle zentralplanerischen Handelns und expansiver staatlicher Ausgabenpolitik braucht es tiefgreifende Strukturreformen, die sowohl auf die Konsolidierung der öffentlichen Haushalte abzielen als auch die wettbewerblichen Standortbedingungen nachhaltig stärken.

Ein zentraler Hebel für eine zukunftsfähige Wirtschaftspolitik ist die gezielte Entlastung produktiver Arbeit, insbesondere durch eine deutliche Senkung der sogenannten Leistungssteuern. Denn sowohl die Einkommensteuer als auch die Unternehmensbesteuerung liegen im internationalen Vergleich auf einem hohen Niveau (Kap. 3). Eine wirksame Steuerentlastung wäre finanzierbar, wenn ein substanzieller Teil der bestehenden Subventionen konsequent abgebaut würde. Ein solcher Schritt hätte mehrere positive Effekte. Die Transparenz staatlicher Ausgaben würde verbessert, die fiskalische Handlungsfähigkeit gestärkt und zugleich marktwirtschaftliche Anreize reaktiviert. Vor allem könnte Deutschland wieder zu einem investitionsfreundlichen Standort werden, geprägt von Eigeninitiative, Innovation und unternehmerischer Dynamik anstelle staatlicher Förderlogik.

Ein Beispiel zeigt das Potenzial dieser Idee. Im Jahr 2023 belief sich das Steueraufkommen aus der Einkommensteuer (einschließlich Lohnsteuer) auf rund 360 Mrd. €, während die Körperschaftsteuer weitere 50 Mrd. € einbrachte. Zusammen ergibt sich ein Volumen von etwa 410 Mrd. € an Leistungssteuern (BMF, 2024). Würde das Subventionsvolumen um zwei Drittel reduziert – also rund 200 Mrd. € eingespart –, ließe sich die Einkommen- und Körperschaftsteuer rechnerisch um rund 50 % senken. Eine derartige Steuerreform könnte Deutschland als Standort für Unternehmen, private Investitionen und ausländische Fachkräfte erheblich attraktiver machen – und einen Wirtschaftsboom bislang ungeahnten Ausmaßes auslösen.

In einer freien Marktwirtschaft wirken Subventionen kontraproduktiv. Sie verzerren den Wettbewerb, führen zu Fehlallokation von Ressourcen, konservieren ineffiziente Strukturen und hemmen den marktgetriebenen Innovationsdruck (Krugman, 2021). Unter ordnungspolitisch konsistenten Rahmenbedingungen wäre daher selbst eine vollständige Abschaffung von Subventionen vertretbar. Ein derart weitreichender Schritt könnte ein jährliches Einsparpotenzial von bis zu 300 Mrd. € freisetzen. Rund 200 Mrd. € ließen sich gezielt für Steuersenkungen verwenden, insbesondere zur Entlastung von Arbeit und unternehmerischer Tätigkeit. Die verbleibenden 100 Mrd. € könnten in zentrale staatliche Zukunftsausgaben fließen, etwa in den Bereichen Infrastruktur, Digitalisierung, Verteidigung, Bildung und Grundlagenforschung.

Gerade mit Blick auf die von der Bundesregierung ab 2025 geplante neue Nettokreditaufnahme in Höhe von rund einer Billion Euro über einen Zeitraum von zehn Jahren (Abschn. 6.6) wäre ein solcher finanzpolitischer Spielraum von erheblicher Bedeutung. Der Verzicht auf zusätzliche Verschuldung durch den konsequenten Abbau von Subventionen wäre nicht nur haushaltspolitisch und im Sinne der Generationengerechtigkeit geboten, sondern könnte auch dazu beitragen, inflationsbedingte Risiken einzudämmen (Kap. 6).

Darüber hinaus hätte ein solcher Schritt eine wichtige ordnungspolitische Signalwirkung. Er stünde für finanzpolitische Solidität, fiskalische Nachhaltigkeit und eine Rückbesinnung auf marktwirtschaftliche Prinzipien – sowohl auf nationaler Ebene als auch mit Blick auf die Stabilitätskultur in Europa.

Literatur

Baur et al. (2023). https://www.ifo.de/publikationen/2023/monographie-autorenschaft/die-betroffenheit-der-deutschen-wirtschaft.

BZ. 2024, Für die Bevölkerung ist das ein Supergau, Hans-Werner Sinn, Berliner Zeitung (BZ), 2. Dezember 2024, Nr. 281, S. 17.

Bundesrechnungshof. 2023. *Subventionsbericht 2022/2023 – Bericht nach § 6 SubvG*. Bonn.

BMF.2024. Monatsbericht Januar – Entwicklung des Steueraufkommens 2023. Bundesministerium der Finanzen (BMF), Berlin.

Cicero. 2024. Schumpeter verkehrt in Deutschland – Die unschöpferische Zerstörung, 2024. Verfügbar unter: https://www.cicero.de/wirtschaft/schumpeter-zerstoerung-schoepfung-olson

Dstatis. 2025. Bedeutung der energieintensiven Industriezweige in Deutschland. https://www.destatis.de/DE/Themen/Branchen-Unternehmen/Industrie-Verarbeitendes-Gewerbe/produktionsindex-energieintensive-branchen.html?utm_source=chatgpt.com

Fuest. 2023b. Die deutsche Industrie – ein Auslaufmodell?, Clemens Fuest, ifo-Institut, 2023.

Hüther. 2023. Dauersubventionen keine Lösung, Brücken sind notwendig. Hüther, M., Bardt, H., Bähr, C., Institut der deutschen Wirtschaft Köln, 2023. https://www.iwkoeln.de/presse/pressemitteilungen/michael-huether-hubertus-bardt-cornelius-baehr-dauersubventionen-helfen-nicht.html

(HNA, 2025). Absatzprobleme und hohe Kosten: Mercedes zieht Konsequenzen, Patrick Freiwah, 20.02.2025. https://www.hna.de/wirtschaft/absatzprobleme-und-hohe-kosten-mercedes-zieht-konsequenzen-zr-93583305.html

Handelsblatt. 2023. Deutschland stürzt im Standortwettbewerb 2022 ab, Martin Greive, 23.01.2023. https://www.handelsblatt.com/politik/deutschland/zew-ranking-deutschland-stuerzt-im-standortwettbewerb-2022-ab-/28921022.html

Iwd. 2023. https://www.iwd.de/artikel/erdgas-die-bruecke-broeckelt-587736/.

Ifo Institut. 2022. *Mitnahmeeffekte und Fehlsteuerungen staatlicher Förderprogramme.*

IfW Kiel – Institut für Weltwirtschaft. 2023. Subventionen in Deutschland: Überblick und Reformoptionen. Kiel Policy Brief Nr. 168.

Institut der deutschen Wirtschaft Köln (IW). 2022. *Staatliche Subventionen: Umfang, Fehlanreize und Reformoptionen.* Köln.

NTV. 2023. Bundeskanzler Scholz beschwört erneutes deutsches „Wirtschaftswunder", NTV.de, 09. März 2023. https://www.n-tv.de/wirtschaft/Scholz-beschwoert-erneutes-deutsches-Wirtschaftswunder-article23973685.html

Krugman. 2021. *Internationale Wirtschaft – Theorie und Politik der Außenwirtschaft,* 11. Aufl., Pearson Studium, Krugman, P., München.

Potrafke. 2023. https://www.ifo.de/pressemitteilung/2023-06-02/viele-volkswirte-europa-sehen-inflation-reduction-act-kritisch.

Seibert. 2023. Stuttgarter Zeitung, Togg – Erdogans Traumauto, Türkei entwickelt eigenes E-Auto. Thomas Seibert, 02.04.2023.

SVR. 2021. *Jahresgutachten – Produktivität, Wettbewerbsfähigkeit und Subventionsabbau,* Sachverständigenrat (SVR), 2021.

4

Der deutsche Sozialstaat in Schieflage

Die Marktwirtschaft ist ein Wirtschaftssystem, das auf einem ordnungspolitischen Rahmen mit klaren Regeln für Eigentum, Verträge und Wettbewerb beruht. Preise entstehen im Zusammenspiel von Angebot und Nachfrage und dienen als Signale für Knappheit und Bedarf, wodurch die Allokation begrenzter Ressourcen effizient gesteuert wird. Insgesamt wirkt dieses System schadensminimierend, da es Ineffizienzen und Fehlanreize korrigiert.

Die Marktwirtschaft garantiert jedoch keine soziale Gerechtigkeit im Sinne individueller Absicherung, da sie naturgemäß Gewinner und Verlierer hervorbringt. Dennoch bildet sie die Grundlage für ein hohes allgemeines Wohlstandsniveau. Erst die Entfesselung marktwirtschaftlich getriebener Kräfte ermöglicht eine optimale, wohlstandsfördernde Nutzung knapper Ressourcen, die eine Soziale Marktwirtschaft benötigt, um ein tragfähiges System mit hoher sozialer Sicherheit zu finanzieren.

Diese Grundlogik ist unter Fachleuten unbestritten. Deshalb setzen verantwortungsbewusste Politiker auf langfristige Ausgewogenheit. Sie erkennen an, dass die Leistungsversprechen des Sozialstaats stets in einem realistischen Verhältnis zur wirtschaftlichen Leistungsfähigkeit stehen müssen, und passen die gesellschaftlichen Ansprüche entsprechend an.

Der demografische Wandel bringt dieses Gleichgewicht jedoch zunehmend ins Wanken. Die Folgen sind bereits heute auf dem Arbeitsmarkt spürbar. Neben einem ausgeprägten Fachkräftemangel zeigt sich zunehmend ein allgemeiner Arbeitskräftemangel. In den kommenden Jahren werden die geburtenstarken Jahrgänge in den Ruhestand gehen, was gravierende Konsequenzen für die staatlichen Sozialkassen haben wird. Die fiskalische Nachhaltigkeitslücke, also das langfristige Missverhältnis zwischen zugesagten Leistungen und verfügbaren Einnahmen, wird derzeit auf rund 200 % des Bruttoinlandsprodukts geschätzt, mit steigender Tendenz (Raffelhüschen et al., 2023).

Um diese Lücke zu schließen, existieren für das aktuelle System grundsätzlich drei unpopuläre Optionen. Entweder müssen die Sozialbeiträge steigen, der Staat muss höhere Zuschüsse über Steuern und Kredite finanzieren, oder es werden spürbare Leistungskürzungen notwendig. Bislang jedoch scheut die Politik eine offene und ehrliche Debatte darüber, welchen Weg sie einschlagen will.

Stattdessen setzt sie große Hoffnungen auf Zuwanderung als vermeintliches Allheilmittel zur Rettung des Sozialstaats. Doch dieser Ansatz greift zu kurz. Selbst wenn es gelänge, die demografische Lücke rein quantitativ durch Einwanderung zu schließen – was für sich genommen bereits eine enorme Herausforderung darstellen würde – bliebe die fiskalische Lücke bestehen. Denn diese ist nicht nur demografisch, sondern vor allem strukturell bedingt. Zum einen gelingt es bislang kaum, gezielt jene qualifizierten Arbeitskräfte zu gewinnen, die das System tatsächlich entlasten könnten. Zum anderen basiert das deutsche Sozialmodell auf einem umlagefinanzierten System, das in seiner aktuellen Form nicht nachhaltig ist, insbesondere dann nicht, wenn sich das Verhältnis von Beitragszahlern zu Leistungsempfängern weiter verschlechtert.

4.1 Gesamtverschuldung außer Kontrolle

Die Chance, die demografische Belastung frühzeitig und fair zwischen den Generationen zu verteilen, wurde längst vertan. Die Generation, die selbst zu wenige Kinder bekommen hat, hätte in den vergangenen drei Jahrzehnten einen Kapitalstock aufbauen müssen, um das heutige Rentenniveau langfristig abzusichern. Mit den daraus erzielten Kapitalmarkterträgen hätte der Staat einen Teil der Altersversorgung unabhängig von der beitragsfinanzierten Umlage stabilisieren können.

Wäre dieser Schritt erfolgt, stünde Deutschland heute neben der Umlagefinanzierung auch ein kapitalgedecktes System zur Verfügung, das vom langfristigen Renditepotenzial der Kapitalmärkte profitiert. Die von der FDP nach schwedischem Vorbild vorgeschlagene Aktienrente weist zwar in diese Richtung, käme jedoch selbst bei sofortiger Einführung mindestens eine Generation zu spät (FDP, 2025).

Stattdessen bleibt derzeit nur der Versuch, die bestehenden Systeme zu stabilisieren – etwa durch eine höhere Erwerbsbeteiligung, verlängerte Lebensarbeitszeiten und eine stärkere Integration von Menschen im Bürgergeldbezug in den Arbeitsmarkt.

Die mittel- bis langfristigen Herausforderungen der sozialen Sicherungssysteme lassen sich jedoch nicht allein auf die Schultern künftiger Generationen abwälzen. Diese werden – trotz bestehender Bildungsmisere – erkennen, dass die heutige Boomer-Generation ihren Lebensstandard in weiten Teilen auf Pump finanziert hat. Und sie werden sich fragen, ob sie bereit und überhaupt in der Lage sind, die finanziellen und gesellschaftlichen Lasten des bestehenden Generationenvertrags mitzutragen.

Eine zentrale Aufgabe der Politik besteht daher darin, das Finanzierungsproblem der umlagefinanzierten Sozialversicherungen ehrlich und entschlossen anzugehen. Schmerzliche, aber notwendige Strukturreformen sind unausweichlich, wenn kommende Generationen nicht unter der Last der wachsenden fiskalischen Nachhaltigkeitslücke zusammenbrechen sollen.

Generationenübergreifende Gerechtigkeit muss daher stärker in den politischen Entscheidungsprozess integriert werden. Es reicht nicht mehr aus, die wachsenden fiskalischen Lasten primär auf die Jüngeren abzuwälzen. Fachleute wie Hans-Werner Sinn fordern seit Langem, das Umlagesystem so zu reformieren, dass es tragfähig für alle Generationen bleibt (Sinn, 2025).

Die wachsende Zahl an Ruhestandsanwärtern erfordert politischen Willen zu unpopulären Maßnahmen. Es bleibt abzuwarten, welcher Politiker den Mut dazu aufbringt – so wie einst Gerhard Schröder mit seiner Agenda 2010.

Besonders alarmierend ist die Dimension der „unsichtbaren" Staatsverschuldung. Diese implizite Verschuldung – also die Summe aller zukünftig zugesagten, aber nicht finanzierten Sozialleistungen – übersteigt die offiziell ausgewiesene Staatsverschuldung deutlich. Im Jahr 2023 belief sie sich auf (Raffelhüschen et al., 2023):

- 85 % des BIP für die gesetzliche Rentenversicherung,
- 66,2 % für die gesetzliche Krankenversicherung,
- 42,1 % für die gesetzliche Pflegeversicherung.

Insgesamt ergibt sich daraus ein impliziter Schuldenstand der Sozialversicherungen von rund 193,3 % des Bruttoinlandsprodukts (BIP). Zusammen mit der offiziell ausgewiesenen Staatsschuldenquote von 66,3 % ergibt sich eine Gesamtverschuldung von nahezu 260 % des Bruttoinlandsprodukts – das entspricht rund 10,8 Billionen Euro bei einem BIP von 4,19 Billionen Euro (2023).

Diese Zahlen sind ein unmissverständliches Warnsignal. Ohne grundlegende Reformen drohen nicht nur gravierende fiskalische Verwerfungen in den Sozialsystemen, sondern auch tiefgreifende gesellschaftspolitische Spannungen. Die Stabilität des deutschen Sozialstaats – und damit ein zentrales Fundament des gesellschaftlichen Zusammenhalts – steht auf dem Spiel.

4.2 Reformbedürftiges Umlagesystem

Die gesetzliche Rentenversicherung zählt zu den bedeutendsten Errungenschaften des deutschen Sozialstaats. Eingeführt im Jahr 1889 im Rahmen der Bismarckschen Sozialgesetzgebung, war sie die erste umlagefinanzierte Sozialversicherung weltweit. Bis heute bildet dieses Umlagesystem das Rückgrat der Alterssicherung in Deutschland – mit dem zentralen Ziel, das Risiko der Altersarmut zu mindern. Entsprechend kommt der nachhaltigen Finanzierbarkeit und strukturellen Tragfähigkeit der gesetzlichen Rentenversicherung eine herausragende gesellschaftliche Bedeutung zu.

Heute ist die gesetzliche Rente mit großem Abstand die wichtigste Einkommensquelle für Ruheständler. Rund 90 % der Bevölkerung ab 65 Jahren beziehen Rentenzahlungen aus der gesetzlichen Versicherung, die im Durchschnitt etwa zwei Drittel ihres gesamten Alterseinkommens ausmachen (BMAS, 2024). Doch der demografische Wandel stellt dieses System vor tiefgreifende Herausforderungen. Sinkende Geburtenzahlen bei gleichzeitig steigender Lebenserwartung führen zu einer rasch alternden Gesellschaft. Seit den 1970er-Jahren liegt die Geburtenrate in Deutschland dauerhaft unter dem für die Bestandserhaltung notwendigen Niveau von 2,1 Kindern pro Frau – aktuell bei nur noch rund 1,35 Kindern. Parallel dazu ist die durchschnittliche Lebenserwartung ab dem 65. Lebensjahr seit den 1960er-Jahren von 14 auf inzwischen 20 Jahre gestiegen – ein Zeitraum, der der durchschnittlichen Rentenbezugsdauer entspricht.

Das Verhältnis von Rentenbeziehern zu Erwerbstätigen verschiebt sich dadurch massiv. Immer weniger Beitragszahler müssen für immer mehr Rentner aufkommen – ein Ungleichgewicht, das die gesetzliche Rentenversicherung strukturell unter Druck setzt. Diese Entwicklung führt zwangsläufig zu wachsenden Finanzierungsproblemen in den sozialen Sicherungssystemen, allen voran in der gesetzlichen Rentenversicherung. Das grundlegende Problem liegt im Umlageverfahren, bei dem die laufenden Ausgaben direkt durch die Beiträge der aktuell Erwerbstätigen gedeckt werden. Doch das Verhältnis zwischen Beitragszahlern und Leistungsempfängern verschlechtert sich kontinuierlich. Mit der demografischen Alterung steigt die Zahl der Rentner, während die Zahl der Beitragszahler sinkt.

Bereits seit vielen Jahren reichen die Beitragseinnahmen nicht mehr aus, um die Ausgaben der gesetzlichen Renten-, Kranken- und Pflegeversicherung vollständig zu decken. Allein die gesetzliche Rentenkasse verzeichnet jährlich ein Defizit von rund einem Viertel ihrer Ausgaben, die sich im Jahr 2024 auf rund 408 Milliarden Euro beliefen, und das regelmäßig durch steigende Bundeszuschüsse aus dem Staatshaushalt ausgeglichen werden muss.

Diese fiskalischen Herausforderungen werden sich in den kommenden Jahren weiter verschärfen, besonders ab Mitte der 2030er-Jahre. Dann werden die geburtenstarken Jahrgänge der 1960er-Jahre in den Ruhestand treten. Das Jahr 2035 markiert eine demografische Zäsur, da der Abstand zwischen der Zahl der Rentenbezieher und der erwerbsfähigen Bevölkerung seinen Höhepunkt erreicht (Statistisches Bundesamt, 2023). Spätestens dann wird das bestehende System in seiner heutigen Form an seine Grenzen stoßen.

Ohne eine Anhebung des Renteneintrittsalters müsste das wachsende Finanzierungsproblem der gesetzlichen Sozialsysteme entweder durch höhere Beiträge und Steuern oder durch Leistungskürzungen ausgeglichen werden. Beide Ansätze verteilen die Lasten des demografischen Wandels unterschiedlich, lösen jedoch nicht das grundlegende Problem der strukturellen Finanzierbarkeit.

Höhere Sozialabgaben würden die Wettbewerbsfähigkeit des Wirtschaftsstandorts Deutschland erheblich beeinträchtigen – mit negativen Folgen für private Investitionen, Wirtschaftswachstum und Beschäftigung. Leistungskürzungen hingegen, insbesondere im Bereich der gesetzlichen Rente, sind politisch schwer vermittelbar und stoßen auf breite gesellschaftliche Ablehnung.

Berechnungen des Sachverständigenrats zur Begutachtung der gesamtwirtschaftlichen Entwicklung (SVR, 2024) verdeutlichen das Ausmaß der Herausforderung. Um das derzeitige Rentenniveau bei gleichbleibender Umlagefinanzierung langfristig zu sichern, müsste der Beitragssatz von aktuell 18,6 % auf 26 % steigen. Gleichzeitig wäre eine Ausweitung des Bundeszuschusses von 3,1 % auf 4,2 % des Bruttoinlandsprodukts erforderlich. Ohne eine Verlängerung der Lebensarbeitszeit drohen daher erhebliche Spannungen zwischen den Generationen.

Eine mögliche Entlastungsstrategie liegt in der gezielten Zuwanderung qualifizierter Fachkräfte. Nach Prognosen des Instituts für Arbeitsmarkt- und Berufsforschung (IAB, 2021) wird Deutschland bis zum Jahr 2060 jährlich rund 400.000 zusätzliche Arbeitskräfte benötigen, um das Arbeitskräfteangebot und damit die Stabilität der Sozialkassen zu sichern. Während die Zuwanderung gering oder nicht qualifizierter Arbeitskräfte vergleichsweise gut gelingt, stößt Deutschland bei hochqualifizierten Fachkräften aus dem Ausland auf nur geringes Interesse. Die Bundesrepublik ist für diese Zielgruppe als Einwanderungsland wenig attraktiv – nicht zuletzt aufgrund der hohen Steuer- und Abgabenlast. Hochqualifizierte Arbeitsmigranten bevorzugen Länder wie die USA, die mit höheren Einkommen und geringerer Abgabenlast locken. Vor diesem Hintergrund erscheint es fraglich, ob unter den aktuellen Standortbedingungen durch Migration eine nennenswerte und nachhaltige Entlastung der Sozialversicherungssysteme erreicht werden kann.

Die oft diskutierte Einbeziehung von Selbstständigen in die gesetzliche Rentenversicherung wäre hingegen aus ökonomischer Sicht kontraproduktiv. Eine solche Maßnahme würde die unternehmerische Freiheit einschränken und die Attraktivität selbstständiger Tätigkeiten weiter verringern. In einem Land wie Deutschland, das ohnehin unter einem Mangel an Unternehmertum leidet, wären die Folgen gravierend – etwa in Form eines zunehmenden Brain-Drains hochqualifizierter Selbstständiger.

Welche Maßnahmen geeignet sind, die finanzielle Stabilität der Rentenversicherung zu stärken und die Menschen zu einem späteren Renteneintritt zu motivieren, wird im Folgenden mit Blick auf das Umlagesystem erläutert. Auf additive Vorsorgesysteme wie private Altersvorsorge und betriebliche Renten wird nicht eingegangen. Sie stellen während der Erwerbsphase für Arbeitnehmer wie Unternehmen oft eine erhebliche finanzielle Belastung dar und werden daher vielfach nicht genutzt oder sind gar nicht verfügbar. Auch auf eine kapitalgedeckte Komponente innerhalb der gesetzlichen Rentenversicherung wird hier nicht eingegangen. Zwar ist sie eine auf lange Sicht interessante Reformoption, doch aufgrund der erforderlichen Aufbau- und Anlagezeiträume könnte ihre Wirkung frühestens in der übernächsten Generation zum Tragen kommen.

Im deutschen Umlagesystem gibt es zwei zentrale Stellschrauben, die das individuelle Ausscheiden aus dem Erwerbsleben maßgeblich beeinflussen. Dazu gehören die Altersgrenzen und die finanziellen Rentenanreize (Giupponi, 2024). Die entscheidende rentenpolitische Frage lautet daher, wie diese beiden Elemente gestaltet werden können, dass ein längerer Verbleib im Erwerbsleben für die Versicherten attraktiv wird.

Die Altersgrenzen legen fest, ab wann eine Altersrente grundsätzlich in Anspruch genommen werden kann. Dabei wird zwischen zwei Kategorien unterschieden:

- Mindestaltersgrenzen definieren das frühestmögliche Eintrittsalter für den Rentenbezug – gegebenenfalls unter Inkaufnahme von Abschlägen.
- Reguläre Altersgrenzen für eine abschlagsfreie Rente legen fest, ab welchem Alter Versicherte ohne finanzielle Einbußen in den Ruhestand treten können. Diese Grenze lag über Jahrzehnte bei 65 Jahren und wird bis 2031 schrittweise auf 67 Jahre angehoben.

Welche Altersgrenze im Einzelfall gilt, hängt maßgeblich von den individuellen Beitragszeiten ab. So können Versicherte mit mindestens 35 Versicherungsjahren bereits vorzeitig in Rente gehen – allerdings mit Abschlägen. Wer mindestens 45 Beitragsjahre vorweist, kann eine abschlagsfreie Rente vor dem regulären Rentenalter erhalten, das aber je nach Geburtsjahr zwischen 63 und 65 Jahren liegt.

Die gesetzliche Rentenversicherung passt die Rentenhöhe an den gewählten Zeitpunkt des Renteneintritts an. Ein früherer oder späterer Ruhestand ist daher mit finanziellen Abschlägen beziehungsweise Zuschlägen verbunden. Dies wird über den sogenannten Zugangsfaktor geregelt – einen multiplikativen Wert, der die Rentenhöhe abhängig vom Eintrittszeitpunkt bestimmt. An der regulären Altersgrenze, ab der eine abschlagsfreie Rente bezogen werden kann, beträgt dieser Faktor 1,0 bzw. 100 %. Für jeden Monat eines vorzeitigen Renteneintritts verringert sich der Zugangsfaktor um 0,3 %. Umgekehrt erhalten Personen, die ihren Renteneintritt über die Regelaltersgrenze hinaus verschieben, monatliche Zuschläge von 0,5 %.

Diese Zuschläge können die individuelle Kaufkraft spürbar erhöhen, sind jedoch als Instrument zur nachhaltigen Stabilisierung des Rentensystems nur begrenzt wirksam. Die tatsächliche Wirkung der beiden zentralen Stellschrauben – Altersgrenzen und finanzielle Anreize – wurde von Seibold (2024) empirisch untersucht. Dabei zeigt sich, dass weniger der monetäre Anreiz entscheidend ist als vielmehr die gesetzlich festgelegte Altersgrenze. Mindestens ein Drittel aller Verrentungen erfolgt exakt in dem Monat, in dem diese individuelle Altersgrenze erreicht wird. Dieses Verhalten lässt sich nicht allein durch finanzielle Überlegungen erklären, denn viele Arbeitnehmer scheiden auch dann aus dem Erwerbsleben aus, wenn es keinen konkreten ökonomischen Vorteil bietet, genau zu diesem Zeitpunkt in den Ruhestand zu gehen.

Die Ursache liegt in der psychologischen Wirkung von Altersgrenzen. Diese werden von vielen Menschen als natürliche Referenzpunkte wahrgenommen – als gesellschaftlich etablierte Norm des Ruhestands. Abweichungen davon empfinden viele als unüblich oder sogar als belastend. Altersgrenzen erfüllen damit im Rentensystem eine doppelte Funktion (Seibold, 2020):

- Sie bestimmen indirekt das Rentenniveau, indem sie festlegen, ab wann ein Anspruch auf eine volle Rente besteht.
- Sie dienen als gesellschaftlich akzeptierte Referenzpunkte für den Zeitpunkt des Renteneintritts.

Rentenreformen, die die Altersgrenzen anheben, entfalten nachweislich eine besonders starke Wirkung. So führte die schrittweise Erhöhung der Regelaltersgrenze von 65 auf 67 Jahre dazu, dass sich das durchschnittliche Renteneintrittsalter empirisch um knapp ein Jahr erhöhte (Seibold, 2021). Dies verlängert nicht nur die Beitragszeiten, sondern verkürzt zugleich die Rentenbezugsdauer – mit entsprechend positiven fiskalischen Effekten.

Demgegenüber zeigen rein finanzielle Anreize eine deutlich geringere Wirkung. Zwar reagieren Arbeitnehmer grundsätzlich auf monetäre Zu- oder Abschläge, doch ohne flankierende Anpassungen der Altersgrenzen bleiben die Effekte begrenzt. Um etwa denselben Effekt wie eine Anhebung der Regelaltersgrenze um ein Jahr zu erzielen, müssten die Zuschläge für spätere Renteneintritte nahezu verdoppelt werden. Das allerdings würde die finanzielle Stabilität des Rentensystems gefährden, da höhere Rentenzahlungen zu zusätzlichen Ausgaben führen.

Im Zentrum der Debatte über Rentenreformen steht zumeist die Frage nach der fiskalischen Tragfähigkeit der umlagefinanzierten Systeme. Ebenso entscheidend ist jedoch die Verteilungsgerechtigkeit, denn sie bildet die Grundlage für die gesellschaftliche Akzeptanz jeder Reform. Maßnahmen, die frühe Renteneintritte unattraktiver machen und spätere Rentenbeginne durch höhere Zahlbeträge belohnen, kommen tendenziell sozioökonomisch besser gestellten Gruppen zugute. Wer länger arbeiten kann, verfügt im Durchschnitt über eine bessere Gesundheit und ein höheres Lebenseinkommen als Menschen, die gezwungen sind, frühzeitig in den Ruhestand zu gehen (Kolsrud, 2024). Eine pauschale Erhöhung von Abschlägen bei frühem Renteneintritt oder von Zuschlägen bei späterem Rentenbeginn ist daher kritisch zu bewerten – sie könnte Menschen mit niedrigem Einkommen, körperlich anstrengenden Berufen oder gesundheitlichen Einschränkungen überproportional benachteiligen (SVR, 2024).

Aus verteilungspolitischer Perspektive ist eine Anhebung der Regelaltersgrenze in der Regel die geeignetere Maßnahme gegenüber einer Erhöhung der Mindestaltersgrenze. Letztere würde vor allem Menschen aus prekären Verhältnissen treffen, die gezwungen sind, frühzeitig in Rente zu gehen – und damit bestehende soziale Ungleichheiten verschärfen. Reformen sollten daher besonders sensibel den Zielkonflikt zwischen finanzieller Nachhaltigkeit und sozialer Gerechtigkeit austarieren. Es gilt, Lösungen zu entwickeln, die Menschen mit niedrigen Einkommen oder eingeschränkter Gesundheit nicht überproportional belasten.

Der demografische Wandel stellt jedoch nicht nur die gesetzliche Rentenversicherung vor erhebliche Herausforderungen. Auch in der gesetzlichen Kranken- und Pflegeversicherung bestehen seit Jahren strukturelle Finanzierungslücken, die sich weiter vergrößern werden, wenn keine wirksamen Gegenmaßnahmen ergriffen werden. Ein zentraler Hebel zur Stabilisierung der Finanzierungsgrundlagen dieser Umlagesysteme liegt in der Verlängerung der Lebensarbeitszeit. Studien zeigen (Seibold, 2021), dass die schrittweise Anhebung der Regelaltersgrenze der effektivste und gesellschaftliche akzeptierteste Ansatz ist, um die demografischen Belastungen langfristig abzufedern.

Zur Steigerung der politischen Akzeptanz solcher Maßnahmen bietet sich ein international bewährter Ansatz an, nämlich die Kopplung der Altersgrenzen an die Entwicklung der Lebenserwartung. Länder wie die Niederlande, Schweden, Dänemark, Estland, Finnland, Griechenland, Italien und Portugal haben diesen Weg bereits erfolgreich eingeschlagen. Ein solcher Mechanismus stellt sicher, dass eine steigende Lebenserwartung nicht ausschließlich zu längeren Rentenbezugszeiten führt, sondern auch durch eine entsprechend verlängerte Erwerbsphase ausgeglichen wird. Dies leistet einen wichtigen Beitrag zur Generationengerechtigkeit.

Auf weitergehende Reformansätze in der gesetzlichen Kranken- und Pflegeversicherung im Kontext nachhaltiger Sozialpolitik wird an dieser Stelle nicht näher eingegangen. Für weiterführende Analysen sei auf die Studien von Raffelhüschen et al. (2023) verwiesen.

Die folgenden Kapitel verlassen den nationalstaatlichen Rahmen und widmen sich verstärkt den Entwicklungen und Herausforderungen auf Ebene der Europäischen Union und der Währungsgemeinschaft. In diesem Kontext treten die Interdependenzen zwischen Deutschland und der europäischen Staatengemeinschaft deutlich hervor und ermöglichen eine vertiefte Bewertung bestehender Strukturen und Politikmaßnahmen.

Literatur

BMAS. 2024. Alterseinkommen und zusätzliche Vorsorge, Bundesministerium für Arbeit und Soziales – BMAS, 2024.
FDP. 2025. Deutschlandfunk, FDP wirbt weiter für Aktienrente, 08.02.2025. https://www.deutschlandfunk.de/fdp-wirbt-weiter-fuer-aktienrente-auch-gruene-wollen-kuenftig-kapitalmarkt-fuer-die-altersvorsorge-d-100.html

Giupponi. 2024. Rethinking Pension Reform, Giupponi, G., Seibold, A., CEPR Press, Paris & London, 2024.

IAB. 2021. Nur mit einer jährlichen Nettozuwanderung von 400.000 Personen bleibt das Arbeitskräfteangebot langfristig konstant. Instituts für Arbeitsmarkt- und Berufsforschung (IAB), 23.11.2021. https://iab.de/presseinfo/nur-mit-einer-jaehrlichen-nettozuwanderung-von-400-000-personen-bleibt-das-arbeitskraefteangebot-langfristig-konstant/

Kolsrud. 2024. Retirement Consumption and Pension Design, Kolsrud, J., C. Landais, D. Reck und J. Spinnewijn, American Economic Review 114(1), 89–133, 2024.

Raffelhüschen. 2023. Die Generationenbilanz Update 2023, Raffelhüschen, B., Berlin 2023. https://www.stiftung-marktwirtschaft.de/inhalte/publikationen/argumente-zur-marktwirtschaft-und-politik/detailansicht/ehrbarer-staat-die-generationenbilanz-update-2023/argumente-zu-marktwirtschaft-und-politik/show/Publications/

SVR. 2024. Sachverständigenrat zur Begutachtung der gesamtwirtschaftlichen Entwicklung –Wachstumsschwäche überwinden – In die Zukunft investieren, Jahresgutachten 2023/24, Wiesbaden, 2024.

Seibold. 2020. Altersgrenzen als Referenzpunkte für individuelle Rentenentscheidungen, Seibold A., Zeitschrift Deutsche Rentenversicherung 75(3), 358–379, 2020.

Seibold. 2021. Reference Points for Retirement Behavior: Evidence from German Pension Discontinuities, Seibold A., American Economic Review 111(4), 1126–65, 2021.

Sinn. 2025. In wenigen Jahren ist unser System am Ende, Sinn H.-W., Online Börse, 05.02.2025. https://www.youtube.com/watch?v=PLbztLvva7o&t=2573s

Statistisches Bundesamt. 2023. Bevölkerungsvorausberechnung – Alterspyramide und demografische Entwicklung bis 2060. https://www.destatis.de/DE/Themen/Gesellschaft-Umwelt/Bevoelkerung/Bevoelkerungsvorausberechnung

5

Machtgefüge im Wandel – EU als Umverteilungsunion?

Der Austritt Großbritanniens aus der Europäischen Union im Jahr 2019 markiert einen tiefgreifenden Einschnitt in der europäischen Nachkriegsordnung. Großbritannien, als zweitgrößte Volkswirtschaft Europas und eine von zwei Nuklearmächten innerhalb der EU, ist ein zentraler geopolitischer Akteur. Mit seinem Austritt erfuhr die institutionelle Balance der Europäischen Union eine tiefgreifende Verschiebung. Der Brexit hat die EU sowohl politisch als auch ökonomisch erheblich geschwächt (European Council on Foreign Relations, 2020).

Eine der unmittelbarsten Folgen des Brexits war der Verlust der Sperrminorität für die Gruppe der stabilitätsorientierten Mitgliedstaaten im EU-Ministerrat. Vor dem Austritt konnte eine Koalition aus Deutschland, den Niederlanden, Österreich, Finnland und weiteren Staaten Beschlüsse blockieren, die eine qualifizierte Mehrheit erforderten. Dieses Vetorecht beruhte auf ihrem gemeinsamen Bevölkerungsanteil, der über der im Vertrag über die

Europäische Union festgelegten Sperrminoritätsschwelle von 35 % lag (Rat der EU, 2020). Mit dem Austritt Großbritanniens endete dieses Kräftegleichgewicht abrupt und schwächte den Einfluss Deutschlands und gleichgesinnter Länder im Ministerrat erheblich (Diplomatic Council, 2021).

Diese verschobenen Mehrheitsverhältnisse bergen das Risiko, dass sich die EU von den ordnungspolitischen Grundprinzipien der europäischen Verträge entfernt und stattdessen ein gemeinschaftliches Verschuldungs- und Haftungsregime entwickelt. Ein solcher Paradigmenwechsel würde nicht nur dauerhafte Umverteilungsmechanismen zwischen den Mitgliedstaaten etablieren, sondern auch das Potenzial für tiefgreifende politische Spannungen und separatistische Tendenzen innerhalb der Union mit sich bringen (Sachverständigenrat, 2022). Es liegt daher im ureigenen Interesse aller Mitgliedstaaten, der drohenden Bildung einer Haftungs- und Transferunion entschieden entgegenzutreten.

Zur Wahrung des institutionellen Gleichgewichts in der Europäischen Union ist die Wiedereinführung starker Minderheitenrechte im Ministerrat unerlässlich. Solche Schutzmechanismen wirken als notwendiges Gegengewicht zu einseitigen Umverteilungsinitiativen und unterbinden die Dominanz einzelner Staatengruppen innerhalb des europäischen Entscheidungsprozesses.

Gerade angesichts der durch den Brexit verschobenen Machtbalance ist es von strategischer Bedeutung, die Interessen der stabilitätsorientierten Mitgliedstaaten dauerhaft institutionell abzusichern. Die deutsche Europapolitik sollte sich daher mit Nachdruck dafür einsetzen, den Verlust des Vetorechts rückgängig zu machen und das politische Gleichgewicht innerhalb der Union wiederherzustellen. Andernfalls droht eine strukturelle Machtverschiebung in den Entscheidungsgremien der EU, die den inneren Zusammenhalt untergräbt und die langfristige Handlungs- und Integrationsfähigkeit der Union erheblich schwächen könnte.

Der Brexit hat nicht nur die ökonomische, sondern auch die politische Architektur Europas grundlegend verändert. Umso wichtiger ist es, dass die Europäische Union ihre konstitutiven Prinzipien wahrt – die Eigenverantwortung der Mitgliedsstaaten, den Rechtsstaat, die soziale Marktwirtschaft sowie freien Handel und Wettbewerb. Europäisches politisches Handeln sollte sich an einem vertragskonformen Ansatz orientieren, der frei von Partikularinteressen und ideologischen Verzerrungen bleibt. Nur durch eine konsequente Rückbesinnung auf die Grundprinzipien der europäischen Verträge kann der Integrationsprozess langfristig gefestigt und das strategische Ziel der Lissabon-Strategie verwirklicht werden, Europa zum wettbewerbsfähigsten und dynamischsten wissensbasierten Wirtschaftsraum der Welt zu entwickeln (EU-Kommission, 2000).

5.1 Das Vereinigte Königreich verlässt die EU

Der Rückzug des Vereinigten Königreichs aus der Europäischen Union (EU) markierte einen tiefgreifenden Einschnitt in der Geschichte der europäischen Integration und hatte weitreichende Folgen für die institutionelle Architektur der EU. Besonders betroffen war Deutschland, das gemeinsam mit den nordischen und stabilitätsorientierten Mitgliedstaaten durch den Wegfall Großbritanniens seine Sperrminorität im EU-Ministerrat verlor. Die zuvor bestehende Option, Entscheidungen mit qualifizierter Mehrheit zu blockieren, entfiel, da der notwendige Bevölkerungsanteil gemäß Artikel 16 Absatz 4 des EU-Vertrags nicht mehr erreicht wurde (Rat der EU, 2020).

Parallel dazu verschob sich auch das Machtgefüge im Europäischen Parlament – zulasten jener Ländergruppe, die bislang für fiskalische Disziplin und ordnungspolitische Stabilität stand.

Diese veränderten Machtverhältnisse schränken den Gestaltungsspielraum Deutschlands und der anderen stabilitätsorientierten Mitgliedstaaten in der EU erheblich ein – insbesondere im Hinblick auf die wirtschaftspolitische Ausrichtung. Es besteht die Gefahr, dass ohne ausreichende Beteiligung dieser Staaten eine Umverteilungsunion entsteht, die den ordnungspolitischen Grundprinzipien der europäischen Verträge zuwiderläuft und potenziell destabilisierende Fliehkräfte innerhalb der Union freisetzt (ifo Institut, 2021).

Vor diesem Hintergrund liegt es im gemeinsamen Interesse aller Mitgliedstaaten, die institutionellen Schutzmechanismen wieder zu stärken. Die Wiedereinführung robuster Minderheitenrechte im EU-Ministerrat wäre ein zentraler Schritt, um einseitigen Umverteilungsbestrebungen entgegenzuwirken und ein ausgewogenes Machtgleichgewicht innerhalb der Staatenunion dauerhaft zu gewährleisten.

Rückblickend werfen die politischen Entwicklungen rund um den Brexit ein bezeichnendes Licht auf die strategischen Versäumnisse der deutschen Europapolitik. Während der Brexit-Verhandlungen zeigten die deutschen Entscheidungsträger nur wenig Verständnis für die innenpolitische Lage im Vereinigten Königreich. Der damalige Premierminister David Cameron stand nach der Flüchtlingskrise 2016 unter erheblichem Druck – vor allem aufgrund der unkontrollierten Migration innerhalb der EU und der damit verbundenen Belastung für das britische Sozialsystem (Münchau, 2016). Cameron ersuchte daher die EU-Partner – darunter auch Deutschland – um eine Verlängerung der Wartefrist, bevor Migranten Anspruch auf Sozialleistungen im Aufnahmeland erhalten. Doch seine Forderung blieb weitgehend ungehört. Die Kompromissvorschläge aus Brüssel beschränkten sich auf befristete Regelungen, die nach wenigen Jahren auslaufen sollten. Cameron kehrte ohne substanzielle Zugeständnisse nach London zurück – ein Rückschlag, der seine Verhandlungsposition vor dem Referendum entscheidend schwächte.

Bemerkenswert ist, dass Deutschland diese Entwicklung weitgehend passiv hinnahm – etwas, das unter Kanzler Helmut Kohl unvorstellbar gewesen wäre. Bundeskanzlerin Merkel hingegen agierte in einer politisch hochsensiblen Phase. Ihre Flüchtlingspolitik stieß europaweit auf erheblichen Widerstand, und sie war auf die Unterstützung Frankreichs angewiesen, um eine verbindliche Quotenregelung zur Verteilung Geflüchteter innerhalb der EU durchzusetzen. Frankreich jedoch verfolgte traditionell ein anderes Konzept europäischer Integration: Weniger wirtschaftsliberal, stärker interventionistisch – und ohne strategisches Interesse am Verbleib Großbritanniens in der Union (Zielonka, 2018). In diesem machtpolitischen Kontext fehlte es am konzertierten politischen Willen Großbritannien durch ernsthafte Reformangebote in der EU zu halten.

Die Migrationsfrage spielte zudem eine zentrale Rolle in der britischen Brexit-Debatte. Die europakritische UKIP warnte vehement vor einem massenhaften Zuzug von Geflüchteten, die zunächst in Deutschland aufgenommen worden waren, später aber nach Großbritannien weiterziehen könnten. Über Monate dominierte das Thema Migration die britische Medienlandschaft und prägte die öffentliche Meinung maßgeblich (Goodwin & Heath, 2016).

Vor diesem Hintergrund trägt die Bundesregierung unter Angela Merkel eine erhebliche Mitverantwortung für den Ausgang des Referendums. Ihre eigenmächtig betriebene Migrationspolitik, kombiniert mit fehlender

Kompromissbereitschaft gegenüber legitimen britischen Anliegen, stärkte jene innenpolitischen Kräfte im Vereinigten Königreich, die letztlich für den Austritt aus der Europäischen Union stimmten.

5.2 Der Brexit und die direkten wirtschaftlichen Folgen

Bereits vor dem Brexit war den britischen Entscheidungsträgern bewusst, dass ein Austritt aus der Europäischen Union erhebliche wirtschaftliche Belastungen mit sich bringen würde. Deutschland ist nach den USA der zweitgrößte Exportmarkt Großbritanniens, und die EU insgesamt stellt den wichtigsten Handelspartner des Landes dar (European Commission, 2020). Jede Einschränkung des freien Handels mit der Union bedeutete daher zwangsläufig Wohlstandseinbußen – insbesondere in hochgradig verflochtenen Sektoren wie den Finanzdienstleistungen.

Besonders stark betroffen ist die City of London. Als traditionelles Zentrum des europäischen Finanzmarkts kann sie ihre Rolle als Drehscheibe für grenzüberschreitende Finanztransaktionen innerhalb der EU nicht mehr im gewohnten Umfang wahrnehmen. Der Ausschluss britischer Finanzinstitute vom Binnenmarkt ist im Kern eine Folge aufsichtsrechtlicher Erfordernisse. Denn aus Sicht der Europäischen Union ist es nicht vertretbar, dass systemrelevante britische Banken auf dem europäischen Finanzmarkt tätig sind, ohne der gemeinsamen Regulierung – insbesondere den Vorgaben von Basel III – vollständig zu unterliegen (Europäische Zentralbank, 2010).

Diese neue Trennlinie schwächt nicht nur die Wertschöpfung im britischen Finanzsektor – dessen Anteil am Bruttoinlandsprodukt nahezu doppelt so hoch ist wie in

Deutschland (OECD, 2021) – sondern birgt langfristig auch Risiken für die Finanzmarktstabilität. Ohne direkte EU-Aufsicht könnte der Anreiz steigen, stärker auf renditestarke, aber spekulative Geschäftsmodelle zu setzen, was die Krisenanfälligkeit des britischen Finanzsystems erhöhen dürfte.

Gleichwohl bringt der Brexit nicht ausschließlich Nachteile für Großbritannien mit sich. Breite Industriesektoren könnten durchaus von den veränderten Rahmenbedingungen profitieren. Die britische Automobilindustrie hatte in den vergangenen Jahrzehnten deutlich an Wettbewerbsfähigkeit eingebüßt und war zunehmend unter die Kontrolle ausländischer – insbesondere deutscher – Konzerne geraten (Dhingra et al., 2017). Parallel dazu hatte der überdimensionierte Finanzsektor hochqualifizierte Arbeitskräfte gebunden, die in der industriellen Produktion fehlten. Mit der Schrumpfung der Bankenbranche infolge des Brexits verbesserte sich das Fachkräfteangebot auch im technischen Bereich. Gleichzeitig stärkte der Abwertungsdruck auf das britische Pfund die preisliche Wettbewerbsfähigkeit britischer Exporte auf den Weltmärkten.

In den traditionellen Industriegebieten Nord- und Mittelenglands spielte die Hoffnung auf eine industrielle Renaissance eine zentrale Rolle bei der Entscheidung für den Brexit. Viele Wähler verbanden mit dem EU-Austritt die Aussicht auf eine Wiederbelebung regionaler Industrien – unabhängig von migrationspolitischen Motiven. Gesamtwirtschaftlich betrachtet haben sich die Hoffnungen vieler Brexit-Befürworter bislang jedoch nicht erfüllt. Die negativen Effekte des eingeschränkten Zugangs zum Binnenmarkt sowie der Rückgang der Finanzdienstleistungen überwiegen die neuen Wettbewerbsvorteile für die Industrie (Breinlich et al., 2022).

Auch Deutschland zählt zu den ökonomischen Verlierern des Brexits. Zwar konnten deutsche Institute Teile der Londoner Finanzaktivitäten in Frankfurt übernehmen, doch die strukturelle Schwächung des bilateralen Handels sowie die anhaltende Abwertung des Pfunds belasten die deutschen Exporte nach Großbritannien – einem Markt, der über viele Jahre zu den bedeutendsten Absatzregionen für deutsche Industrie- und Konsumgüter gehörte (World Economy News, 2023).

5.3 Verlorene Sperrminorität – droht die Diktatur der Empfängerstaaten?

Die indirekten Folgen des Brexits wiegen für die Europäische Union schwerer als die unmittelbaren wirtschaftlichen Auswirkungen. Besonders gravierend ist der politische Machtverlust der nördlichen, stabilitätsorientierten Mitgliedstaaten. Länder wie Deutschland, die Niederlande, Österreich, Finnland, die baltischen Staaten, Dänemark und Schweden stehen traditionell für marktwirtschaftliche Ordnung, haushaltspolitische Disziplin und Freihandel. Mit dem Austritt des Vereinigten Königreichs – einem strategischen Verbündeten dieser Staaten – entfiel ihre gemeinsame Sperrminorität im EU-Ministerrat. Dadurch wurde ihr institutioneller Einfluss im europäischen Entscheidungsprozess deutlich geschwächt (Große Hüttmann, 2020).

Vor dem Brexit stellten die nördlichen EU-Mitgliedstaaten gemeinsam mit Großbritannien rund 39 % der EU-Bevölkerung. Demgegenüber vereinigten die südeuropäischen Länder – die tendenziell für höhere Staatsausgaben und eine ausgeprägtere Transferpolitik stehen – etwa

41 % auf sich. Nach dem Austritt des Vereinigten Königreichs veränderte sich dieses Kräfteverhältnis deutlich: Der Anteil der nördlichen Staaten sank auf etwa 31 %, während die mediterrane Ländergruppe auf rund 45 % anwuchs (Abb. 5.1).

Der Vertrag von Lissabon sieht vor, dass eine Gruppe von mindestens vier Mitgliedstaaten, die mindestens 35 % der EU-Bevölkerung repräsentiert, Beschlüsse im EU-Ministerrat blockieren kann (EU-Vertrag, Art. 16 Abs. 4). Diese Schwelle erreichen die nördlichen Staaten ohne Großbritannien nicht mehr – ihr Einfluss auf den Entscheidungsprozess hat sich dadurch deutlich verringert. Besonders Deutschland gerät seit dem Verlust der Vetomacht im EU-Rat zunehmend unter politischen Druck (Bundeszentrale für politische Bildung, 2023).

Auch im Europäischen Parlament hat der Brexit die Kräfteverhältnisse verschoben. Von den 73 frei gewordenen Sitzen erhielten Frankreich und Spanien jeweils fünf zusätzliche Mandate. Deutschland hingegen ging leer aus,

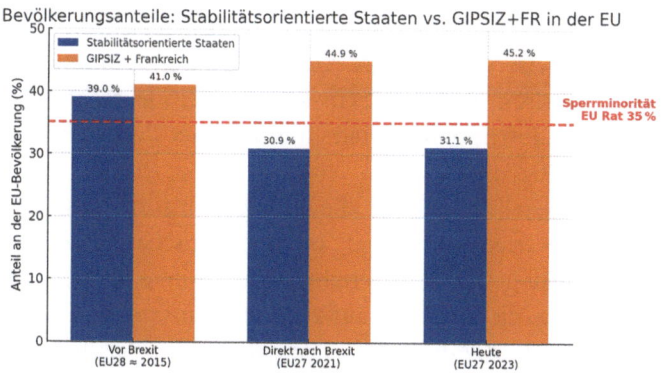

Abb. 5.1 Verlust der Sperrminorität der Nordstaaten im EU-Rat nach dem Brexit, Bevölkerungsanteile der stabilitätsorientierten Staaten vs. GIPSIZ+FR in der EU. (Quelle: Eurostat – „Population on 1 January", Code demo_gindn 2019)

da es gemäß dem Vertrag von Lissabon bereits die maximale Anzahl von 96 Sitzen erreicht hatte. Diese Neugewichtung verstärkt die politische Asymmetrie in den Entscheidungsgremien der EU zugunsten der südlichen Mitgliedsstaaten weiter.

Die neue Machtverschiebung innerhalb der EU-Institutionen zugunsten der transferorientierten Staaten birgt das Risiko einer schleichenden Entwicklung hin zu einer dauerhaften Umverteilungs- und Regulierungsunion. Gemeinsame EU-Schulden sowie umfassende Transfermechanismen zugunsten der Empfängerstaaten drohen, deren wirtschaftspolitische Eigenverantwortung zunehmend zu untergraben (Kerber, 2022).

Seit dem Brexit zeichnet sich zunehmend ein dirigistischer Kurs innerhalb der EU ab – mit gravierenden Folgen für die exportstarken Industrienationen Europas (Kap. 3 und 8). Besonders deutlich wird dies an der zunehmenden ESG-Regulierung und den damit verbundenen Berichts- und Offenlegungspflichten, der EU-Taxonomie und des Lieferkettensorgfaltspflichtengesetzes. Hinter dem moralischen Anspruch dieser Regelwerke verbergen sich häufig industriepolitisch motivierte Partikularinteressen. So zielte beispielsweise das geplante Verbot von Verbrennungsmotoren faktisch auf eine Schwächung der deutschen Automobilindustrie zugunsten französischer Wettbewerber (Krohn, 2023).

Grundsätzlich verfolgt die EU-Kommission das übergeordnete strategische Ziel, innergemeinschaftliche Handelsungleichgewichte zu reduzieren (Brinke, 2017). Zu diesem Zweck greift sie auf eine fein austarierte Regulatorik zurück, die durch zentralplanerische Eingriffe in das Wirtschaftssystem gezielt die Standortbedingungen starker Exportnationen wie Deutschland belastet. Dieser Mechanismus zeigt Wirkung. Immer mehr Unternehmen tätigen Erweiterungsinvestitionen in anderen EU-Mitgliedsstaaten oder verlagern ihre Standorte dorthin – mit weitreichenden Folgen für die industrielle Substanz der betroffenen Volkswirtschaften.

Europa sollte sich von dem neuen Dirigismus lösen (Kap. 8). Erforderlich ist dazu eine Rückkehr zu einem System starker Minderheitenrechte im Ministerrat der EU und im Europäischen Parlament. Nur so lässt sich das Gleichgewicht zwischen wirtschaftlich leistungsstarken Mitgliedsländern und strukturell schwächeren Empfängerstaaten wahren. Der Verlust der Vetomacht für die stabilitätsorientierten Staaten gefährdet hingegen den institutionellen Grundkonsens der Union und birgt das Potenzial, politische Fliehkräfte weiter zu verstärken.

Ein warnendes Beispiel bietet die Entwicklung in Katalonien, die im Jahr 2017 mit einer illegalen Volksabstimmung über die Unabhängigkeit von Spanien einen Höhepunkt erreichte. Dort führte die Kombination aus fortwährender Umverteilung und mangelnder Mitbestimmung zu einer zunehmenden Entfremdung vom spanischen Zentralstaat. Das Resultat waren Unabhängigkeitsbestrebungen und erhebliche politische Spannungen, die teilweise in gewaltsame Ausschreitungen mündeten. Ähnliche Dynamiken könnten sich auch auf europäischer Ebene entfalten, sollte das politische Gleichgewicht dauerhaft aus dem Lot geraten.

Der Brexit scheint bislang unumkehrbar. Selbst die schwere britische Finanzkrise während der Amtszeit von Premierministerin Liz Truss im Jahr 2022, ausgelöst durch nicht gegenfinanzierte Steuersenkungen, führte zu keiner grundlegenden Kurskorrektur in der britischen Haltung (Fromme, 2022). Das ist bemerkenswert, denn wäre Großbritannien in der EU geblieben, hätten die Märkte womöglich weniger nervös reagiert. Angesichts der deutlich veränderten wirtschaftlichen und geopolitischen Herausforderungen in Europa könnte im Vereinigten Königreich jedoch die Bereitschaft wachsen, dass in den kommenden Jahren entweder ein zweites Referendum oder Neuverhandlungen über einen Beitritt wieder auf die politische Agenda rücken (Spiegel, 2023).

Die EU wäre in diesem Fall gut beraten, ein reformiertes Angebot vorzulegen, das berechtigte britische Kritikpunkte ernst nimmt. Eine zentrale Rolle spielt dabei die Migrationspolitik. Der 2016 von David Cameron vorgeschlagene Ansatz, Sozialleistungen für neu zugewanderte Migranten erst nach einer bestimmten Wartezeit zu gewähren, wurde damals abgelehnt – heute sollte er Bestandteil einer umfassenden Reform der Asyl- und Zuwanderungspolitik der EU sein. Darüber hinaus zeigen Vorbilder wie Kanada oder Australien, wie kontingentbasierte Systeme in Kombination mit der Auslagerung von Asylverfahren in Drittstaaten Migration effektiv steuern und gleichzeitig humanitären Anforderungen gerecht werden können (Koopmans, 2023).

Ein entsprechender Reformvorschlag für ein neues kontingentbasiertes europäisches Asylsystem wäre weit mehr als nur ein Signal an Großbritannien. Er könnte die innere Stabilität der EU stärken, gesellschaftliche Polarisierung abbauen und dem politischen Rechtspopulismus innerhalb der Union wirksam entgegenwirken.

Darüber hinaus sollte Europa wieder starke Minderheitenrechte etablieren. Sie würden dazu beitragen, Umverteilungsambitionen einzelner Ländergruppen einzudämmen und einer übermäßigen Machtkonzentration entgegenzuwirken. Eine zentrale Aufgabe der deutschen Europapolitik besteht daher darin, sich dafür einzusetzen, den Verlust der Sperrminorität der nordischen Länder im EU-Ministerrat rückgängig zu machen. Entweder verfügen beide Ländergruppen – Nord- und Südländer – über wirksame Minderheitenrechte, oder keine. Die Dominanz einer

Gruppe wirkt hingegen toxisch für den Zusammenhalt und die Zukunftsfähigkeit der Europäischen Union. Nur auf dieser Grundlage kann die EU im Geiste der Lissabon-Agenda als demokratische, wettbewerbsfähige und prosperierende Wirtschaftsgemeinschaft langfristig bestehen.

Literatur

Fromme. 2022. Wie die britische Regierung Chaos am Finanzmarkt auslöste. Herbert Fromme und Nils Wischmeyer, SZ, 4. Oktober 2022. https://www.sueddeutsche.de/wirtschaft/grossbritannien-steuern-liz-truss-1.5668487

Breinlich, H., Leromain, E., Novy, D., & Sampson, T. (2022). The Economic Effects of Brexit: Evidence from the Stock Market. https://cep.lse.ac.uk/pubs/download/dp1850.pdf

bpb. 2023. Nettozahler und Empfänger in der EU. Bundeszentrale für politische Bildung (bpb), 2023. https://www.bpb.de/themen/europa/europaeische-union/203303/nettozahler-und-nettoempfaenger-in-der-eu/

Brinke, A. (2017): „Macroeconomic imbalances in the EU: Commission's toolbox." Jacques Delors Institut – Policy Brief. Verfügbar unter: https://www.hertie-school.org/fileadmin/user_upload/JDI_7_Aussenhandelsbilanzen_web.pdf

Dhingra, S., Ottaviano, G., Sampson, T., & Van Reenen, J. (2017). The Impact of Brexit on Foreign Investment in the UK. https://cep.lse.ac.uk/pubs/download/brexit05.pdf

Diplomatic Council (2021). *Machtverschiebung in der EU nach dem Brexit*. https://www.diplomatic-council.org

European Council on Foreign Relations (2020). *What Brexit means for the EU's foreign policy*. https://ecfr.eu/article/commentary_what_brexit_means_for_the_eus_foreign_policy

EU-Kommission (2000). *Lissabon-Strategie: Ein wettbewerbsfähiges Europa für das 21. Jahrhundert*. https://eur-lex.europa.eu/legal-content/DE/TXT/?uri=CELEX%3A52000DC0079

European Commission (2020). United Kingdom – Trade in goods and services. https://ec.europa.eu/trade/policy/countries-and-regions/countries/united-kingdom/

Europäische Zentralbank (2010). Basel III: Auswirkungen auf den europäischen Bankensektor. https://www.ecb.europa.eu/pub/pdf/other/financialstabilityreview201012en.pdf

Eurostat (2019). EU-Bevölkerungsstatistik nach Mitgliedstaaten. https://ec.europa.eu/eurostat/databrowser/view/tps00001

Goodwin, M., & Heath, O. (2016). *The 2016 Referendum, Brexit and the Left Behind: An Aggregate-level Analysis of the Result.*

Große Hüttmann, M. (2020). Die EU nach dem Brexit: institutionelle Folgen und neue Machtverhältnisse. https://www.bpb.de/system/files/dokument_pdf/APuZ_2020-23-25_online_0.pdf

ifo Institut. (2021). *Transferunion durch die Hintertür? Analyse zur EU-Finanzpolitik nach Corona.*

Kerber, M. (2022). Die Fehlkonstruktion der Eurozone und der Rückweg zu Stabilitätsprinzipien. https://ordoliberal.org

Münchau, W. (2016). *Brexit und die Verantwortung Europas.* Financial Times Deutschland.

OECD (2021). OECD Economic Surveys: United Kingdom 2021 – Financial sector overview. https://www.oecd.org/economy/united-kingdom-economic-snapshot/

Word Economy News. (2023). Brexit an economic isaster for UK and Germany trade – DIHK. 23.6.2023. https://www.hellenicshippingnews.com/brexit-an-economic-disaster-for-uk-and-german-trade-dihk/

Koopmans. 2023. *Die Asyl-Lotterie*, Ruud Koopmans, Verlag C.H. Beck, 16. Februar 2023.

Krohn. 2023. „Verbrenner-Verbot: Streit mit Frankreich – Krach um Verbrenner-Verbot", Knut Krohn, Stuttgarter Zeitung, 13. März 2023.

Rat der Europäischen Union (2020). *Beschlussfassungsverfahren im Ministerrat: qualifizierte Mehrheit & Sperrminorität.* https://www.consilium.europa.eu/de/council-eu/voting-system/qualified-majority/

Sachverständigenrat zur Begutachtung der gesamtwirtschaftlichen Entwicklung (2022). *Jahresgutachten 2022/23 – Zeitenwende in der Wirtschaftspolitik.*

Schulte von Drach, M. (2020). Brexit verändert die EU-Machtbalance. Süddeutsche Zeitung.

Spiegel (2023). Brexit-Stimmung kippt: Mehrheit der Briten will zurück in die EU. Der Spiegel, 2023.

Zielonka, J. (2018). *Counter-Revolution: Liberal Europe in Retreat.* Oxford University Press.

# 6

Geldpolitik im Dienst der Schuldenstaaten

Die expansive Geldpolitik der Europäischen Zentralbank (EZB) infolge der großen Finanz- und Staatsschuldenkrise hat die Geldmenge stark ausgeweitet und damit den Boden für Inflation bereitet. Die erste Inflationswelle erfasste Europa im Jahr 2022 und führte zeitweise zu Preissteigerungen von über zehn Prozent. Bis 2025 stiegen die Verbraucherpreise im Vergleich zu 2021 kumuliert um mehr als 20 % (Abschn. 6.1).

Besonders stark belastet die Inflation einkommensschwache Haushalte, deren ohnehin begrenzte finanzielle Spielräume weiter schrumpfen. In einem inflationären Umfeld bleiben die Realzinsen tendenziell negativ – ein Zustand, der das Sparen entwertet und die Substanz nominalwertgesicherter Vermögen verringert. Sparguthaben verlieren an Kaufkraft, was in deutlichem Widerspruch zu den Versprechungen der Politiker bei der Einführung des Euro steht und den Grundprinzipien der Währungsunion diametral entgegenläuft (Bruegel, Policy Contribution, 2022).

Zwar entwertet Inflation bestehende Schulden und verschafft krisengeplagten Staaten Entlastung, zugleich steigt jedoch das Risiko weiterer Schuldenaufnahme und anhaltender Preissteigerungen. Denn angesichts der hohen Staatsverschuldung, insbesondere in den südlichen Mitgliedstaaten der Eurozone, fehlen der EZB geldpolitische Spielräume. Eine straffe Zinspolitik könnte sowohl die Refinanzierung dieser Staaten als auch die Stabilität der Geschäftsbanken gefährden – ein Risiko, das die EZB bewusst zu vermeiden sucht. Das wiederum schwächt den geldpolitisch motivierten Bremsmechanismus staatlicher Verschuldung und die Gefahr erneuter Teuerung bleibt virulent. Insgesamt kann so ein Teufelskreis entstehen, der den Stabilitätsgedanken der Währungsunion zunehmend untergräbt.

Ein gutes Vierteljahrhundert nach Einführung des Euro mehren sich die Zweifel an der langfristigen Stabilität der Währungsunion. Die Abkehr vieler Mitgliedstaaten von solider Haushaltsdisziplin, der folgenlose Bruch mit den Fiskalregeln des Maastricht-Vertrags, eine tendenziell lockere Geldpolitik sowie die eigenmächtige Ausweitung des EZB-Mandats bis hin zur dauerhaften Neutralisierung länderspezifischer Zinsaufschläge, stellen die Grundpfeiler der Währungsunion zunehmend infrage (Abschn. 6.8).

Der Vertrag von Maastricht, der 1993 in Kraft trat, bildet die vertragliche Grundlage der heutigen Europäischen Union. Mit der darin verankerten Unionsbürgerschaft wurde ein neues Kapitel europäischer Integration aufgeschlagen (Europäisches Parlament, 2019). Zugleich ebnete der Vertrag den Weg für die Einführung des Euro und schuf mit der EZB eine unabhängige Institution zur Sicherung der Geldwertstabilität. Damit kommt der EZB eine zentrale Rolle zu, denn Preisstabilität ist eine

Grundvoraussetzung für die Funktionsfähigkeit der marktwirtschaftlichen Ordnung. Sie gewährleistet einen verlässlichen Güterhandel über längere Zeiträume hinweg. Im Vertrauen auf die Stabilität des Geldes verzichten Geldbesitzer auf sofortigen Konsum und stellen ihr Kapital anderen Marktteilnehmern zur Verfügung, die damit Investitionen tätigen oder Güter erwerben.

Zentrale Elemente des Vertrags, teils separat im Stabilitäts- und Wachstumspakt geregelt, sind die Konvergenzkriterien, die den Mitgliedstaaten des Euroraums klare fiskalische Vorgaben machen. So darf die jährliche Neuverschuldung drei Prozent des Bruttoinlandsprodukts (BIP) nicht überschreiten, und die Gesamtverschuldung darf 60 % des BIP nicht übersteigen. Zudem gibt es die Nichtbeistandsklausel (Artikel 125 AEUV), die es der EU und ihren Mitgliedstaaten untersagt, für die Schulden anderer Staaten einzustehen.

Der Hauptrefinanzierungszins – der zentrale Leitzins der EZB – ist ihr wichtigstes geldpolitisches Steuerungsinstrument. Er beeinflusst unmittelbar die Kosten für Kredite sowie die Konditionen für Einlagen der Geschäftsbanken bei den nationalen Zentralbanken. Darüber hinaus steuert die EZB die Geldmenge M0, also das Zentralbankgeld, mit verschiedenen Instrumenten: Offenmarktgeschäfte, Refinanzierungsgeschäfte und Mindestreserveanforderungen. Diese geldpolitischen Werkzeuge dürfen ausschließlich im Rahmen des Mandats der EZB eingesetzt werden. Eine monetäre Staatsfinanzierung ist ihr ausdrücklich untersagt, denn die Fiskalpolitik liegt allein in der Verantwortung der Mitgliedstaaten. Der Maastricht-Vertrag verbietet in Artikel 123 AEUV ausdrücklich den direkten Ankauf von Staatsanleihen durch die EZB zur Finanzierung staatlicher Haushalte.

Die Ausweitung der Geldmenge M0 über das Maß des Wirtschaftswachstums hinaus birgt erhebliche Inflationsrisiken. Denn Geld begründet Verfügungsrechte auf Teile des Sozialprodukts. Wächst sein Volumen schneller als die reale Wirtschaftsleistung, verliert es tendenziell an Wert. Ein lehrreiches Beispiel hierfür war der umfangreiche Ankauf von Staatsanleihen durch die EZB infolge der großen Banken- und Staatsschuldenkrise sowie der Corona-Pandemie. Die Anleihekaufprogramme und die längerfristigen Refinanzierungsgeschäfte drückten die langfristigen Zinsen künstlich nach unten. Dadurch konnten sich hochverschuldete Staaten weiterhin refinanzieren, und die Geschäftsbanken blieben liquide. Gleichzeitig wurde die Geldmenge weit über das durch das Wirtschaftswachstum gerechtfertigte Niveau hinaus ausgeweitet. Bis zum Ende der Corona-Pandemie hatte sich der Bestand an Zentralbankgeld auf mehr als das Siebenfache des Vorkrisenniveaus erhöht – bezogen auf die Wirtschaftsleistung immerhin noch versechsfacht. Mit dem Einsetzen von Angebotsverknappungen am Ende der Pandemie kam es schließlich zu einer heftigen Anfangsinflation, die eine massive Inflationswelle in Gang setzte (Sachverständigenrat Wirtschaft, Jahresgutachten 2023/24).

Gemäß dem Vertrag von Maastricht ist die EZB vorrangig der Wahrung der Preisstabilität verpflichtet. Wie die Entwicklung gezeigt hat, ist sie dieser Aufgabe jedoch nur unzureichend nachgekommen. Die Preisexplosion nach dem Ende der Coronapandemie lässt sich keineswegs ausschließlich auf externe Schocks zurückführen. Diese waren lediglich der Auslöser der Inflation. Tatsächlich hat die über lange Zeit verfolgte expansive Geldpolitik der EZB erst das hohe Inflationspotenzial geschaffen, das letztlich die immense Wucht der ersten Inflationswelle ermöglichte. Wie es dazu kommen konnte, zeigt ein kurzer Blick auf die Entwicklung seit Beginn der Eurozone.

6 Geldpolitik im Dienst der Schuldenstaaten

Mit der Einführung des Euro im Jahr 1999 kam es zu einem weitreichenden Zinsausgleich innerhalb der Währungsunion. Die Märkte deuteten die Aufnahme der damaligen Hochzinsländer in den Euro-Verbund als implizite Garantie gegen Zahlungsausfälle. Der Wegfall länderspezifischer Risikoprämien ermöglichte insbesondere den südeuropäischen Staaten einen umfassenden kreditfinanzierten Wirtschaftsboom. Dieser Aufschwung ging jedoch einher mit steigender Inflation und einem fortschreitenden Verlust der industriellen Wettbewerbsfähigkeit. Die wachsende Abhängigkeit von billigem Kredit machte diese Volkswirtschaften zunehmend anfällig für externe Schocks (De Grauwe, 2013).

Der Zusammenbruch der US-Investmentbank Lehman Brothers im Herbst 2008 löste schließlich eine weltweite Finanz- und Staatsschuldenkrise aus, die die Eurozone massiv erschütterte. Die Renditen auf Staatsanleihen stiegen rasant, das Vertrauen der Kapitalmärkte schwand – insbesondere gegenüber hochverschuldeten Ländern wie Griechenland, Portugal und Italien, die bereits zuvor mit chronisch defizitären Haushalten zu kämpfen hatten. Die Bankenkrise schlug unmittelbar in eine Staatsschuldenkrise um und stellte die Währungsunion in ihrer bestehenden Form vor eine existentielle Zerreißprobe (Blanchard, Dell'Ariccia & Mauro, 2010).

Zur Stabilisierung der Finanzmärkte griff die Europäische Zentralbank zunächst im Rahmen ihres geldpolitischen Mandats ein, weitete ihre Maßnahmen jedoch rasch aus. Dazu zählten eine Reihe von Anleihenkaufprogrammen, langfristigen Refinanzierungsgeschäften und zuletzt das Transmission Protection Instrument (TPI), das den unkonditionierten, unbegrenzten und selektiven Ankauf von Staatsanleihen ermöglicht. Damit überschritt die EZB schrittweise die Grenzen ihres ursprünglichen Mandats und übernahm de facto fiskalische Funktionen – entgegen dem in Artikel 123 AEUV verankerten Verbot der monetären Staatsfinanzierung. Gleichwohl trugen diese Interventionen wesentlich dazu bei, die Refinanzierungskosten der Krisenstaaten zu senken und den Zerfall der Währungsunion abzuwenden (Sinn, 2014).

Im Zuge dieser Rettungsmaßnahmen hat die EZB eine gigantische Geldschwemme erzeugt – weit über das Maß hinaus, das zur Anpassung an das reale BIP-Wachstum notwendig gewesen wäre. In Kombination mit pandemiebedingten Lieferengpässen führte die überschüssige Liquidität im Jahr 2022 zur ersten großen Inflationswelle (Abschn. 6.3). Eine sich selbst verstärkende Lohn-Preis-Spirale setzte ein: Gewerkschaften forderten inflationsbedingte Lohnerhöhungen, Unternehmen reichten die gestiegenen Kosten an die Verbraucher weiter – der Preisauftrieb beschleunigte sich. Zugleich kam es zu einer künstlichen Verknappung von Gütern durch vorgezogene Käufe. Viele Unternehmen bauten ihre Lagerbestände aus und horteten Vorprodukte, um lieferfähig zu bleiben – ein Verhalten, das die Preisdynamik zusätzlich verschärfte (Borri & Reichlin, 2022).

Die langjährige expansive Geldpolitik der EZB hat einen riesigen Geldüberhang geschaffen, der bis heute nicht abgebaut ist (Abschn. 6.9). Die daraus resultierenden Inflationsrisiken bestehen fort und weitere Inflationswellen sind daher nicht auszuschließen – mit potenziell gravierenden Folgen für die wirtschaftliche und politische Stabilität Europas (Abschn. 6.1).

Seit Gründung der Eurozone hat sich ein stetig wachsender Schuldenberg (Abb. 6.1) aufgetürmt. Es bestehen berechtigte Bedenken, dass diese Lasten gezielt durch Geldentwertung abgeschmolzen werden könnten. Tatsächlich entlastet Inflation hoch verschuldete Staaten, da sie den realen Wert ihrer Verbindlichkeiten senkt. Gleichzeitig verlieren Ersparnisse an Kaufkraft, was die private Altersvorsorge

6 Geldpolitik im Dienst der Schuldenstaaten

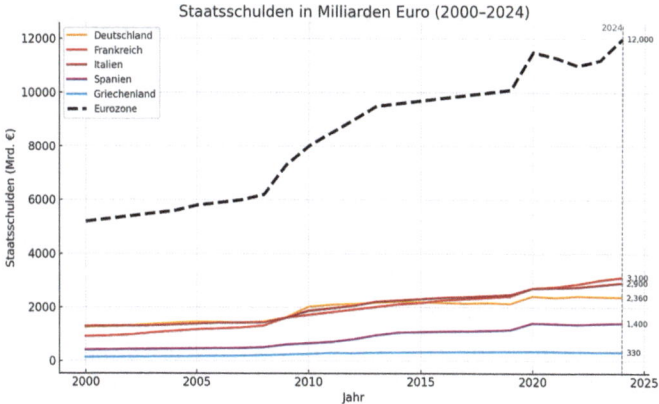

Abb. 6.1 Explosion der Staatsschulden in der Eurozone. (Quelle: Eurostat-Datenbank General government gross debt)

erschwert und insbesondere einkommensschwache Haushalte stark belastet. Die Folgen expansiver Geldpolitik stehen daher im Widerspruch zu den Grundprinzipien der Währungsunion und den mit der Einführung des Euro verbundenen Stabilitätsversprechen (Weidmann, 2020).

Die europäische Währungsgemeinschaft läuft zunehmend Gefahr, sich einem Inflationssystem zu unterwerfen, das an die Ära der inflationären Lira in Italien vor dem Euro-Beitritt erinnert. Um das Vertrauen in die Gemeinschaftswährung zu bewahren, ist daher ein geld- und europapolitischer Kurswechsel notwendig. Dazu gehören die klare Ausrichtung auf eine dauerhaft solide Geldpolitik, die Bereitschaft, hoch verschuldeten Staaten im Ernstfall einen geordneten Euro-Austritt zu ermöglichen, sowie die konsequente Einhaltung der europäischen Verträge durch alle Mitgliedstaaten. Nur auf dieser Grundlage lässt sich der europäische Währungsverbund langfristig stabilisieren und das Vertrauen von Märkten und Bürgern in den Euro bewahren (Issing, 2010).

6.1 Die Angst vor Inflation in Europa

In den vergangenen zwei Dekaden geriet Europa von einer Krise in die nächste. Während sich die Geldmenge und die Staatsschulden im Euroraum in alarmierendem Tempo ausweiteten (Abb. 6.1), brachte die Covid19-Pandemie die globalen Lieferketten ins Wanken. Die daraus resultierende Angebotsverknappung traf zeitgleich auf eine hohe Nachfrage und löste eine starke Inflationsdynamik aus. Zusätzlichen Auftrieb erhielt diese Entwicklung durch eine rückläufige Ölförderung sowie durch die Gasverknappung infolge des Ukrainekriegs im Februar 2022. Gleichzeitig trugen umfassende staatliche Ausgabenprogramme dazu bei, dass in Europa Inflationsraten erreicht wurden, wie sie seit Jahrzehnten nicht mehr beobachtet worden waren (Borio et al., 2022).

Im Oktober 2022 erreichte die Inflationsrate bei Konsumgütern in der Eurozone über zehn Prozent, während die Preise gewerblicher Erzeugnisse um dramatische 43 % anstiegen (Eurostat, 2022a). In Deutschland belief sich der kumulierte Kaufkraftverlust allein von Anfang 2021 bis ins Jahr 2025 auf gut 20 % (Abb. 6.2). Besonders deutlich wurden die Folgen im Tourismussektor. In beliebten Urlaubsregionen in Italien und Spanien kam es zeitweise zu Preissteigerungen von über 100 % (Gschoßmann, 2023). Für viele Deutsche wurde der Auslandsurlaub damit unerschwinglich.

Die EZB hätte dieser Entwicklung frühzeitig entgegenwirken können, verharrte jedoch in einer abwartenden Haltung. Sie hielt unbeirrt an ihrer expansiven Geldpolitik fest, wodurch der Euro gegenüber dem Dollar an Wert verlor – ein Effekt, der die Inflation zusätzlich verstärkte. Bereits im Herbst 2021 lag die Teuerungsrate in der Eurozone bei rund vier Prozent (Urmersbach, 2024) und damit

6 Geldpolitik im Dienst der Schuldenstaaten

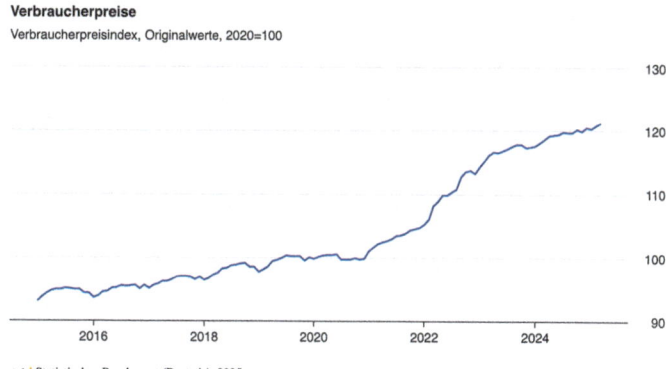

Abb. 6.2 Entwicklung der Verbraucherpreise (Deutschland) seit 2016. (Quelle: Statistisches Bundesamt, 2025)

deutlich über dem im Maastrichter Vertrag verankerten Ziel der Preisstabilität. Spätestens zu diesem Zeitpunkt wäre eine geldpolitische Kehrtwende geboten gewesen. Stattdessen zögerte die EZB bis weit ins Jahr 2022 mit der Einleitung der Zinswende (Lane, 2022). Die EZB rechtfertigte ihre zögerliche Haltung über lange Zeit mit der Annahme, der Anstieg der Inflation sei lediglich ein temporäres Phänomen (Lagarde & Luis de Guindos, 2021). Doch schon früh warnten kritische Stimmen vor den inflationären Risiken der bereits damals stark ausgeweiteten Geldbasis. Bereits 2019 forderte ein Memorandum führender Ökonomen unter der Leitung von Ottmar Issing eine Rückbesinnung auf das Primat der Preisstabilität ein, jenes Ziel, dem die Geldpolitik nach dem Maastrichter Vertrag vorrangig verpflichtet ist (Issing et al., 2019).

Von der Geldentwertung profitieren in erster Linie hoch verschuldete Staaten. Inflation reduziert den realen Wert ihrer Schulden und lässt gleichzeitig das Steueraufkommen steigen – selbst dann, wenn die Einkommen nur im Rahmen der Preissteigerung angepasst werden. Die Nachteile tragen jedoch die Gläubiger und Sparer, deren nominalwertgebundene Vermögen – etwa Spareinkaufen oder Lebensversicherungen – durch die steigenden Preise entwertet werden. Ebenso betroffen sind Arbeitnehmer, deren Löhne nicht oder nur verzögert an die Inflation angepasst werden, was zu einem Rückgang ihrer Kaufkraft führt. Besonders stark trifft die Inflation Deutschland, da das Land über umfangreiche Auslandsvermögensbestände verfügt – insbesondere in Form nominalwertgesicherter Forderungen. Dazu zählen auch die sogenannten Target2-Forderungen der Bundesbank gegenüber dem Eurosystem, deren Volumen sich auf rund eine Billion Euro beläuft (Bundesbank, 2024).

Die zurückliegende Inflationswelle wurde durch pandemiebedingte Lieferkettenstörungen und einen sprunghaften Nachholbedarf nach den Lockdowns ausgelöst und klang im Verlauf des Jahres 2024 allmählich ab. Allerdings stellt der nach wie vor bestehende Geldüberhang im Euroraum ein erhebliches Inflationsrisiko dar (Abb. 6.7). Überschüssiges Geld bedeutet potenzielle Nachfrage – und je höher die Nachfrage bei gleichzeitig verknapptem Angebot, desto stärker fällt letztlich die Inflation aus. In gleicher Weise wirkt auch eine zunehmende Staatsverschuldung inflationär. Hinzu kommen strukturelle Herausforderungen, die in den kommenden Jahren neue Angebotsengpässe verursachen könnten, darunter tiefgreifende Umbrüche infolge der Energiewende, die demografische Entwicklung sowie geopolitische Spannungen (Brunnermeier et al., 2021).

Vor diesem Hintergrund wirkt das immense Verschuldungspaket der Bundesregierung von 2025, gerade angesichts der demografischen Herausforderungen, tendenziell inflationär. Die seit Mitte 2023 anhaltende Rezession in Deutschland ist nämlich nicht primär Ausdruck eines Nachfragemangels, sondern Folge realwirtschaftlicher

6 Geldpolitik im Dienst der Schuldenstaaten

Engpässe. Die Produktionskapazitäten sind weitgehend ausgelastet, bedingt durch einen sich verschärfenden strukturellen Fachkräftemangel und die anhaltende Energieknappheit (IW Köln, 2023). Unter diesen Bedingungen würde eine schuldenfinanzierte Ausweitung der Nachfrage, wie sie die Lockerung der deutschen Schuldenbremse nahelegt, kaum konjunkturelle Impulse entfalten, sondern vielmehr die bestehenden Inflationsrisiken verschärfen (BIS, 2022).

Ein weiteres Risiko stellt der zu erwartende inflationäre Impuls dar, der durch die im Jahr 2025 von der US-Regierung verhängten Handelszölle auf europäische Produkte entstehen könnte. Der zunehmende US-Protektionismus stärkt tendenziell den Dollar gegenüber dem Euro. Einerseits sinkt die Nachfrage nach Euros, da infolge der Zölle weniger europäische Waren in die USA exportiert werden. Andererseits verlagern europäische Unternehmen verstärkt Investitionen in die Vereinigten Staaten, was dort die Nachfrage nach US-Dollar erhöht. Die daraus resultierende Aufwertung der amerikanischen Währung verteuert insbesondere die europäischen Importe, vor allem Energie und Rohstoffe, die auf den Weltmärkten in US-Dollar abgerechnet werden (Borio et al., 2022).

Bereits im Jahr 2022 hatte die verzögerte Zinswende der EZB eine vergleichbare Entwicklung ausgelöst. Sie schwächte den Euro und führte zu einer importierten Inflation, die weite Teile der Eurozone erfasste. Eine durch protektionistische Handelspolitik ausgelöste Anfangsinflation könnte daher in Kombination mit einem Nachfrageschub, finanziert durch die anhaltenden Verschuldungstendenzen in den USA wie in Europa, eine neue Inflation in Gang setzen (Blanchard, 2023).

Der Trend zu immer mehr Verschuldung in der Eurozone verstärkt nicht nur die Inflationsrisiken, sondern belastet zunehmend die Kreditwürdigkeit der Mitgliedstaaten. Um dieser Entwicklung entgegenzuwirken, nutzt die Europäische Zentralbank ein umstrittenes Instrumentarium (Abschn. 6.8). Es ermöglicht ihr, gezielt und in unbegrenztem Umfang Staatsanleihen hochverschuldeter Länder zu kaufen, was die Finanzmärkte stabilisiert und die Zinsunterschiede innerhalb der Eurozone verringert. Besonders profitieren davon jene Staaten, die sich unter Marktbedingungen kaum noch zu tragfähigen Konditionen refinanzieren können. De facto ist damit der natürliche, marktgetriebene Korrekturmechanismus außer Kraft gesetzt, der übermäßige Staatsverschuldung normalerweise durch steigende Risikoaufschläge sanktionieren würde (Mody, 2018). Letztlich sind so weiteren inflationären Verschuldungstendenzen Tür und Tor geöffnet.

Zusätzlich fungiert das Zinsniveau deutscher Staatsanleihen als unterer Referenzwert für das gesamte Zinsgefüge der Eurozone, weshalb der Bonität der Bundesrepublik eine zentrale Bedeutung zukommt. Auch in Anerkennung dieses Zusammenhangs wurde die deutsche Schuldenbremse im Jahr 2009 mit einer Zweidrittelmehrheit ins Grundgesetz aufgenommen. Sie begrenzt seit 2016 die strukturelle Nettokreditaufnahme des Bundes auf maximal 0,35 % des Bruttoinlandsprodukts (BIP). Als konjunkturabhängiger Mechanismus erlaubt sie in wirtschaftlich schwachen Phasen eine höhere Verschuldung, während sie in Zeiten des Aufschwungs eine restriktivere Haushaltspolitik vorschreibt (Deutsche Bundesbank, 11.2011).

Seit ihrer Einführung stand die Schuldenbremse kontinuierlich unter politischem Beschuss. Immer wieder wurde ihre „Reform" gefordert, um dem Staat größere finanzpolitische Spielräume zu eröffnen. Dabei wird häufig übersehen, dass die Schuldenbremse nicht nur nationale fiskalische Disziplin gewährleisten soll, sondern auch eine geldpolitische Ankerfunktion innerhalb der Eurozone übernimmt. Zudem erfüllt sie eine Vorbildfunktion und bildet ein notwendiges Gegengewicht zum wachsen-

6 Geldpolitik im Dienst der Schuldenstaaten

den Verschuldungstrend im Euroraum (Feld et al., 2021). Trotz dieser überragenden ordnungspolitischen Bedeutung kam es kurz nach der Bundestagswahl 2025 zu einem Dammbruch, und die Schuldenbremse wurde gelockert. Damit verliert Deutschland nicht nur ein zentrales haushaltspolitisches Steuerungsinstrument, sondern auch seine fiskalpolitische Vorbildrolle innerhalb der Währungsunion.

Die bisherige Bereitschaft Deutschlands, innerhalb des Eurosystems finanzielle Umverteilung durch Zinssubventionen mitzutragen, war stets ein zentraler Stützpfeiler für die Refinanzierungsfähigkeit der südlichen Mitgliedstaaten. Länder wie Italien und Frankreich konnten so enorme Schuldenberge anhäufen – eine Entwicklung, die nur deshalb tragfähig blieb, weil Deutschland mit seiner hohen Bonität faktisch als stiller Garant fungierte (Schuknecht, 2021).

Doch dieses Gleichgewicht ist zunehmend fragil geworden. Sollte sich auch die Kreditwürdigkeit Deutschlands verschlechtern, gerät das gesamte europäische Zinsgefüge aus dem Lot. Dann droht eine neue Staatsschuldenkrise mit einer ähnlichen Dynamik wie nach der großen Finanzkrise von 2008: massive Interventionen der EZB, monetäre Staatsfinanzierung durch exzessive Anleihenkäufe, eine explosionsartige Ausweitung der öffentlichen Verschuldung und galoppierende Inflation.

Angesichts der zahlreichen Inflationsgefahren ist eine verlässliche Strategie für nachhaltige Preisstabilität erforderlich, andernfalls droht der Euro dauerhaft an Vertrauen zu verlieren. Inflation verschärft soziale Ungleichgewichte, da sie die ökonomischen Lasten ungleich verteilt und gesellschaftliche Spannungen vertieft (Stiglitz, 2012). Angesichts dieser Risiken ist eine Neuausrichtung der Geldpolitik erforderlich. Europa braucht die klare und verbindliche Zusicherung, dass das Prinzip der Geldwertstabilität – wie es im Maastrichter Vertrag verankert ist – nicht länger den Interessen hochverschuldeter Mitgliedstaaten untergeordnet wird.

Auf dieser Grundlage lässt sich eine Währung gestalten, die dauerhaft das Vertrauen ihrer Bürger verdient – und damit das Fundament für ökonomische Stabilität, Wohlstand, sozialen Frieden und politischen Zusammenhalt legt.

6.2 Eine Billion im Blindflug – der heimliche Bailout im Euro-Zahlungssystem

Die Target-Salden erfassen die kumulierten Forderungen und Verbindlichkeiten zwischen den nationalen Notenbanken des Eurosystems, die aus unausgeglichenen grenzüberschreitenden Zahlungsströmen resultieren (Deutsche Bundesbank, 2023). Im Zahlungsverkehrssystem TARGET2, dem von der Europäischen Zentralbank (EZB) betriebenen Abwicklungssystem, werden Überweisungen zwischen den Mitgliedstaaten über deren jeweilige Notenbanken organisiert (Europäische Zentralbank, 2023).

Erteilt etwa ein Kunde in Spanien einen Überweisungsauftrag an einen Empfänger in Deutschland, wird der Zahlungsvorgang über die Banco de España und die Deutsche Bundesbank abgewickelt. Die Bundesbank ist dabei verpflichtet, der empfangenden Geschäftsbank Zentralbankgeld gutzuschreiben – sie schafft also Liquidität in ihrem Hoheitsgebiet. Gleichzeitig muss die Banco de España im gleichen Umfang Zentralbankgeld aus dem spanischen Bankensystem abziehen (Gabler Wirtschaftslexikon, 2023).

Auf diese Weise entstehen Target-Salden: Die empfangende Notenbank verbucht eine Forderung gegenüber dem Eurosystem, während die auftraggebende Notenbank eine entsprechende Verbindlichkeit eingeht (Sinn, 2012).

Solche Verbindlichkeiten – also negative Target-Salden – stellen faktisch Kredite dar, die eine nationale Zentralbank vom Eurosystem erhält, um grenzüberschreitende Zahlungsdefizite auszugleichen. Dieser Mechanismus greift tief in das finanzielle Gefüge der Währungsunion ein und hat weitreichende wirtschaftliche wie politische Implikationen.

Im Unterschied zu marktüblichen Darlehen sind Target-Kredite jedoch weder durch Sicherheiten gedeckt noch befristet oder rückzahlbar. Es handelt sich um reine Buchforderungen der Gläubigernotenbanken gegenüber dem Eurosystem, denen kein realer Vermögenswert gegenübersteht. Negative Target-Salden entsprechen damit de facto öffentlichen Überziehungskrediten der Notenbanken defizitärer Mitgliedstaaten. Dieses System ermöglicht es den betroffenen Staaten, sich nahezu unbegrenzt zu refinanzieren – mit der Folge, dass sich aufseiten der Notenbanken in den Überschussländern stetig wachsende Forderungsbestände aufbauen (Helmus & Mitzlaff, 2024).

Seit der Aufgabe ihrer nationalen Währungen fehlt den Staaten der Eurozone die Möglichkeit, Wettbewerbsnachteile ihrer Industrie durch Wechselkursanpassungen auszugleichen. Besonders betroffen sind die südlichen Peripherieländer. Vor dem Beitritt zur Währungsunion werteten sie ihre nationalen Währungen regelmäßig ab, um die Exportkraft ihrer Industrien zu stärken und gleichzeitig Importüberschüsse abzubauen. Auf diese Weise gelang es ihnen, ihre Handelsdefizite durch private und fiskalische Kapitalimporte – etwa durch den Export von Gütern und Staatsanleihen – auszugleichen. Die Zahlungsbilanz blieb dadurch stets ausgeglichen. Diese Form der wettbewerblichen Anpassung steht einzelnen Mitgliedstaaten im Euro-Raum jedoch nicht mehr zur Verfügung. Die mediterranen Länder konnten ihre Handelsdefizite seither nicht länger über Abwertungen korrigieren. Stattdessen finanzieren sie ihre Leistungsbilanzdefizite zunehmend über öffentliche Kapitalimporte in Form von Target-Krediten. In der Folge haben sich enorme Target-Schulden gegenüber dem Eurosystem aufgebaut (Abb. 6.3).

Unter normalen Umständen werden Leistungsbilanzdefizite eines Eurolandes durch private und fiskalische Kapitalimporte ausgeglichen, sodass die Zahlungsbilanz im Gleichgewicht bleibt. Steigt hingegen der öffentliche Kapitalverkehr in einem Mitgliedstaat stark an, deutet dies auf eine Störung des Zahlungsausgleichs hin. In solchen Fällen greift das Target-System als eine Art kreditbasierter Ausgleichsmechanismus zwischen den beteiligten Notenbanken ein (Europäische Zentralbank, 2023).

Ein strukturelles Problem entsteht, wenn ein Mitgliedstaat ein chronisches Zahlungsbilanzdefizit aufweist. In diesem Fall ist er dauerhaft auf öffentliche Kapitalzuflüsse über das Eurosystem – konkret über Target-Kredite – angewiesen. Da seine nationale Notenbank im Rahmen des

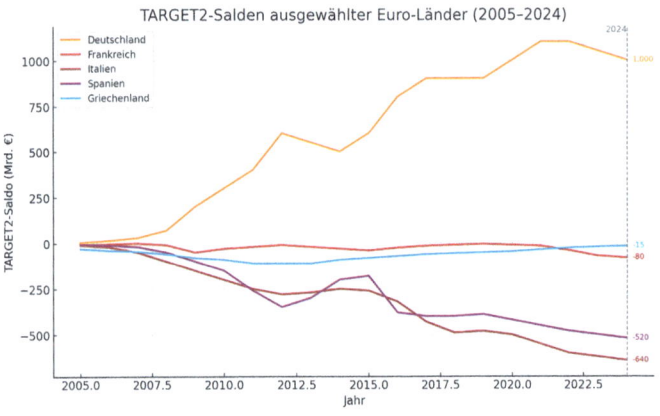

Abb. 6.3 Explosion der Targetkredite in der Eurozone. (Quelle: Deutsche Bundesbank, Banca d'Italia, Banco de España, Banque de France, Bank of Greece – Monatsberichte; Jahresendstände 2025)

6 Geldpolitik im Dienst der Schuldenstaaten 185

Target-Systems verpflichtet ist, Zentralbankgeld in gleicher Höhe aus dem heimischen Bankensystem abzuziehen, drohen Liquiditätsengpässe. Um den nationalen Kapitalmarkt vor dem Austrocknen zu bewahren, ist eine externe Liquiditätszufuhr erforderlich – etwa über Programme wie ELA (Emergency Liquidity Assistance), SMP (Securities Markets Programme), QE (Quantitative Easing) oder das seit 2022 bestehende TPI-Programm (Transmission Protection Instrument) der EZB (Kap. 7).

Fällt die private und fiskalische Finanzierung der Leistungsbilanzdefizite eines Eurolandes aus, springt somit automatisch das Eurosystem ein. Genau dieses Muster zeigte sich während der europäischen Staatsschuldenkrise ab 2008, als es in den GIPSIZ-Staaten (Griechenland, Italien, Portugal, Spanien, Irland, Zypern) zu massiven Kapitalabflüssen kam. Private Investoren zogen sich in großem Umfang zurück und verweigerten die Verlängerung bestehender Kredite. Um die Zahlungsfähigkeit dieser Länder dennoch aufrechtzuerhalten, fungierte das Target-System als stille Ersatzfinanzierung. Öffentliches Kapital floss dabei über die nationalen Notenbanken, was faktisch einem verdeckten Bailout gleichkommt (Sinn, 2012).

Die Folgen für Deutschland sind erheblich. Seit 2008 haben sich die Target-Forderungen der Bundesbank massiv ausgeweitet – vor allem infolge des Rückzugs privaten Kapitals aus den Krisenstaaten des Euroraums nach der großen Bankenkrise von 2008. Im Jahr 2025 belief sich dieser Forderungsbestand auf über eine Billion Euro (Abb. 6.3). Zur Veranschaulichung dieser Dimension: Der Bau des Berliner Flughafens kostete rund 7,3 Mrd. EUR (Wikipedia, 2023). Mit dem Bestand aus den deutschen Target-Forderungen ließen sich also mehr als 130 Großprojekte dieser Größenordnung finanzieren. Umgekehrt entspricht diese Summe dem potenziellen Wert an

Vermögenstiteln, den die Schuldenstaaten seit Beginn der Finanzkrise in Deutschland erwerben konnten – finanziert über das Eurosystem.

Dieses gewaltige Forderungsvolumen entspricht etwa der Hälfte des deutschen Auslandsvermögens. Seine Rückzahlung ist jedoch weder rechtlich abgesichert noch ökonomisch garantiert. Target-Forderungen sind weder durch reale Vermögenswerte noch durch marktgängige Sicherheiten gedeckt. Sie können nicht fällig gestellt werden, unterliegen keiner Tilgungsverpflichtung und sind in ihrer Höhe unbegrenzt (Deutsche Bundesbank, 2023).

Im Falle eines Austritts eines großen Mitgliedstaates – etwa Italiens oder Spaniens – aus der Eurozone droht ein vollständiger Forderungsausfall in Höhe von jeweils gut 500 Mrd. EUR. Sollte Deutschland selbst die Währungsunion verlassen, gingen sämtliche Target-Forderungen der Bundesbank ersatzlos verloren. Hinzu kommt ein weiterer, häufig übersehener Risikofaktor: Target-Forderungen sind nicht inflationsgeschützt. In einem Umfeld dauerhaft steigender Preise droht den Gläubigerstaaten, allen voran Deutschland, auf lange Sicht der reale Verlust eines beträchtlichen Teils ihres Auslandsvermögens (Helmus & Mitzlaff, 2024).

Dieses asymmetrische Risiko zwischen Target-Gläubigern und Schuldnern macht die wirtschaftlich starken Länder mit hohen Target-Forderungen politisch erpressbar – insbesondere im Kontext weiterer Schritte hin zu einer europäischen Haftungs- und Transferunion (Kap. 5). Da Target-Salden unbesichert sind und keiner Rückzahlungsverpflichtung unterliegen, fördert das Target-System de facto eine verdeckte Umverteilung über monetäre Kanäle. Es etabliert damit eine versteckte Form finanzieller Solidarhaftung innerhalb der Eurozone, die der im Maastricht-Vertrag verankerten Nicht-Beistands-Klausel (Art. 125 AEUV) widerspricht (Europäische Kommission AEUV, 2020b).

Vor diesem Hintergrund ist eine nachhaltige Reduktion der Target-Ungleichgewichte dringend geboten. Das setzt voraus, dass die Defizitländer ihre wirtschaftliche Schwäche überwinden, etwa durch tiefgreifende Strukturreformen. Erst wenn diese Staaten dauerhaft verlässliche und attraktive Investitionsbedingungen schaffen, wird privates Kapital in ausreichendem Umfang zurückkehren und ein nachhaltiger Ausgleich in der Zahlungsbilanz entstehen.

Die künstliche Harmonisierung der Renditen für Staatsanleihen der Mitgliedsstaaten, wie sie zuletzt durch das Zinssubventionsprogramm TPI umgesetzt werden, konterkariert hingegen diesen notwendigen Anpassungsprozess (Abschn. 6.8). Sie verschleiert bestehende Länderrisiken, verhindert die notwendige realwirtschaftliche Konvergenz und untergräbt langfristig die Stabilität der Währungsunion. Unter solchen Bedingungen ist es aus ökonomischer Sicht nur folgerichtig, dass sich privates Kapital aus wirtschaftlich schwachen Mitgliedstaaten zurückzieht – insbesondere dann, wenn dort keine risikoadäquate Verzinsung geboten wird.

Das Zahlungsverkehrssystem Target2 wurde von der EZB eigenständig eingeführt. Eine vertragliche Grundlage im Maastricht-Vertrag hat es nie gegeben. Weder nationale Parlamente noch die europäische Öffentlichkeit konnten darauf Einfluss nehmen. Die Entscheidung über das Target-System fiel vielmehr hinter verschlossenen Türen im EZB-Rat – ohne öffentliche Debatte und ohne demokratische Legitimation (Sinn, 2012).

Das europäische Target-System verdeutlicht die unkontrollierbare und theoretisch unbegrenzte Entstehung grenzüberschreitender Überziehungskredite im Eurosystem. Entscheidend ist jedoch die Erkenntnis, dass öffentlicher Kapitalverkehr ohne die Verpflichtung zum kurzfristigen Ausgleich der Zahlungsbilanz langfristig die Stabilität der Währungsunion gefährden kann. Eine Reform des Target-Systems ist daher unerlässlich – nicht zuletzt, um die

Grundprinzipien des Maastricht-Vertrags glaubwürdig zu wahren (Helmus & Mitzlaff, 2024).

6.3 Zunder für Inflation – die EZB auf Abwegen

In der Eurozone hat die Inflationsgefahr ein besorgniserregendes Ausmaß erreicht. Die erste große Inflationswelle kulminierte im Oktober 2022, als die Teuerungsrate bei Konsumgütern über zehn Prozent lag (Eurostat, 2022a). Bereits im August desselben Jahres hatten die gewerblichen Erzeugerpreise – ein zentraler Frühindikator für die Preisentwicklung auf den vorgelagerten Produktionsstufen – gegenüber dem Vorjahresmonat um 43 % zugelegt (Eurostat, 2022b). Parallel dazu verlor der Euro rund ein Viertel seines Wertes gegenüber dem US-Dollar (Tillar, 2023). Ein solcher Vertrauensverlust in die gemeinsame Währung stellte ein ernstzunehmendes Risiko für die Stabilität des Eurosystems dar. Denn er birgt das Potenzial, eine gefährliche Dynamik auszulösen – bestehend aus Inflation, Kapitalflucht und wirtschaftlicher Destabilisierung –, wie sie bereits bei zahlreichen anderen Währungen zu beobachten war, deren Zentralbanken nicht in der Lage waren Geldentwertung rechtzeitig einzudämmen (Sachverständigenrat, 2022).

Entgegen dem Eindruck in der öffentlichen Darstellung waren weder der Ukrainekrieg noch die Energiekrise die alleinige Ursache für den drastischen Preisanstieg in der Eurozone. Die Hauptverantwortung lag bei der Europäischen Zentralbank (EZB), die viel zu spät und zögerlich auf die eskalierende Inflation reagierte. Noch bis Mitte 2022 wies sie jede Mitverantwortung für die Teuerung entschieden zurück (Sinn, 2022). Stattdessen wurden ausschließlich externe Faktoren wie die Pandemie oder die geopolitischen Spannungen rund um Russland als Ursachen angeführt – Ereignisse, die außerhalb des geldpolitischen Einflussbereichs liegen (EZB, 2022a). Diese Darstellung war jedoch ein strategisches Ablenkungsmanöver. In Wahrheit muss sich die EZB den Vorwurf gefallen lassen, durch ihre jahrelange ultra-expansive Geldpolitik und das Hinauszögern der geldpolitischen Wende nicht nur ein erhebliches Inflationspotenzial geschaffen, sondern auch die später einsetzende Inflationsdynamik verschärft zu haben (Helmus & Mitzlaff, 2023).

Erstens hat die EZB seit der globalen Finanzkrise von 2008 bis zum Ende der Corona-Pandemie die Menge an Zentralbankgeld im Verhältnis zur Wirtschaftsleistung mehr als versechsfacht und im Vergleich zur US-Notenbank Federal Reserve immerhin noch verdoppelt (Sachverständigenrat, 2022). Auf diese Weise begünstigte sie eine erhebliche nachfragewirksame Schuldenfinanzierung, indem sie in großem Umfang Staatsanleihen der Euroländer aufkaufte. Diese Anleihekäufe machten bis 2022 gut 80 % des gesamten Geldmengenbestands aus (Abb. 6.7) und führten zu historisch niedrigen langfristigen Zinsen (EZB, 2022b).

Spiegelbildlich führte diese Geldpolitik zu excessiver Staatsverschuldung innerhalb der Eurozone und trug maßgeblich dazu bei, dass die im Maastricht-Vertrag verankerten fiskalpolitischen Regeln de facto ausgehöhlt wurden. Selbst die Europäische Union beteiligte sich an dieser Entwicklung und beschloss im Rahmen der sogenannten Coronahilfen ein gemeinschaftlich finanziertes Kreditprogramm über 750 Mrd. EUR, das in erster Linie hochverschuldeten Mittelmeerstaaten zugutekam (Bocksch, 2020).

Diese Maßnahmen trieben die Schuldenquote in der Eurozone – einschließlich der EU-eigenen Verbindlichkeiten, die den Mitgliedstaaten anteilig zuzurechnen sind – deutlich über die Marke von 100 % hinaus (IWF, 2022).

Anders als steuerfinanzierte Ausgaben führt schuldenfinanzierte Nachfrage unmittelbar zu einem Anstieg des gesamtwirtschaftlichen Ausgabenniveaus und befeuert damit in Zeiten krisenbedingter Angebotsverknappung die Inflation (Helmus & Mitzlaff, 2023). Die ultra-lockere Geldpolitik der EZB und die daraus resultierende expansive Staatsverschuldung bereiteten so den Nährboden für die spätere Inflationsdynamik. Es war der seit 2008 aufgebaute Geldüberhang, der die Nachfrage der Konsumenten massiv anheizte und das Ausmaß der Inflation prägte. Die pandemiebedingten Lieferengpässe und die Energieknappheit wirkten lediglich als Auslöser und Zündfunken der Preisexplosion – der eigentliche Zunder war die massenhafte Verschuldung auf Pump aus der Druckerpresse.

Zweitens trug die EZB maßgeblich zur Abwertung des Euro bei – ein Umstand, der die Inflation erheblich anheizte. Während die US-Notenbank bereits im Juni 2021 klare Signale für eine bevorstehende Zinswende aussandte, hielt die EZB bis weit ins Jahr 2022 an ihrer ultra-expansiven Geldpolitik fest – gestützt auf vage Argumente und eine beschönigende Einschätzung der tatsächlichen Lage (EZB, 2022a). Die Folge war ein massiver Kapitalabfluss aus Europa in die Vereinigten Staaten. In den Wochen nach dem Zinsentscheid der US-Notenbank überschritt der Dollar deutlich die Parität zum Euro. Zwischen Juni 2021 und September 2022 wertete der Dollar insgesamt um rund 25 % auf (Tillar, 2023).

Diese Entwicklung hatte unmittelbare Folgen, da alle in US-Dollar gehandelten Importgüter entsprechend teurer wurden – insbesondere Rohstoffe und Energie (Wirtschaftsdienst, 2022). Gleichzeitig eröffnete die Euro-Abwertung europäischen Exporteuren die Möglichkeit, ihre Preise auf dem Weltmarkt anzuheben, ohne Marktanteile einzubüßen. Dadurch entstand eine Kettenreaktion, die sich auch auf die Binnenwirtschaft übertrug und die

Preissteigerungen in den vor- und nachgelagerten Sektoren weiter verstärkte.

Die EZB war keineswegs bloßes Opfer der Pandemie oder geopolitischer Spannungen. Vielmehr hat sie durch ihre über Jahre hinweg betriebene expansive Anleihenkaufpolitik überhaupt erst das hohe Inflationspotenzial geschaffen – den Sprengstoff für die Preisexplosion in den Jahren 2022 und 2023. Darüber hinaus trug ihre verspätete zinspolitische Reaktion wesentlich zur weiteren Eskalation der Inflationsdynamik bei (Sinn, 2022).

Es waren nicht allein externe Angebotsschocks, sondern vor allem institutionelle Schwächen im geld- und europapolitischen Entscheidungsprozess, die Ausmaß und Dynamik der ersten großen Inflationswelle im Euroraum überhaupt ermöglicht und bis heute ein erhebliches Inflationsrisiko hinterlassen haben (Abschn. 6.9).

6.4 Teuer subventioniert – Preistreiber Energiepreisbremse

Der hohe Energiepreis in Deutschland ist das Ergebnis mehrerer sich überlagernder Faktoren. Zum einen führt die Angebotsverknappung von Erdöl und Erdgas infolge des Ukrainekriegs in Verbindung mit dem gleichzeitigen Ausstieg aus Kernenergie und Kohleverstromung zu Engpässen. Zum anderen hat die Abwertung des Euro die Importkosten für handelbare Energieträger erhöht. Darüber hinaus tragen die CO_2-Bepreisung im europäischen Emissionshandel und nationale Energiesteuern (UBA, 2023) zum Anstieg des Preisniveaus bei.

Bereits Anfang 2021 setzte ein markanter Anstieg der Energiepreise ein – ausgelöst durch das abrupte Ende weltweiter Lockdowns und die rasch wiedererstarkte Nachfrage nach fossilen Energien (IEA, 2021). Besonders die eingeschränkte Verfügbarkeit von Erdgas führte zu Engpässen in der Stromerzeugung, da Gaskraftwerke nicht mehr ausgelastet werden konnten. Seither rächt sich die einseitige Fokussierung der deutschen Energiepolitik auf die wetterabhängigen erneuerbaren Energien. Diese sind nicht kontinuierlich verfügbar, daher nicht grundlastfähig und entgegen öffentlicher Rhetorik keineswegs kostengünstig (IfW Kiel, 2023).

Ein klares Indiz für die mangelnde Wettbewerbsfähigkeit grüner Energieträger ist der Umstand, dass konventionelle Kraftwerke zurückgedrängt oder sogar verboten werden müssen, damit Wind- und Solarstrom überhaupt Abnehmer finden. Mit dem vollständigen Atomausstieg, dem beschlossenen Kohleausstieg und dem angekündigten Ende der fossilen Gasverstromung bis 2045 verfolgt Deutschland eine Politik flächendeckender Technologie- und Energieverbote. Wären Wind- und Solarenergie tatsächlich kostengünstiger, hätte sich der Markt von selbst in ihre Richtung entwickelt – staatliche Eingriffe wären nicht erforderlich gewesen.

Die hohen Kosten für Wind- und Sonnenstrom ergeben sich vor allem aus deren mangelnder Versorgungssicherheit. Aufgrund ihrer natürlichen Volatilität benötigen sie regelbare konventionelle Energiesysteme – wie Erdgas-, Kohle- oder Kernkraftwerke –, um Versorgungslücken zu schließen. Der forcierte Rückbau dieser Kraftwerke verschärft jedoch die strukturellen Schwächen dieses Ausgleichssystems (Zachmann et al., 2022). Ohne flexibel regulierbare Energiesysteme und ohne leistungsfähige Speichertechnologien lässt sich der minderwertige Strom aus Wind und Sonne nicht sinnvoll nutzen. In wind- und sonnenarmen Zeiten müssen daher teure Stromimporte einspringen (Ganteför, 2025). Die steigenden Strompreise sind letztlich Ausdruck einer fehlgeleiteten Energiewende

– verursacht durch den gleichzeitigen Ausstieg aus grundlastfähigen Energieträgern und der einseitigen Fixierung auf volatile erneuerbare Energien (Kap. 2).

Die Stärke einer marktwirtschaftlichen Ordnung liegt im Preismechanismus. Steigende Preise signalisieren Knappheit, fördern Sparsamkeit und regulieren Angebot und Nachfrage effizient. Auf diesem Prinzip beruhte Ludwig Erhards wirtschaftspolitische Wende in der Nachkriegszeit – etwa mit der Abschaffung der Preisbindung, die den Grundstein für das deutsche Wirtschaftswunder legte (Erhard, 1957).

Die Bundesregierung hingegen schlug im Jahr 2022 einen anderen Weg ein und führte 2023 eine Energiepreisbremse ein, finanziert aus einem sogenannten Sondervermögen (Spiegel, 2022). Ein marktwirtschaftlicher Ansatz wurde damit bewusst vermieden. Statt Preissignale wirken zu lassen und damit Anreize für Einsparungen und Effizienz zu setzen, entschied sich die Regierung für massive Subventionen. Die Verbraucherpreise wurden gedeckelt, obwohl die Beschaffungskosten für Gas auf dem Weltmarkt weiter stiegen. Um diese Lücke zu schließen, nahm der Staat neue Schulden in Höhe von 200 Mrd. EUR auf – offiziell als „Abwehrschirm" deklariert, faktisch jedoch eine schuldenfinanzierte Preissubvention. Die Netzbetreiber konnten damit Energie zu überhöhten Weltmarktpreisen einkaufen, während die Endkundenpreise künstlich niedrig gehalten wurden. Der Preisdruck wurde damit nicht beseitigt, sondern lediglich verschoben – auf die öffentlichen Haushalte und letztlich auf kommende Generationen (Sachverständigenrat, 2023).

Ein weiteres Problem bestand darin, dass viele europäische Nachbarstaaten ähnliche Maßnahmen ergriffen. Dies führte zu einem Überbietungswettbewerb auf dem europäischen Energiemarkt. Die Folge war ein zusätzlicher Preisanstieg auf den Großhandelsmärkten, der internationale

Anbieter begünstigte und die Energieversorgung insgesamt verteuerte (Bruegel, 2023). Während die Energieproduzenten von den hohen Preisen profitierten, entfiel für die Verbraucher der markübliche Sparanreiz – der eigentlich notwendige Einspar- und Substitutionseffekt blieb weitgehend aus.

Zwar enthielt die Energiepreisbremse auch einen Sparmechanismus, da nicht der gesamte Verbrauch subventioniert wurde. Unternehmen erhielten beispielsweise ein Kontingent von 70 % ihres Vorjahresverbrauchs zu einem garantierten Preis von 7 Cent je Kilowattstunde. Für private Haushalte lag die Preisgrenze bei 80 % ihres Vorjahresverbrauchs und 12 Cent pro Kilowattstunde (BMWK, 2023). Doch dieser Staffelmechanismus konnte nicht verhindern, dass der Staat enorme nachfragewirksame Mittel in den Markt pumpte – und das zu einem Zeitpunkt, an dem die Inflation bereits außer Kontrolle geraten war.

In einer Marktwirtschaft gilt das Gesetz des *Einen Preises* (Sinn, 2021). Auf miteinander verbundenen Märkten bildet sich – unter Vernachlässigung von Transportkosten – für identische Güter ein einheitlicher Preis. Weichen die Preise in verschiedenen Teilmärkten voneinander ab, führen Nachfrageverlagerungen zu einem Ausgleich, bei dem der Preis im günstigeren Teilmarkt steigt und im teureren sinkt, bis sich ein neues Gleichgewicht einstellt. Wird dieses Prinzip, also der Preismechanismus, jedoch durch staatliche Eingriffe außer Kraft gesetzt oder geschwächt, kommt es zu den typischen Fehlallokationen planwirtschaftlicher Systeme, verbunden mit erheblichen Effizienz- und Wohlstandseinbußen (Samuelson & Nordhaus, 2010).

Genau das geschah bei der staatlichen Strompreisdeckelung. Sie führte zu zwei unterschiedlichen Preisniveaus für ein und dasselbe Gut, mit einem überhöhten Produzentenpreis und einem künstlich gedrückten Verbraucherstrompreis. Der Staat subventionierte die Differenz über Schuldenaufnahme, was dazu führte, dass weniger eingespart wurde, als angesichts der realen Verknappung eigentlich notwendig gewesen wäre. Gleichzeitig wurden erhebliche Übergewinne für die Energieversorger ermöglicht (Sachverständigenrat, 2023).

Insgesamt flossen rund 200 Mrd. EUR zusätzlich in den Wirtschaftskreislauf – etwa fünf Prozent des damaligen Bruttoinlandsprodukts. Diese massive Ausweitung der Kaufkraft fiel mitten in eine Phase struktureller Angebotsengpässe und verstärkte die Inflationsdynamik erheblich (BIS, 2022). Die Energiepreisbremse wirkte damit wie ein Brandbeschleuniger. Während Lieferengpässe die erste Inflationswelle ausgelöst hatten, befeuerte die durch den „Abwehrschirm" ausgelöste kreditfinanzierte Nachfrage deren Intensität weiter.

Mit der Bundestagswahl von 2025 droht neues Ungemach. So wurden umfangreiche Ausgabenprogramme beschlossen, darunter ein neues Sondervermögen in Höhe von 500 Mrd. EUR. Aus diesem Fonds sollen unter anderem künftige Energiepreissubventionen finanziert werden. Diese Mittel werden jedoch in einem wirtschaftlichen Umfeld mobilisiert, das von strukturellen Angebotsengpässen geprägt ist – insbesondere durch Fachkräftemangel und Energieknappheit. In einem solchen Umfeld trägt zusätzliche Nachfrage kaum zu realem BIP-Wachstum bei, sondern führt vor allem zu Preissteigerungen.

Zwar ist die erste Teuerungswelle inzwischen abgeklungen, doch die Inflationsgefahr bleibt in Deutschland nach wie vor hoch. Angesichts erwartbarer neuer Anstoßeffekte durch Verwerfungen in der Energiewende, die demografische Alterung, Handelskonflikte und geopolitische Spannungen ist es daher riskant, an einer nachfrageseitigen, expansiven Wirtschaftspolitik festzuhalten. Weitere schuldenfinanzierte Ausgaben drohen lediglich, eine erneute Inflationsdynamik anzuheizen.

Es ist an der Zeit, den bequemen Pfad schuldenfinanzierter Krisenintervention zu verlassen. Anstatt die Symptome einer verfehlten Energiepolitik durch inflationstreibende Strom- und Energiepreisdeckel zu kaschieren, braucht es eine strategische Neuausrichtung. Strukturelle Versorgungsengpässe lassen sich nicht durch staatliche Preiseingriffe beheben, sondern nur durch die Effizienz marktwirtschaftlicher Steuerungs- und Allokationsmechanismen. Zielführend ist eine echte Diversifizierung der Energieversorgung – technologieoffen und resilient gegenüber künftigen Krisen. Nur so lässt sich eine stabile, bezahlbare und zugleich klimafreundliche Energiezukunft gestalten.

6.5 Überteuerte Energiewende – die Folgen einseitiger Energiepolitik

Die Energiekrise infolge des Ukrainekriegs hätte in ihrem Ausmaß vermieden werden können, wenn Deutschland frühzeitig die Versorgungssicherheit in den Mittelpunkt seiner Energiepolitik gestellt und einseitige Abhängigkeiten vermieden hätte. Die starke Fokussierung auf Erdgas war keineswegs alternativlos, sondern das Ergebnis politischer Weichenstellungen im Zuge der Energiewende. Über Jahre hinweg wurde Gas als vermeintliche Brückentechnologie verklärt, die den gleichzeitigen Ausstieg aus Kohle und Kernkraft begleiten sollte. In der Krise jedoch entpuppte sich diese Strategie als folgenschwere Fehlentscheidung und offenbarte zugleich die strukturellen Defizite wetterabhängiger Energiesysteme (IfW Kiel, 2023).

Mit dem Ausstieg aus der Kernenergie und dem schrittweisen Rückzug aus der Kohleverstromung blieb Erdgas der einzige verbliebene Energieträger für eine grundlastfähige und flexibel steuerbare Stromerzeugung. Der geplante

6 Geldpolitik im Dienst der Schuldenstaaten

massive Ausbau gasbetriebener Kraftwerke folgte dieser Logik, allerdings ohne eine ausreichende Diversifizierung der Bezugsquellen für Erdgas sicherzustellen. Die daraus resultierende einseitige Abhängigkeit von russischem Gas war eine direkte Folge der politischen Prioritätensetzung im Rahmen der grünen Transformation (IEA, 2022).

Ein weitverbreiteter Irrtum besteht in der Annahme, ein früherer und entschlossenerer Ausbau erneuerbarer Energien hätte den Bedarf an fossilem Gas reduziert. Tatsächlich verhält es sich genau umgekehrt. Strom aus Wind und Sonne ist wetterabhängig, nicht grundlastfähig und naturgemäß volatil. Um die Stromversorgung jederzeit sicherzustellen, sind regelbare konventionelle Kraftwerke erforderlich, die im Gegentakt einspringen, wenn Wind- und Solaranlagen nicht genügend Leistung liefern. Dies gilt insbesondere für längere Phasen mit schwacher Sonneneinstrahlung und geringem Windaufkommen. Je größer der Anteil fluktuierender Energieträger im Strommix ist, desto höher wird auch der Bedarf an konventioneller Ausgleichskapazität (OECD, 2023). Im Ergebnis verdoppeln sich die Fixkosten, da ein auf wetterabhängigen Quellen basierendes Energiesystem stets durch ein konventionelles Backup mit vergleichbarer Kapazität abgesichert werden muss.

Die Vorstellung, erneuerbare Energien durch großskalige Speicherlösungen mit saisonaler Überbrückungskapazität wirtschaftlich nutzbar zu machen – etwa mittels Batteriesystemen, Pumpspeicherwerken oder Wasserstofftechnologien – ist auf absehbare Zeit illusorisch (Fraunhofer ISE, 2023). Erforderlich wären Speichersysteme mit Kapazitäten im zwei- bis dreistelligen Terawattstundenbereich (TWh) – eine Größenordnung, die gegenwärtig weit außerhalb des technisch und wirtschaftlich Machbaren liegt. Pumpspeicherkraftwerke sind geografisch nur begrenzt realisierbar, Batterien verfügen lediglich über Kapazitäten im unteren einstelligen Gigawattstundenbereich (GWh) und verursachen enorme Kosten. Wasserstoff als Speichermedium wiederum unterliegt gravierenden Wirkungsgradverlusten und verursacht daher sehr hohe Erzeugungskosten. Schätzungen zufolge würde eine vollständig wasserstoffgestützte Reserveversorgung die Erzeugungskosten für Strom aus wetterabhängigen grünen Quellen etwa vervierfachen (Wehrle, 2022) – auf über 40 Cent pro Kilowattstunde nach dem Stand 2025 (Abb. 2.10). Ein solches Preisniveau übersteigt die wirtschaftliche Tragfähigkeit eines Industriestandorts wie Deutschland bei Weitem. Ganz gleich, wie man es betrachtet, die einseitige Fokussierung auf wetterabhängige Energiesysteme ist ein Preistreiber ersten Ranges.

Deutschland benötigt eine technologieoffene Energiepolitik, die auch konventionelle Optionen wie moderne Kernkraft, emissionsarme Kohleverstromung mit CO_2-Sequestrierung (CCS) sowie kostengünstige Gasimporte einbezieht. Nur ein diversifizierter, grundlastfähiger Energiemix kann die Versorgungssicherheit langfristig gewährleisten und zugleich die enormen Kosten vermeiden, die mit einem flächendeckenden Ausbau von Speicherinfrastrukturen in Verbindung mit wetterabhängigen erneuerbaren Energien einhergehen. Studien zufolge ist ein wirtschaftlich tragfähiger Strommix nur mit einem Anteil grundlastfähiger Energien von mindestens 60 % realisierbar (Wehrle, 2022) – ein Ziel, das ohne Kernenergie, Kohle und Erdgas bei Weitem nicht erreichbar ist.

Gerade das Beispiel der Kernkraft zeigt, wie vorschnelle politische Entscheidungen strategische Optionen verbauen können. Deutschland verfügte noch bis 2023 über sechs Atomkraftwerke, die unter ungeklärten Gründen vorzeitig abgeschaltet wurden. Anstatt diese als strategische Reserve vorzuhalten, wurde ihr Rückbau unmittelbar eingeleitet –

ohne eine belastbare sicherheitspolitische, versorgungstechnische oder wirtschaftliche Folgenabschätzung (Konrad-Adenauer-Stiftung, 2023). Ein erheblicher Teil dieser Energieinfrastruktur dürfte inzwischen unwiederbringlich verloren sein.

Der tatsächliche Beitrag erneuerbarer Energien zur gesamten Energieversorgung wird häufig überschätzt. Ihr Anteil am Primärenergieverbrauch in Deutschland liegt derzeit bei lediglich gut sieben Prozent (Kap. 2). Der Plan, bis 2045 klimaneutral zu werden und alle fossilen Energien zu substituieren, setzt voraus, diesen Anteil auf rund 80 % zu steigern – ein Vorhaben, das angesichts technologischer, wirtschaftlicher und physikalischer Grenzen hochgradig unrealistisch ist (IEA Q4, 2021). Seit 1990 ist der CO_2-Ausstoß in Deutschland um etwa 40 % gesunken – ein Rückgang, der in erster Linie auf die Deindustrialisierung Ostdeutschlands nach der Wiedervereinigung zurückzuführen ist. Seit 2018 trägt auch der schleichende Substanzverlust westdeutscher Industrie zur Emissionsminderung bei (IW Köln, 2023). Die verbleibenden 60 % Reduktion bis 2045 werden sich daher kaum erreichen lassen, ohne eine weitere Beschleunigung der Deindustrialisierung und erhebliche Wohlstandseinbußen in Kauf zu nehmen.

Die Bilanz ist ernüchternd: Während Deutschland zunehmend seine Industrie opfert, verbrennen andere große Volkswirtschaften – allen voran die USA, China und Indien – weiterhin jene fossilen Energieträger, die hierzulande eingespart werden. Der Effekt auf die globale CO_2-Bilanz bleibt damit gleich null, der Schaden für den Industriestandort Deutschland hingegen ist beträchtlich (BP, 2023). In ihrer derzeitigen Ausgestaltung stellt die Energiewende einen ökonomischen Risikofaktor ersten Ranges dar. Sie treibt die Preise, schwächt die internationale

Wettbewerbsfähigkeit, untergräbt die industrielle Substanz und belastet die Verbraucher übermäßig stark.

Eine zukunftsfähige Energiepolitik sollte sich von ideologischen Dogmen lösen und stattdessen technologieoffen, international koordiniert und marktwirtschaftlich fundiert ausgestaltet sein. Nur funktionierende Marktmechanismen gewährleisten eine effiziente Ressourcenallokation, ermöglichen technologische Vielfalt und setzen Innovationsanreize dort, wo sie tatsächlich Wirkung entfalten (Samuelson & Nordhaus, 2010). Eine marktwirtschaftlich ausgerichtete Energiewende beruht auf Preissignalen – nicht auf politischen Verboten oder ideologischen geprägten Zielvorgaben. Nur unter diesen Voraussetzungen lassen sich Versorgungssicherheit, Bezahlbarkeit und ökologische Nachhaltigkeit in ein stabiles Gleichgewicht bringen. Eine staatlich gelenkte Energiepolitik hingegen führt zu Wettbewerbsverzerrungen, zur Überförderung ideologisch favorisierter Technologien und zu einem ineffizienten Einsatz öffentlicher Mittel – mit schädlichen Folgen für Versorgungssicherheit, wirtschaftliches Wachstum und Wohlstand (Sinn, 2021).

Deutschland hat in der Vergangenheit häufig politische Entscheidungen stärker an normativen Leitbildern als an realwirtschaftlichen Erfordernissen ausgerichtet. Wie dogmatisch dieser Kurs verfolgt wurde, zeigte sich besonders während des Ukrainekriegs. Selbst nach der Zerstörung der deutsch-russischen Erdgasleitungen wurden weitere Kohlekraftwerke stillgelegt und die letzten Kernkraftwerke abgeschaltet – ungeachtet explodierender Energiepreise und wachsender Versorgungsrisiken.

Es ist höchste Zeit, den isolierten und preistreibenden Sonderweg einer einseitigen Fixierung auf wetterabhängige Energiequellen zu verlassen. Deutschland braucht einen ausgewogenen Energiemix, der den Anforderungen einer modernen Industrienation gerecht wird – im Sinne von

Versorgungssicherheit, wirtschaftlicher Tragfähigkeit und ökologischer Verantwortung. Nur ein technologieneutrales und diversifiziertes Energiesystem kann langfristig Stabilität schaffen und zugleich die unterschiedlichen gesellschaftliche Ziele in Einklang bringen.

6.6 Schuldenbremse aufgeweicht – Dammbruch mit europäischer Sprengkraft

Anfang März 2025, unmittelbar nach der Bundestagswahl, stellten die Parteivorsitzenden von Union und SPD ein umfangreiches Schuldenpaket vor, das der Finanzierung von Infrastruktur, Umwelt und Verteidigung dienen soll. Es ermöglicht dem Bund in den kommenden zehn Jahren Kredite in Höhe von rund 1,1 Billion Euro. Davon entfallen 500 Mrd. EUR über zehn Jahre auf zusätzliche Schulden für ein neues Sondervermögen, aus dem Investitionen in Infrastruktur, Bildung und Klimaschutz finanziert werden sollen (SZ, 2025).

Darüber hinaus sollen künftig Verteidigungsausgaben nur noch bis zu einem Prozent der Wirtschaftsleistung unter die Schuldenbremse fallen, während alle darüber hinausgehenden Ausgaben ausgeklammert werden. Angesichts des Ziels, jährlich mindestens zwei bis drei Prozent des BIP für Verteidigungszwecke bereitzustellen, ergibt sich daraus eine zusätzliche Verschuldung von über 600 Mrd. EUR innerhalb von zehn Jahren (IW Köln, 2025).

Doch damit nicht genug. Die Schuldenbremse wurdeauch für die Bundesländer gelockert, sodass ihnen derselbe Spielraum für neue Schulden wie dem Bund eingeräumt wird, nämlich maximal 0,35 % des BIP.

Parallel dazu plant die EU eine Reform des Stabilitäts- und Wachstumspakts, um eine höhere Verschuldung der Mitgliedstaaten zu ermöglichen. Vorgesehen ist zudem die gemeinsame Aufnahme europäischer Schulden in Höhe von 800 Mrd. EUR nach dem Vorbild des Corona-Wiederaufbaufonds, um verteidigungspolitische Aufgaben zu finanzieren, einschließlich einer gesamtschuldnerischen Haftung.

Bis zur Bundestagswahl galt die Schuldenbremse für CDU und CSU als unantastbar. Ihre Bewahrung, so wurde stets betont, sei Teil der „DNA" der Union. Doch danach folgte eine abrupte Kehrtwende, eine „Whatever it takes"-Haltung, die stark an die expansive Geldpolitik Mario Draghis erinnert. Seine Anleihekaufprogramme (Quantitative Easing) ließen die Staatsverschuldung im Euroraum massiv ansteigen und gelten heute als der entscheidende Treiber der späteren Inflation (Sinn, 2021).

Das nun beschlossene Schuldenpaket ist nicht nur beispiellos in seinem Umfang, sondern stellt eine der radikalsten politischen Kehrtwenden in der Geschichte der Bundesrepublik dar. Für viele Bürger bedeutet dies einen Vertrauensbruch. Angesichts einer expliziten und impliziten Staatsverschuldung von insgesamt über 260 % des BIP (Raffelhüschen, 2024), bestehender Sondervermögen in Höhe von rund 820 Mrd. EUR (Abschn. 6.7) sowie de facto uneinbringlicher Target2-Forderungen der Bundesbank von über einer Billion Euro (Deutsche Bundesbank, 2024), fühlen sich insbesondere viele Unionswähler getäuscht. Es liegt auf der Hand, dass die geplante schuldenfinanzierte Ausgabenoffensive keine tragfähige Antwort auf die zentralen Herausforderungen von Nachhaltigkeit und Generationengerechtigkeit darstellt. Vielmehr droht sie, bestehende Risiken zu verschärfen, mit langfristig gravierenden Folgen für die finanzielle Stabilität und das Vertrauen in die Politik (SVR, 2023).

Gleichzeitig verliert Deutschland an Attraktivität für Investoren. Wachsende Risiken durch die hohe geplante Neuverschuldung führen zu steigenden Renditeforderungen, was die Finanzierungskosten erhöht. Übermäßige expansive staatliche Kreditaufnahme wirkt zinstreibend und bremst dadurch private Investitionen. Es ist daher keineswegs sicher, dass die geplanten staatlichen Ausgabenprogramme private Investitionen ergänzen werden, sie könnten diese auch verdrängen. Und selbst wenn das Investitionsvolumen insgesamt steigt, droht eine Überhitzung der Nachfrage, insbesondere vor dem Hintergrund nahezu ausgelasteter Produktionskapazitäten infolge des demografischen Wandels und struktureller Energieengpässe. Ein neuer Inflationsschub könnte die Folge sein (DIW Berlin, 2023).

Angesichts dieser Gefahren und Deutschlands Rolle als finanzpolitischer Stabilitätsanker der Eurozone ist die Aufweichung der Schuldenbremse ein riskantes Unterfangen. Deutschland sollte seine Schuldendisziplin nicht aufgeben. Die Schuldenbremse ist nämlich weit mehr als nur ein haushaltspolitisches Instrument zur Wahrung nationaler fiskalischer Solidität. Sie bildet die Grundlage für die zinsgünstige Refinanzierung der Eurostaaten, bewahrt die Preisstabilität im Euroraum und steht letztlich für den Fortbestand des Euro in seiner heutigen Form.

Deutschlands Kreditwürdigkeit bildet das Rückgrat der Währungsunion. Die Bereitschaft, über das Eurosystem implizit für die Schulden anderer Mitgliedstaaten einzustehen, ist eine entscheidende Voraussetzung dafür, dass hochverschuldete Euroländer wie Frankreich oder Italien sich zu günstigen Konditionen refinanzieren können. Ohne diese Garantie wären die Zinskosten dieser Staaten deutlich höher. Deutschland verschafft den mediterranen Ländern damit einen fiskalischen Spielraum, den sie unter marktwirtschaftlichen Bedingungen nicht hätten.

Sollte jedoch auch Deutschlands Bonität erodieren, geriete das Zinsgefüge der gesamten Eurozone ins Rutschen und eine neue europäische Staatsschuldenkrise könnte entstehen. Das Muster wäre bekannt: Expansive Geldpolitik, massenhafte Anleihekäufe, Schuldenfinanzierung durch frisch geschaffenes Zentralbankgeld, rapide wachsende Staatsverschuldung und schließlich eine ausufernde Inflation.

In Zeiten hoher Inflationsrisiken und zunehmender Schuldendynamik in der Eurozone ist eine Rückkehr zu fiskalischer Disziplin dringend geboten, nicht zuletzt um Deutschlands haushaltspolitische Vorbildfunktion innerhalb Europas zu bewahren.

Staatliche Investitionen, insbesondere im sicherheitspolitisch sensiblen Verteidigungsbereich, sind notwendig, sollten jedoch haushaltspolitisch solide verankert sein. Ursprünglich war vorgesehen, sie über Einsparungen im Bundeshaushalt zu finanzieren, etwa durch den konsequenten Abbau von Subventionen (Abschn. 3.3). Eine Politik dauerhaft übermäßiger Verschuldung hingegen führt in eine Sackgasse. Deutschland, eine der reichsten Nationen der Welt und drittgrößte Volkswirtschaft, darf nicht zu einem fiskalischen Pflegefall werden, der nur noch durch unvorstellbare Billionen-Injektionen an neuen Krediten vor dem Kollaps gerettet werden kann.

Auch verfassungsrechtlich wäre ein alternativer und tragfähiger Weg möglich gewesen – ohne die Schuldenbremse anzutasten. Die sich verschärfende sicherheitspolitische Lage in Europa hätte bereits die Erklärung einer Notlage nach Artikel 115 des Grundgesetzes gerechtfertigt, um notwendige Verteidigungsausgaben zu ermöglichen. In einem solchen Fall hätte die Schuldenbremse temporär mit einfacher Bundestagsmehrheit ausgesetzt werden können. Eine Verfassungsänderung wäre also nicht erforderlich gewesen, es sei denn, das eigentliche Ziel bestand darin, künftig auch konsumtive Ausgaben über neue Schulden zu finanzieren.

In der Privatwirtschaft haftet ein Geschäftsführer gegenüber den Gesellschaftern, wenn er deren Interessen verletzt oder sein Mandat überschreitet. Ein vergleichbares Prinzip fehlt bislang in der politischen Praxis. Angesichts der wachsenden Diskrepanz zwischen politischen Ankündigungen und dem tatsächlichen Regierungshandeln, etwa im Zusammenhang mit der geplanten massiven Neuverschuldung trotz vorheriger gegenteiliger Beteuerungen, stellt sich die Frage nach politischer Verantwortung in neuer Schärfe. Es besteht die Gefahr, dass nicht nur die langfristige Glaubwürdigkeit der politischen Parteien Schaden nimmt, sondern auch das Risiko wächst, dass sich das politische Klima weiter polarisiert und populistische oder extremistische Kräfte weiter Zulauf erhalten (F.A.Z., 2025).

Um dieser Entwicklung entgegenzuwirken, sollte das Prinzip der Rechenschaftspflicht auch im politischen Raum gestärkt werden. Ein Ansatzpunkt wäre, politische Zielsetzungen, wie sie im Vorfeld von Wahlen formuliert werden, als Bestandteil des Regierungsmandats zu verankern (Höffe, 2021). Nur wenn politische Akteure sich als Treuhänder eines demokratisch legitimierten Auftrags verstehen und entsprechend handeln, kann das Vertrauen in Institutionen und demokratische Verfahren auf Dauer gefestigt werden.

6.7 Inflationäre Sondervermögen – das Ende der fiskalischen Vernunft

Wirtschaftsstabilisierungsfonds, Sondervermögen für die Bundeswehr, Energiepreisbremse – hinter diesen technisch klingenden Begriffen verbergen sich milliardenschwere staatliche Ausgabenprogramme (BMF 2022a, BMVg 2022, BMWK 2022). Sie sollen Investitionsvorhaben ermöglichen und wirtschaftliche wie soziale Verwerfungen abmildern, ohne die staatliche Haushaltsdisziplin offen infrage zu stellen.

Begriffe wie „Sondervermögen", „Fonds" oder „Eigenmittel" bezeichnen letztlich ein und dasselbe Finanzierungsinstrument – und verschleiern dabei dessen wahren Charakter. Die bewusst zurückhaltende Wortwahl vermittelt vielen Bürgern den Eindruck, es handle sich um solide finanzierte Programme in ihrem Interesse. Tatsächlich dient das Instrument der Sondervermögen vor allem dazu, die Vorgaben der Schuldenbremse zu umgehen (Tagesschau 2023). Es handelt sich nicht um nachhaltig gegenfinanzierte Projekte, sondern um Ermächtigungen zur Kreditaufnahme – geschickt verpackt in wohlklingende Formulierungen, die ihre fiskalische Tragweite im öffentlichen Diskurs kaschieren. Im Kern ist ein Sondervermögen nichts anderes als eine zeitlich befristete Schuldenermächtigung mit definiertem Zweck und festgelegtem Finanzrahmen.

Ein Blick auf die konkreten Zahlen verdeutlicht die Dimension dieser Praxis. Der im Jahr 2008 im Zuge der Bankenkrise eingerichtete Finanzmarktstabilisierungsfonds sah Kreditermächtigungen in Höhe von 480 Mrd. EUR vor (BMF 2009). Während der Coronapandemie folgte der Wirtschaftsstabilisierungsfonds mit einem Gesamtvolumen von 600 Mrd. EUR (BMF 2022a). Hinzu kamen 100 Mrd. EUR für das Sondervermögen zur Aufrüstung der Bundeswehr (BMVg 2022) sowie 200 Mrd. EUR zur Finanzierung der Energiepreisbremse in 2023 (BMWK 2022). Der Klima- und Transformationsfonds verursachte schließlich zusätzliche Schulden in Höhe von 177 Mrd. EUR, wobei allerdings 60 Mrd. EUR nach

6 Geldpolitik im Dienst der Schuldenstaaten

einem Urteil des Bundesverfassungsgerichts entfallen sind (BMF 2023a).

Insgesamt ergibt sich aus diesen Programmen ein genehmigter Kreditrahmen von rund 1,5 Billionen Euro. Aus den Unterlagen des Bundesfinanzministeriums geht hervor, dass bislang rund 163 Mrd. EUR ausgezahlt wurden, während Verpflichtungen in Höhe von gut 204 Mrd. EUR eingegangen sind. Weitere 264 Mrd. EUR sind als fest verplante Ausgabenposten vorgesehen (BMF 2024). Damit wurden bisher rund elf Prozent der Mittel ausgezahlt, etwa 14 % vertraglich gebunden und rund 17 % für konkrete Ausgaben reserviert. Der Großteil des Kreditrahmens bleibt bislang ungenutzt. Dennoch summieren sich die tatsächlichen Belastungen auf rund 640 Mrd. EUR.

Auch auf europäischer Ebene wurden in den vergangenen Jahren gewaltige Finanzmittel mobilisiert. Zur Bewältigung der wirtschaftlichen Folgen der Pandemie verständigten sich die Mitgliedstaaten der Europäischen Union auf die Einrichtung des Europäischen Wiederaufbaufonds – bekannt unter dem Namen „Next Generation EU". Dieses Finanzierungsprogramm umfasst ein Gesamtvolumen von 750 Mrd. EUR (EC 2020) und wird vollständig über die Emission von EU-Anleihen finanziert, deren Rückzahlung zwischen 2028 und 2058 aus dem regulären EU-Haushalt erfolgen soll.

Der Fonds setzt sich aus 390 Mrd. EUR an nicht rückzahlbaren Zuschüssen und 360 Mrd. EUR an rückzahlbaren Krediten zusammen. Auf Deutschland entfällt ein Finanzierungsanteil von etwa einem Viertel des Gesamtvolumens, rund 180 Mrd. EUR, allerdings nur unter der Annahme, dass die gesamtschuldnerische Haftung nicht in Anspruch genommen wird (Bundesrechnungshof 2021).

Insgesamt ergibt sich aus den bestehenden nationalen Sondervermögen und dem europäischen Wiederaufbaufonds eine finanzielle Belastung für den deutschen

Steuerzahler in Höhe von rund 820 Mrd. EUR. Doch damit nicht genug: Anfang März 2025, unmittelbar nach der Bundestagswahl, stellten die Parteivorsitzenden von Union und SPD ein Schuldenpaket historischen Ausmaßes vor (Tagesschau 2025). Demnach soll der Bund in den kommenden zehn Jahren Kredite in Höhe von rund 1,1 Billion Euro aufnehmen. Vorgesehen ist, 500 Mrd. EUR in ein neues Sondervermögen einzubringen, aus dem Investitionen in Infrastruktur, Bildung und Klimaschutz finanziert werden sollen. Mindestens weitere 600 Mrd. EUR sind für Verteidigungsausgaben vorgesehen, die über zusätzliche Kreditaufnahme abgesichert werden sollen (Abschn. 6.6).

Parallel dazu veröffentlichte die Europäische Kommission im März 2025 ihr Verteidigungsweißbuch „European Defence – Readiness 2030". Mit dem darin vorgestellten Projekt „ReArm Europe" soll die europäische Verteidigungsfähigkeit bis zum Jahr 2030 erheblich ausgebaut werden. Insgesamt sollen dafür bis zu 800 Mrd. EUR mobilisiert werden (EC 2025). Die Finanzierung erfolgt durch eine temporäre Lockerung der Defizitregeln, die Emission gemeinsamer EU-Anleihen im Umfang von 150 Mrd. EUR sowie Investitionen der Europäischen Investitionsbank und privates Kapital. Mit „ReArm Europe" entsteht erstmals ein europäischer Verteidigungsrahmen von historischer Dimension, der darauf abzielt, die sicherheitspolitische Eigenständigkeit der EU langfristig zu stärken.

Für Deutschland bedeuten die geplanten Ausgaben zusätzliche finanzielle Belastungen von rund 1140 Mrd. EUR. Insgesamt belaufen sich die Alt- und Neulasten aus nationalen Sondervermögen sowie aus der anteiligen Verschuldung der Europäischen Union auf etwa 1,96 Billionen Euro. Das entspricht rund 45 % des deutschen Bruttoinlandsprodukts im Jahr 2024 mit einem Umfang von 4,31 Billionen Euro.

Die geplante hohe Neuverschuldung macht es unmöglich, die ursprünglichen Vorgaben der Schuldenbremse einzuhalten. Würden allein die Verbindlichkeiten aus Sondervermögen und Verteidigung gleichmäßig über einen Zeitraum von zehn Jahren verteilt, entstünden jährliche Defizite von rund vier Prozent des BIP. Das ist ein Vielfaches dessen, was das Grundgesetz in wirtschaftlich normalen Zeiten zulässt. Es erlaubt dem Bund lediglich eine jährliche Nettokreditaufnahme von höchstens 0,35 % des Bruttoinlandsprodukts.

Die erste Inflationswelle hatte ihren Auslöser in der weltweiten Angebotsverknappung infolge der Corona-Lockdowns. Ihre tieferen Ursachen lagen jedoch in der jahrelangen expansiven Geldpolitik der Europäischen Zentralbank. So konnten sich die Mitgliedsstaaten über lange Zeiträume hinweg zu historisch niedrigen Zinsen finanzieren, indem sie Schuldtitel ausgaben, die zunächst von den Geschäftsbanken gekauft und anschließend an die Notenbanken weitergereicht wurden. Diese wiederum erwarben die Anleihen mit frisch gedrucktem Geld.

In diesem System schien alles zu funktionieren. Trotz Staatsschuldenkrise, Wirtschaftskrise, Coronakrise und Energiekrise gelang es den Staaten, sich weiterhin günstig zu refinanzieren und ihren Wohlstand auf hohem Niveau zu stabilisieren. Mit jeder neuen Geldspritze jedoch wuchs die Geldmenge schneller als die tatsächliche wirtschaftliche Wertschöpfung. Es entstanden vor allem virtuelle Einkommen ohne entsprechende produktive Gegenleistung. Die Folge war ein wachsender Geldüberhang bei gleichzeitig steigender Staatsverschuldung. In Deutschland wurde diese Entwicklung zusätzlich durch eine exzessive, schuldenfinanzierte Ausweitung staatlicher Budgets verstärkt (Sachverständigenrat 2022).

Gleichzeitig war die makroökonomische Lage infolge der Corona-Pandemie und des Ukrainekriegs von erheblichen Angebotsengpässen geprägt. Die Politik versäumte es, rechtzeitig gegenzusteuern, und unterschätzte die daraus erwachsenden Inflationsrisiken. Der plötzliche und massive Nachfrageüberhang nach dem Ende der Pandemie markierte schließlich den Wendepunkt und setzte die erste große Inflationswelle in Gang, die im Oktober 2022 mit Preissteigerungen von über zehn Prozent ihren Höhepunkt erreichte.

Zwar betont die neue Bundesregierung des Jahres 2025, die Bevölkerung nicht zusätzlich belasten zu wollen, und setzt daher auf eine beispiellose Neuverschuldung. Doch der Staat kann letztlich nur umverteilen – er kann dem einen nur geben, was er dem anderen nimmt. Steuererhöhungen oder Ausgabenkürzungen wären unmittelbar spürbar und würden starken politischen Widerstand hervorrufen. Daher verlagert die Politik die Lasten lieber über neue Schulden auf kommende Generationen. Staatliche Verschuldung wirkt jedoch tendenziell inflationär, da sie die Kaufkraft der Profiteure staatlicher Ausgaben erhöht, ohne gleichzeitig die Kaufkraft anderer Bevölkerungsgruppen zu reduzieren. Dadurch steigt die gesamtwirtschaftliche Nachfrage, was Preisdruck erzeugen kann.

Die ab dem Jahr 2025 geplante Neuverschuldung in Höhe von gut 1,1 Billionen Euro wird erhebliche Nachfrageimpulse auslösen. Hinzu kommt der nach wie vor bestehende Geldüberhang aus der ersten Inflationswelle, der ebenfalls ein beträchtliches Nachfragepotenzial mit sich bringt (Abb. 6.7). Trifft die erweiterte Nachfrage auf ein verkürztes Angebot entsteht Inflation. Das Risiko einer erneuten Geldentwertung ist daher keineswegs mit dem Abklingen der ersten Inflationswelle im Jahr 2024 gebannt.

Es bleibt zu hoffen, dass die Politik die richtigen Lehren aus der Inflationskrise von 2022 und deren Ursachen gezogen hat – und bereit ist, daraus die notwendigen Konsequenzen abzuleiten. Doch daran bestehen erhebliche Zweifel. Mit der Aufweichung der Schuldenbremse, der Auflage neuer kreditfinanzierter Ausgabenprogramme und dem systematischen Rückgriff auf Sondervermögen missachtet die deutsche Politik weiterhin jene Regeln, die einst zum Schutz solider Staatsfinanzen und der Preisstabilität geschaffen wurden.

6.8 Maastricht verraten – Europas Schuldenrevolution

Mit der Ratifizierung des Vertrags von Maastricht im Jahr 1993 und der Einführung des Stabilitäts- und Wachstumspakts 1997 schien der Traum von einer stabilen europäischen Gemeinschaftswährung zum Greifen nah. Viele Bürger setzten ihr Vertrauen in die Integrationskraft dieser Regelwerke. Doch spätestens im Jahr 2010 erlitt dieses Vertrauen einen tiefen Bruch. Unter dem Druck Frankreichs stimmte Bundeskanzlerin Merkel den Rettungspaketen für das überschuldete Griechenland zu – und verstieß damit gegen die Nicht-Beistandsklausel des Maastrichter Vertrags (Kap. 7). Dieses Vorgehen zeigte, wie schnell selbst vertraglich verankerte Grundsätze übergeordneten politischen Interessen geopfert werden können (Mussler 2010).

Die Nicht-Beistandsklausel (Artikel 125 AEUV) sollte verhindern, dass sich Mitgliedstaaten auf solidarische finanzielle Rettung verlassen können. Daneben legen die Defizit- und Verschuldungsgrenzen – maximal drei Prozent bei der jährlichen Neuverschuldung und höchstens sechzig Prozent bei der Gesamtverschuldung gemessen am BIP

– klare fiskalische Leitplanken fest. In der Praxis erwiesen sich diese Regelungen jedoch als weitgehend wirkungslos. Die EU-Kommission sah trotz zahlreicher Verstöße regelmäßig von Sanktionen ab (Truger 2023). Das Resultat: Viele Mitgliedsstaaten, allen voran Griechenland, Italien und Frankreich, überschreiten die fiskalischen Schuldengrenzen dauerhaft. Im Jahr 2023 lag Griechenlands Schuldenquote bei rund 154 % des BIP, Italien bei etwa 135 % und die gesamte Eurozone bei rund 90 % – deutlich über den vertraglich festgelegten Obergrenzen (Abb. 6.4).

Diese übermäßige staatliche Verschuldung gefährdet nicht nur die fiskalische Solidität einzelner Mitgliedsländer, sondern untergräbt das Vertrauen in die Währungsunion insgesamt. Solange fiskalische und monetäre Rettungsmaßnahmen über vertraglich verankerten Verpflichtungen stehen, droht die Glaubwürdigkeit der gesamten Euroarchitektur zu erodieren. Um die im Maastrichter Vertrag festgelegte Verschuldungsgrenze von 60 % des Bruttoin-

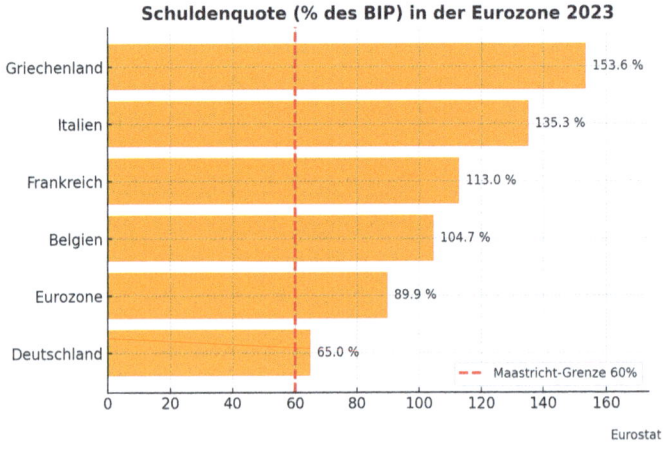

Abb. 6.4 Schuldenquoten ausgewählter Länder in der Eurozone, 2023. (Quelle: Eurostat-Statistik, „Government debt to GDP ratios 2023")

landsprodukts zu erreichen, wären tiefgreifende Strukturreformen in den Ländern notwendig – etwa effizientere Verwaltungen, flexiblere Arbeitsmärkte und tragfähige Sozialsysteme. Solche Reformen würden das wirtschaftliche Wachstum fördern, Einsparpotenziale erschließen und die Schuldentragfähigkeit nachhaltig verbessern, zudem wären sie deutlich kostengünstiger und nachhaltiger als expansive staatliche Ausgabenpolitik (Ifo Institut, 2022).

Die hohe Staatsverschuldung im Euroraum ist nicht allein auf den unsanktionierten Bruch mit den Fiskalregeln zurückzuführen. Seit 2012 verfolgt die Europäische Zentralbank eine Politik der Zinssubventionen, die die Schuldenmoral innerhalb der Eurozone spürbar beschädigt hat (Kap. 7). Grundlage dafür sind die von der EZB initiierten Anleihekaufprogramme OMT, QE sowie – seit 2022 – das dauerhaft etablierte Transmission Protection Instrument (TPI). Die Zinssubvention eines Landes lässt sich dabei als Produkt aus dem Rückgang der Risikoaufschläge infolge geldpolitischer Interventionen und dem jeweiligen Schuldenstand berechnen.

Mit dem TPI hat die Europäische Zentralbank ein dauerhaftes Programm gestartet, das offiziell der Sicherung der Funktionsfähigkeit des geldpolitischen Transmissionsmechanismus im Euroraum dienen soll. Es erlaubt im Bedarfsfall den selektiven Ankauf von Staatsanleihen wirtschaftlich angeschlagener Mitgliedstaaten, um deren Kurse zu stabilisieren und ihre Refinanzierungsfähigkeit zu erhalten. Ein Zahlungsausfall und Staatsbankrott soll auf diese Weise in jedem Fall verhindert werden. Über das TPI will die EZB zur finanziellen Stabilität im Euroraum beitragen.

Wie das OMT von 2012 fungiert das TPI als kostenlose Kreditausfallversicherung. Tatsächlich wurde das TPI bis Stand Juli 2025 nicht aktiviert, und von der EZB wurden über dieses Programm keine Staatsanleihen erworben (ECB, 2025b). Die Wirkung des TPI resultiert allein aus seiner Ankündigung. Es ist die implizite Bekennung zur Solidarhaftung durch die Staatengemeinschaft, die die Risikoaufschläge – die Zinsspreads – der Krisenstaaten in Zaum gehalten hat (Abb. 7.1).

Seit dem Inkrafttreten des TPI profitieren die mediterranen Staaten pro Jahr im Schnitt von einem Zinsvorteil von etwa 55 Mrd. EUR (Abb. 6.5). Im Gegenzug belastet diese Transferleistung die Kreditwürdigkeit der bonitätsstarken Mitgliedsstaaten, was zu entsprechenden Zinsverlusten bei diesen Ländern führt. Deutschland erleidet dadurch jährliche Zinsverluste von bis zu 20 Mrd. EUR: Seit der Einführung des TPI Mitte 2022 drückt die damit verbundene implizite Haftungsgarantie die Risikoaufschläge der Peripheriestaaten, gleichzeitig verschwindet ein Teil der Safe-Haven-Prämie der Bundesanleihen. Praktisch zeigt sich das darin, dass der Asset-Swap-Spread (10-Jahres-Bund-Rendite minus 10-Jahres-EUR-Zinsswap), das ist die Rendite auf Bundesanleihen bereinigt um den

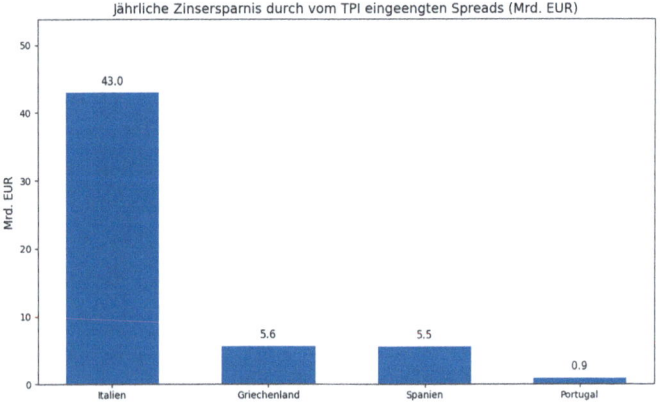

Abb. 6.5 Jährliche Zinsersparnis infolge der mittels TPI verringerten Spreads in Mrd. Euro. (Quelle: ECB – Chart 4: Ten-year sovereign bond spreads vs Germany, 10.06.2025, Aktuelle Spreads für IT, ES, GR, PT)

Richtzins für langfristige Eurokapitalgeschäfte, deutlich ansteigt während die Spreads Italiens und Co. fallen. Die Auflösung des Safe-Haven-Status der Bundesanleihen hat die Renditen um rund 50–80 Basispunkte (ein Basispunkt entspricht 0,01 %) nach oben gedrückt. Unter realistischen Annahmen kostet die verringerte Safe-Haven-Prämie Deutschlands Steuerzahler rund 12–20 Mrd. EUR Zinsen pro Jahr (Bahceli, 2025).

Nachweislich führt das Instrument TPI zu einer dauerhaften Zinssubventionierung mediterraner Staaten, wodurch eine implizite Solidarhaftung innerhalb der Eurozone entsteht. Es bewirkt eine kontinuierliche Umverteilung von den bonitätsstarken Mitgliedstaaten hin zu wirtschaftlich schwächeren Ländern des Mittelmeerraums. Der jährliche Transfer beläuft sich auf einen mittleren zweistelligen Milliardenbetrag. Hinzu kommt, dass die Inanspruchnahme des TPI – anders als beim OMT-Programm – de facto an keine Bedingungen geknüpft ist (Abschn. 7.3). Damit steht das TPI im Widerspruch zur Nicht-Beistandsklausel des Maastrichter Vertrags (Artikel 125 AEUV), wonach es der Staatengemeinschaft untersagt ist, finanziell bedrängten Mitgliedstaaten beizustehen (Kap. 7).

Das TPI erlaubt der EZB theoretisch den unbegrenzten Ankauf von Staatsanleihen kriselnder Mitgliedstaaten, sobald deren Risikoaufschläge ein Niveau erreichen, das ihre Refinanzierungsfähigkeit gefährdet. Diese implizite Garantiezusage hat die Finanzmärkte beruhigt und die Renditen im Euroraum weitgehend nivelliert. Den begünstigten Staaten eröffnen sich dadurch Konditionen, die sie unter Marktbedingungen nicht erhalten würden. Die künstlich dauerhaft abgesenkten Finanzierungskosten haben in der Folge die Neigung zu übermäßiger Staatsverschuldung zementiert.

Hinzu kommt, dass die fiskalischen Regeln des Maastrichter Vertrags faktisch außer Kraft gesetzt sind – insbesondere die 60%-Grenze für den Schuldenstand und die Drei-Prozent-Defizitregel. Gerade die südlichen Mitgliedstaaten haben diese Vorgaben vielfach gebrochen (Abb. 6.6). Möglich wurde dies, weil die EU vertragswidrige staatliche Verschuldung nicht effektiv sanktionierte – entgegen den gesetzlichen Vorgaben des Maastrichter Vertrags (Kap. 7). So entstand der übermäßige Schuldenaufwuchs in den südlichen Peripheriestaaten – eine Entwicklung, für die sowohl die EZB als auch die EU eine erhebliche Mitverantwortung tragen (Abb. 6.4).

Nach dem Verständnis seiner Urheber soll das TPI als permanenter geldpolitischer Korrekturmechanismus fungieren. Über eine implizite Haftungszusage und die Ankündigung selektiver Anleihenkäufe zielt es darauf ab, langfristige Zinsen zu glätten und Risikoaufschläge innerhalb

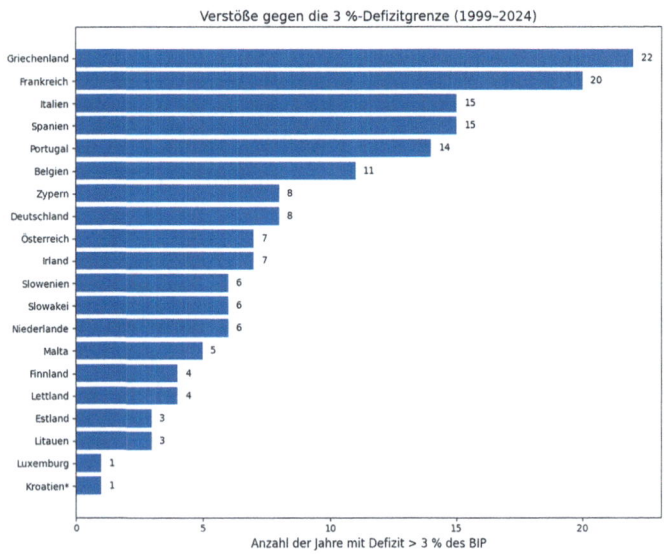

Abb. 6.6 Anzahl der Verstöße gegen die 3 %-Defizitgrenze der heutigen Euro-Länder seit Einführung des Euro, Datenjahre 1999–2024. (Quelle: Eurostat-Datensatz *"General government deficit/surplus, % of GDP"*, Stand April 2025)

6 Geldpolitik im Dienst der Schuldenstaaten

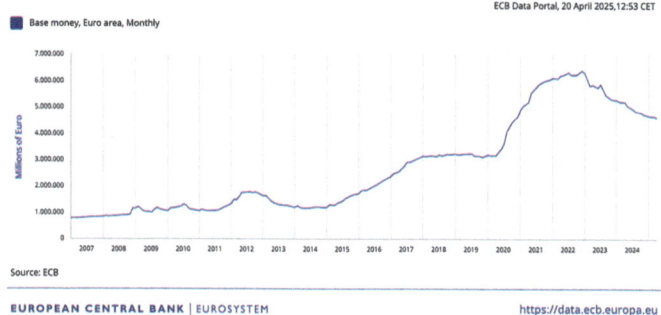

Abb. 6.7 Aufwuchs der Geldmenge M0 in der Eurozone. (Quelle: ECB Data, 2025)

der Eurozone zu reduzieren. In dieser Funktion wird es als neuer Stabilitätsanker verstanden. Tatsächlich jedoch benötigt die Währungsunion länderspezifische Zinsspreads. Nur wenn eine höhere Staatsverschuldung auch mit steigenden Zinsen einhergeht, bleiben Konsolidierungsanreize der Länder wirksam und der föderale Ordnungsrahmen der Währungsunion gewahrt (Deutsche Bundesbank Juli 2011).

Die Politik der übermäßigen Geldmengenausweitung und der Zinssubventionen führte letztlich auch zum Rücktritt mehrerer Bundesbankpräsidenten – zunächst Axel Weber, später Jens Weidmann (Hahne 2021). Beide setzten sich im EZB-Rat über Jahre hinweg für eine geldpolitische Ausrichtung im Sinne des Maastrichter Regelwerks ein, wurden jedoch regelmäßig überstimmt. Diese Machtverhältnisse verweisen auf einen grundlegenden Konstruktionsfehler des Eurosystems: Im EZB-Rat besitzt jedes Mitgliedsland, ungeachtet seiner Größe oder wirtschaftlichen Bedeutung, dasselbe Stimmrecht. Dadurch kann eine Koalition hochverschuldeter, kleiner Staaten eine Geldpolitik durchsetzen, die den Interessen der stabilitätsorientierten Länder und der Bevölkerungsmehrheit im Euroraum zuwiderläuft.

Um die Europäische Zentralbank dauerhaft auf einen stabilitätspolitischen Kurs zu verpflichten, sollten ihre Mandatsgrenzen klar definiert und ihre Unabhängigkeit auf eine tragfähige demokratische Legitimation gestützt werden. Eine zentrale Voraussetzung dafür ist die Reform der Stimmrechtsverteilung im EZB-Rat. Künftig sollte die Stimmengewichtung sowohl die Bevölkerungsgröße als auch die wirtschaftliche Leistungsfähigkeit der Mitgliedstaaten angemessen berücksichtigen. Angesichts der weitreichenden Umverteilungseffekte geldpolitischer Entscheidungen ist eine stärkere demokratische Repräsentation unerlässlich.

Ergänzend sollte auf europäischer Ebene ein Insolvenzrecht für Mitgliedstaaten der Eurozone eingeführt werden. Ein geordneter Mechanismus zur Abwicklung zahlungsunfähiger Staaten würde die Glaubwürdigkeit der Nichtbeistandsklausel stärken, die EZB von monetärer Staatsfinanzierung abhalten und die Haushaltsdisziplin innerhalb der Währungsunion fördern (Sachverständigenrat, 2022). Eine Weiterentwicklung des Vertrags von Maastricht müsste zudem die Transparenz und Kontrolle nationaler Haushalte verbessern und wirksame Sanktionen bei Regelverstößen verbindlich verankern. Solche Reformen sind zweifellos politisch anspruchsvoll, da sie die Zustimmung aller Mitgliedstaaten erfordern. Doch nur durch klare und für alle verbindliche Regeln lässt sich das Vertrauen in die Stabilität des Euro und das ordnungspolitische Fundament der Währungsunion dauerhaft sichern.

6.9 Herausforderung Währungsunion – die Gefahr neuer Inflation

Inflation äußert sich in einem anhaltenden Anstieg des allgemeinen Preisniveaus. Sie geht mit tiefgreifenden Umverteilungseffekten einher, die das gesellschaftliche Gefüge ernsthaft destabilisieren können. Vermögende haben die Option, ihr Kapital durch Umschichtung in inflationsgeschützte Anlageformen wie Sachwerte, Immobilien oder Aktien vor Wertverlust zu schützen. Geringverdiener hingegen verfügen kaum über entsprechende Möglichkeiten und müssen die Erosion ihres Lebensstandards hinnehmen. Auch Sparer und Gläubiger erleiden in einem inflationsgeprägten Umfeld erhebliche Vermögensverluste. Zudem wirkt Inflation hemmend auf private Investitionen. Unvorhersehbare Preisentwicklungen erschweren die wirtschaftliche Kalkulation und verringern die Planungssicherheit von Unternehmen, insbesondere bei langfristig ausgerichteten Investitionsvorhaben.

Staaten hingegen zählen in vielerlei Hinsicht zu den Profiteuren der Inflation. Einerseits sinken die Schuldenquoten infolge steigender nominaler Wirtschaftsleistung. Andererseits führen progressiv ausgestaltete Steuertarife zu wachsenden Einnahmen. Allerdings bestehen auch auf staatlicher Ebene Risiken. So verlieren beispielsweise die sogenannten Target-Salden – Kreditforderungen der Bundesbank gegenüber dem Eurosystem – im Zuge einer Inflation real an Wert, da ihre nominale Rückzahlung einer geringeren Kaufkraft entspricht. Diese Forderungen belaufen sich inzwischen auf etwa eine Billion Euro (Abb. 6.3) und machen rund die Hälfte des deutschen Nettoauslandsvermögens aus (Deutsche Bundesbank, 2025).

Im Jahr 2025 ist die erste Inflationswelle, die Europa seit 2021 erfasst hatte und im Herbst 2022 mit über zehn

Prozent ihren Höhepunkt erreichte (Eurostat, 2022), weitgehend abgeklungen. Der Kampf der Europäischen Zentralbank (EZB) gegen bestehende Inflationsrisiken ist damit keineswegs beendet – insbesondere aufgrund der weiterhin bestehenden Liquiditätsschwemme infolge der langjährigen Ankaufprogramme. Allerdings wird ihre Handlungsfähigkeit durch mehrere Faktoren erheblich eingeschränkt. Dazu zählen die hohe Verschuldungsdynamik in zahlreichen Mitgliedstaaten sowie eine latente Vertrauenskrise im Bankensektor (ECB, 2024).

Die über Jahre betriebene expansive Geldpolitik der EZB hat einen massiven Geldüberhang geschaffen. Bis zum Ende der Corona-Pandemie hatte sie zusätzlich zum über das reale Wirtschaftswachstum hinausgehenden Aufwuchs der Anleihebestände Staatsanleihen im Umfang von über vier Billionen Euro erworben. Dies spiegelt sich in einem entsprechenden Anstieg der Schuldenquoten im Euroraum wider. Ein solcher Geldüberhang – der bis heute fortbesteht – sucht früher oder später nach Anlagemöglichkeiten. Trifft diese zusätzliche Nachfrage auf ein begrenztes Angebot, entsteht Inflation (Sinn, 2021). In der Folge könnten sich negative Realzinsen verfestigen, was den Anreiz zu weiterer Staatsverschuldung erhöht und den Preisauftrieb verschärft.

Der notwendige Abbau des Überhangs der Geldbasis (M0) verläuft zunehmend schleppend und stabilisiert sich auf einem deutlich überhöhten Niveau (Abb. 6.7). Demnach hat sich seit der Finanzkrise von 2008 die Geldbasis mehr als verfünffacht und – gemessen am Wirtschaftswachstum – immer noch mehr als verdreifacht (Statista, 2025). Eine stabilitätsorientierte Geldpolitik hätte einen entschlossenen Rückbau dieses Überhangs erfordert. Dieser blieb jedoch aus, da die EZB aus Gründen der Finanzmarktstabilität kaum in der Lage ist, über längere Zeiträume hinweg eine restriktive Linie durchzuhalten.

6 Geldpolitik im Dienst der Schuldenstaaten

Der Zunder für Inflation ist somit keineswegs beseitigt, sondern er lagert weiterhin in Geldhorten oder zirkuliert im Finanzsystem. Eine erneute Angebotsverknappung – etwa durch die Energiewende, den demografischen Wandel, zunehmender Protektionismen oder disruptive Ereignisse wie Kriege und Handelssanktionen – könnte ausreichen, um eine neue Inflationswelle in Gang zu setzen. Verfestigen sich die Inflationserwartungen, folgen vorgezogene Käufe, steigende Lohnforderungen und eine sich selbst verstärkende Lohn-Preisspirale.

Je nach Intensität dieser Dynamik reicht dann eine bloße Zinserhöhung nicht mehr aus, um gegenzusteuern. Erforderlich wäre dann ein rascher Abbau der von der EZB gehaltenen Anleihebestände (Sachverständigenrat 2022). Ein solcher Kurs jedoch würde die Refinanzierungsbedingungen hochverschuldeter Mitgliedstaaten erheblich verschlechtern, Verluste in den Bankbilanzen verursachen – und könnte der Auftakt zu einer neuen Finanz- und Staatsschuldenkrise bilden.

Einen Vorgeschmack auf die Anfänge einer solchen Entwicklung könntendie von der US-Regierung im Jahr 2025 verhängten Handelszölle auf europäische Waren liefern. Sollte es zu einer Eskalation kommen, droht eine Abwertung des Euro gegenüber dem US-Dollar. Verantwortlich dafür wären sowohl die rückläufige Nachfrage nach in Euro gehandelten Exportgütern als auch verstärkte Kapitalabflüsse in Richtung Vereinigte Staaten (Reuters, 2025). Die dadurch ausgelöste Dollar-Aufwertung wirkt inflationstreibend, da sie die Preise für importierte Güter in Europa steigen lässt. Ein ähnlicher Effekt war bereits im Jahr 2022 im Zusammenhang mit der verzögerten Zinswende der Europäischen Zentralbank zu beobachten. Zudem neigen betroffene Staaten erfahrungsgemäß dazu, auf protektionistische Maßnahmen mit Zinssenkungen zu reagieren. Dadurch wächst die Gefahr eines globalen

Zinswettlaufs nach unten, der das Inflationsrisiko weiter verschärfen kann.

Auch die Aufweichung der deutschen Schuldenbremse trägt zur Preisdynamik bei. Ursprünglich im Jahr 2009 mit breiter parlamentarischer Mehrheit beschlossen, begrenzte sie ab 2016 die strukturelle Neuverschuldung des Bundes auf maximal 0,35 % des Bruttoinlandsprodukts. Ziel war es unter anderem, die langfristige Kreditwürdigkeit der Bundesrepublik zu bewahren (BMF, 2022). Dennoch stand die Schuldenbremse von Beginn an im Zentrum der Kritik zahlreicher Haushaltspolitiker und Interessengruppen. Vor der Bundestagswahl 2025 wurde zunehmend ihre „Reform" gefordert. Kurz nach der Wahl kam es schließlich zum politischen Dammbruch und die Schuldenregel wurde gelockert (OSW, 2025).

Dabei erfüllt sie eine zentrale ordnungspolitische Funktion. Sie wirkt dem europaweiten Trend zu wachsender Staatsverschuldung entgegen und begrenzt damit verbundene Inflationsrisiken. Zwischen der Preisentwicklung (Abb. 6.2) und der staatlichen Verschuldung (Abb. 6.1) besteht nämlich ein enger Zusammenhang, wonach zunehmende Schulden Inflation begünstigen können und umgekehrt.

Übermäßige Verschuldung mindert die Bonität eines Staates und erschwert seine Refinanzierung. In der Eurozone übernimmt daher zunehmend die EZB faktisch die Rolle eines Kreditgebers letzter Instanz. Zu diesem Zweck hat sie im Rahmen des TPI-Programms einen Mechanismus etabliert, der länderspezifische Risikoaufschläge gezielt neutralisiert (ECB, 2022). Die disziplinierende Wirkung der Kapitalmärkte, also der Zinsanstieg als Reaktion auf höhere Risiken, wird dadurch systematisch ausgehebelt. Vor allem südeuropäische Staaten profitieren von diesem geldpolitischen Kurs. Dieser Mechanismus entfaltet nur so lange eine stabilisierende Wirkung, wie die Kreditwürdigkeit Deutschlands unangetastet bleibt. Sollte die Bonität Deutschlands jedoch erodieren, würde das Land seine Funktion als Stabilitätsanker der Eurozone einbüßen. In der Folge geriete die gesamte europäische Zinsstruktur ins Wanken und es droht ein Kollaps des Finanzsystems. Es wäre der Auftakt in eine neue europäische Staatsschuldenkrise. Das zugrunde liegende Muster ist bekannt: expansive Geldpolitik, massenhafte Anleihekäufe, Schuldenfinanzierung durch frisch geschaffenes Zentralbankgeld, rapide steigende Staatsverschuldung – und schließlich eine ausufernde Inflation.

Ein Rückblick auf die große Staatsschuldenkrise im Jahr 2012 verdeutlicht die potenziellen Ausmaße. Damals wurde Griechenland faktisch zahlungsunfähig, was umfangreiche Rettungsmaßnahmen erforderlich machte. Die europäische Staatengemeinschaft griff auf Mittel aus dem Rettungsschirm ESM zurück und unterstützte das Land durch weitreichende Schuldenerlasse. Insgesamt wurden Griechenland Schulden in Höhe von rund 170 % seines Sozialprodukts durch öffentliche und private Gläubiger erlassen. Während die Rettung eines kleinen Landes wie Griechenland gerade noch zu bewältigen war, wäre ein vergleichbarer Kraftakt für große Volkswirtschaften wie Italien oder Frankreich nicht vorstellbar. Beide Länder verfügen jeweils über ein rund zehnmal so großes Sozialprodukt, was die Tragfähigkeit vergleichbarer Hilfsmaßnahmen bei weitem übersteigen würde (Kap. 7).

Deutschland trägt daher eine besondere Verantwortung für die Stabilität der Eurozone. Vor diesem Hintergrund war die Lockerung der Schuldenbremse und die Auflage umfangreicher Sondervermögen ein folgenschwerer Fehler. Auch wenn ein Systemkollaps ausbleibt, erhöht die zusätzliche Liquidität die Inflationsrisiken deutlich.

So könnte eine durch Handelszölle ausgelöste Anfangsinflation eine neue Inflationsspirale in Europa in Gang setzen: Zum einen steigt der Inflationsdruck infolge der demografischen Alterung (European Commission, 2024). Zum anderen beruht die seit Mitte 2023 anhaltende wirtschaftliche Schwächephase nicht auf mangelnder Nachfrage, wie es bei klassischen Rezessionen der Fall wäre, sondern auf strukturellen angebotsseitigen Engpässen. Fachkräftemangel und Energieknappheit begrenzen dauerhaft das Produktionspotenzial, das Angebot lässt sich kaum noch erweitern. Unter diesen Bedingungen führt eine schuldenfinanzierte Nachfragesteigerung nicht zu nennenswertem Wachstum, sondern verschärft vielmehr den Preisdruck.

Am Ende wird die gesamte Bevölkerung die Konsequenzen politischer Fehlentscheidungen tragen müssen. Inflation enteignet Sparer und Rentner, verteilt die Lasten auf ungerechte Weise und untergräbt die wirtschaftliche Grundlage breiter Bevölkerungsschichten. Je länger notwendige Korrekturen hinausgezögert werden, desto größer fallen die Verluste für die Gesellschaft insgesamt aus.

Um auf europäischer Ebene weiteren Inflationswellen wirksam vorzubeugen, reicht es nicht aus, den Ankauf von Wertpapieren lediglich auszusetzen, wie Abb. 6.7 nahelegt. Die nachhaltige Eliminierung struktureller Inflationsrisiken setzt eine vollständige Rückabwicklung des Geldüberhangs voraus. Dies erfordert eine sukzessive Reduktion der Geldmenge M0 auf das Niveau von 2008, ergänzt um den geldpolitisch gerechtfertigten Zuwachs infolge des realwirtschaftlichen Wachstums seitdem. Reformbedarf besteht auch beim TPI-Programm der Europäischen Zentralbank. Es senkt das Zinsniveau einzelner Mitgliedstaaten überproportional und entfaltet damit letztlich eine inflationstreibende Wirkung (Kap. 7).

Darüber hinaus bedarf es einer langfristig ausgerichteten, restriktiven Geldpolitik, die Preisstabilität im Sinne des Maastricht-Vertrags wieder ins Zentrum stellt und konsequent ein Inflationsziel nahe null Prozent verfolgt. Um dieses Ziel zu erreichen, sind tiefgreifende Reformen unerlässlich. Dazu gehören die demokratische Neugestaltung der Stimmverhältnisse im EZB-Rat, die Einführung eines Insolvenzrechts für Mitgliedstaaten sowie eine strengere Regulierung systemrelevanter Banken durch deutlich höhere Eigenkapitalanforderungen. Auf dieser Grundlage ließe sich die Stabilität der Eurozone langfristig sichern.

Literatur

Arnold. 2023. The Activation Conditions of the Transmission Protection Instrument: Flawed by Design, Ivo J. M. Arnold, Erasmus University Rotterdam, Intereconomics Volume 58, Number 5.

Bank for International Settlements (BIS). (2022). Inflation: a look under the hood.

Bahceli. 2025. „Higher yields drive record demand for euro zone government debt sales", Reuters, Yoruk Bahceli, 31. Januar 2025.

Blanchard, O. (2023). Fiscal Policy Under Low Interest Rates. MIT Press.

Blanchard, O., Dell'Ariccia, G., & Mauro, P. (2010). Rethinking Macroeconomic Policy. IMF Staff Position Note.

BMWK – Bundesministerium für Wirtschaft und Klimaschutz. (2023). FAQs zur Energiepreisbremse.

Bocksch, M. (2020). Die 750-Milliarden-Euro-Schuldenunion: Welche Risiken in den EU-Coronahilfen lauern.

Borio, C., Lombardi, M., & Zampolli, F. (2022). Global shocks and the new global inflation. Bank for International Settlements. https://www.bis.org/publ/bppdf/bispap125.pdf.

Borri, N., & Reichlin, L. (2022). Monetary policy, inflation and the COVID shock. VoxEU.

BP. (2023). Statistical Review of World Energy 2023.

Bruegel (2022): Inflation and the burden of public debt.

Bruegel. (2023). The Energy Price Crisis: How Europe Responded.

Brunnermeier, M. K., Landau, J.-P., Reis, R. (2021). The Digital Euro and the Future of Money. CEPR.

Bundesbank (2024). Target2-Salden im Eurosystem: Entwicklung und Risiken. Monatsbericht März 2024.

Bundesfinanzministerium (BMF). 2022. Kompendium zur Schuldenregel des Bundes (Schuldenbremse).

Bundesministerium der Finanzen (BMF) 2009. Finanzmarktstabilisierungsfonds (SoFFin) – Eckdaten und Bericht.

Bundesministerium der Finanzen (BMF) 2022a. Wirtschaftsstabilisierungsfonds des Bundes (WSF).

Bundesministerium der Finanzen (BMF) 2023a. Klimaschutz und Transformationsfonds – Haushaltsgesetz 2023.

Bundesministerium der Finanzen (BMF) 2024. Monatsbericht Dezember 2024: Kreditaufnahme des Bundes und seiner Sondervermögen.

Bundesministerium der Verteidigung (BMVg) 2022. Gesetz über das Sondervermögen Bundeswehr.

Bundesministerium für Wirtschaft und Klimaschutz (BMWK) 2022. Strom und Gaspreisbremsen beschlossen.

Bundesrechnungshof 2021. EU Wiederaufbaufonds: Risiken für den Bundeshaushalt.

De Grauwe, P. (2013). Design Failures in the Eurozone: Can they be fixed? LSE 'Europe in Question' Discussion Paper Series. https://eprints.lse.ac.uk/51644/.

Destatis, 2023. Schuldenstandquoten der EU-Mitgliedstaaten Bruttoschulden (konsolidiert) in % des Bruttoinlandsproduktes

Deutsche Bundesbank (2023). Target2-Salden – Entwicklungen und Bewertung.

Deutsche Bundesbank (2024): Target2-Salden und ihre Bedeutung für Deutschland. Monatsbericht.

6 Geldpolitik im Dienst der Schuldenstaaten

Deutsche Bundesbank Juli 2011. Monatsbericht Juli 2011: Staatsanleihekäufe und geldpolitische Risiken.
Deutsche Bundesbank. (2011). Die Schuldenbremse im Grundgesetz – Konzeption und Umsetzung.
Deutsche Bundesbank. 2025. International investment position and external debt: TARGET2 claims.
DIW Berlin (2023): Inflation, Kapazitätsengpässe und Investitionsrisiken. Wochenbericht 35/2023.
Erhard, L. (1957). Wohlstand für alle. Econ Verlag.
EU-Kommission (2024): Reform des Stabilitäts- und Wachstumspakts – Vorschläge der Kommission.
EUR-Lex (Vertrag über die Arbeitsweise der EU): Artikel 123 AEUV.
European Commission (EC) 2020. Next Generation EU – Questions and Answers.
European Commission (EC) 2025. European Defence – Readiness 2030 White Paper.
European Commission. 2012. The Second Economic Adjustment Programme for Greece. Occasional Paper 94.
European Commission. 2024. The 2024 Ageing Report: Economic and budgetary projections for the EU Member States (2021–2070).
Europäische Kommission AEUV (2020b). Vertrag über die Arbeitsweise der Europäischen Union (AEUV), Artikel 125.
European Council 1997. Resolution on the Stability and Growth Pact.
European Union 1992. Treaty on European Union (Maastricht Treaty).
European Central Bank (ECB). 2022. The Transmission Protection Instrument – Press Release, 21 July 2022.
European Central Bank (ECB). 2024. Financial Stability Review, November 2024.
European Central Bank (ECB). 2025. Eurosystem Base Money Series ILM.M.U2.C.LT00001.Z5.EUR.
ECB. 2025b. Report on Monetary Policy Tools, Strategy and Communication. ECB Occasional Paper Series No. 372, Juni 2025, S. 33: "Neither OMTs nor the TPI have been

activated to date." European Central Bank (ECB). https://www.ecb.europa.eu/pub/pdf/scpops/ecb.op372.en.pdf

Europäische Zentralbank (2022): Geldpolitische Instrumente im Euroraum.

Europäische Zentralbank (2023). TARGET2 – Das Trans-European Automated Real-time Gross Settlement Express Transfer System.

Europäische Zentralbank (2023): EZB-Erklärstück zur Preisstabilität.

EZB – Europäische Zentralbank (2022a). Inflation and the ECB's monetary policy response.

EZB – Europäische Zentralbank (2022b). Asset purchase programme (APP).

Europäisches Parlament (2019): Ten years on from the financial crisis – State of the Banking Union.

Eurostat (2022a). Euro area annual inflation up to 10.6% in October 2022.

Eurostat (2022b). Industrial producer prices up by 43.3% in the euro area.

Eurostat. 2022. Annual inflation up to 10.6 % in the euro area – October 2022 (News Release 130/2022).

F.A.Z. (2025): Kommentar zur Schuldenpolitik nach der Bundestagswahl, März-Ausgabe.

Feld, L. P., Reuter, W. H., & Yeter, M. (2021). Die Zukunft der Schuldenbremse. Perspektiven der Wirtschaftspolitik, 22(2), 120–140.

Fraunhofer ISE. (2023). Speicherbedarf für 100 % erneuerbare Stromversorgung in Deutschland.

Gabler Wirtschaftslexikon (2023). Target-Salden.

Ganteför. 2025. Realität der Energiewende (eine Warnung), Gerd Ganteför, Grenzen des Wissens. 22.06.2025. https://www.youtube.com/watch?v=MKzy5tRds2M

Goodhart, C., & Pradhan, M. (2020). The Great Demographic Reversal: Ageing Societies, Waning Inequality, and an Inflation Revival. Palgrave Macmillan.

Gschoßmann, F. (2023). Teuer-Urlaub: Warum viele Deutsche auf Reisen verzichten müssen. Handelsblatt.

Hahne, H. 2021. Rücktritt von Bundesbankpräsident Jens Weidmann: Ein Paukenschlag.

Helmus, J. & Mitzlaff, F. (2023). Inflation und Währungsstabilität in der Eurozone: Ursachen, Folgen, Reformvorschläge.

Helmus, J., & Mitzlaff, F. (2024). Die Schattenseiten von TARGET2: Risiken und Reformbedarf der Eurozone.

Höffe, O. (2021): Demokratie im Ernstfall. Über das Verhältnis von Politik und Verantwortung.

IEA – International Energy Agency Q4. (2021). Gas Market Report, Q4 2021.

IEA – International Energy Agency. (2021). Germany 2020: Energy Policy Review.

IEA – International Energy Agency. (2022). Energy Crisis and Natural Gas Security in Europe.

Ifo Institut Sep. 2023. Wirtschaftspolitische Herausforderungen angesichts steigender Staatsverschuldung.

Ifo-Institut (2023): Investitionsklima und Kapitalmarktdynamik im Euro-Raum.

IfW Kiel 2022. Vorschläge für eine Reform der EZB-Stimmrechte.

IfW Kiel. (2023). Energiepolitik und Wettbewerbsfähigkeit: Fehlanreize durch die Energiewende.

IMF 2021. World Economic Outlook Update July 2021: Fault Lines Widen in the Global Recovery.

Institut der deutschen Wirtschaft Köln (IW Köln). (2023). Fachkräftemangel – Status quo und Ausblick.

Issing, O. (2010). Why a Common Currency Must Be Based on Shared Principles. Frankfurter Allgemeine.

Issing, O. et al. (2019). Für eine Stabilitätsunion: 40 Ökonomen gegen die Schuldenvergemeinschaftung. FAZ.

IW Köln (2025): Finanzierung der Sicherheit: Schulden oder Subventionen?

IW Köln – Institut der deutschen Wirtschaft. (2023). CO_2-Minderungsbilanz Deutschlands im internationalen Vergleich.

IWF – Internationaler Währungsfonds (2022). Fiscal Monitor: Helping People Bounce Back. https://www.imf.org/en/Publications/FM/Issues/2022/10/07/fiscal-monitor-october-2022.

Konrad-Adenauer-Stiftung. (2023). Kernenergie in Deutschland – Rückbau oder strategische Reserve?

Lagarde, C., & Luis de Guindos, L. (2021). Introductory Statement at the ECB Press Conference, December 2021. European Central Bank.

Lane, P. (2022). Monetary Policy in the Euro Area: From Pandemic to Energy Shock. ECB Speech, November 2022.

Mody, A. (2018). EuroTragedy: A Drama in Nine Acts. Oxford University Press.

Mussler, W. 2010. Europas Staatskrise: Wie die Kanzlerin den Maastricht-Vertrag brach.

OECD. (2023). Electricity Security and the Role of Renewables in Germany.

OSW Centre for Eastern Studies. 2025. The debt brake: Germany in a crisis of uncertainty.

Plumpe, W. (2022). Wirtschaftskrisen und wirtschaftspolitische Antworten: Vom Volcker-Schock zur Corona-Pandemie. C.H. Beck.

Raffelhüschen, B. (2024): Generationenbilanz 2024 – Implizite Staatsverschuldung in Deutschland.

Reuters. 2025. "LVMH's Arnault lashes out at Brussels amid trade tensions with United States", 17 April 2025.

Sachverständigenrat zur Begutachtung der gesamtwirtschaftlichen Entwicklung (2022). Inflation und Geldpolitik – Jahresgutachten 2022/23.

Sachverständigenrat zur Begutachtung der gesamtwirtschaftlichen Entwicklung (2023): Jahresgutachten 2023/24.

Sachverständigenrat zur Begutachtung der gesamtwirtschaftlichen Entwicklung 2022. Jahresgutachten 2022/23: Zeitenwende für die Weltwirtschaft.

Sachverständigenrat zur Begutachtung der gesamtwirtschaftlichen Entwicklung. (2023). Jahresgutachten 2023/24 – Zeitenwende in der Wirtschaftspolitik.

Samuelson, P. A., & Nordhaus, W. D. (2010). Economics (19th ed.). McGraw-Hill Education.

Schuknecht, L. (2021). Public Spending and the Role of the State: History, Performance, Risk and Remedies. Cambridge University Press.

Sinn, H.-W. (2012). Die Target-Falle: Gefahren für unser Geld und unsere Kinder.

Sinn, H.-W. (2014). The Euro Trap: On Bursting Bubbles, Budgets, and Beliefs. Oxford University Press. https://global.oup.com/academic/product/the-euro-trap-9780198717102

Sinn, H.-W. (2021). Der Corona-Schock: Wie die Wirtschaft überlebt. Herder Verlag.

Sinn, H.-W. (2022). Inflation in der Euro-Zone auf Rekordniveau.

Sinn, H.W. 2024. Inflationsgefahr und Geldpolitik der EZB. ifo Schnelldienst 77(3), 49–51.

Spiegel. (2022). Energiepreisbremse kommt – was sie bedeutet.

Statista, 2025, Entwicklung des BIP in der Eurozone.

Stiglitz, J. E. (2012). The Price of Inequality. W. W. Norton & Company. https://wwnorton.com/books/the-price-of-inequality/.

SVR – Sachverständigenrat (2023): Jahresgutachten – Herausforderungen für die Finanzpolitik.

Süddeutsche Zeitung (2025): Koalition beschließt Billionen-Schuldenpaket, Ausgabe März 2025.

Tagesschau 2023. Karlsruhe stoppt Haushalts Trick der Ampel.

Tagesschau 2025. Einigung auf Billionen Investitionspaket. https://www.tagesschau.de/wirtschaft/finanzen/schuldenpaket-billion-100.html

Tillar, R. (2023). Currency Shifts and the ECB's Inflation Dilemma.

Truger, A. 2023. Der Stabilitäts- und Wachstumspakt: Reformbedarf und Perspektiven.

UBA – Umweltbundesamt. (2023). CO_2-Bepreisung in Deutschland und Europa.

UBA – Umweltbundesamt. (2023). Erneuerbare Energien in Zahlen 2023.

Urmersbach, M. (2024). Inflationsrate in der Eurogruppe 2021–2024.

Wehrle, F. (2022). Kostenstrukturen erneuerbarer Reserveenergie in Deutschland.

Weidmann, J. (2020). Low Interest Rates, High Public Debt – What Are the Risks? Deutsche Bundesbank Speech.

Wikipedia (2023). Flughafen Berlin Brandenburg – Kostenübersicht.

Wirtschaftsdienst (2022). Importierte Inflation und Zinswende: Herausforderungen für die EZB.

Zachmann, G., Tagliapietra, S., & McWilliams, B. (2022). Europe's Energy Crisis: What Next? Bruegel Policy Contribution.

7

Vom Stabilitätspakt zur Haftungs- und Transferunion

Mit dem Vertrag von Maastricht wurde der rechtliche Rahmen für die Europäische Union (EU) gelegt. Er bildet das Fundament des europäischen Einigungsprozesses und legt die Grundprinzipien einer vertieften wirtschaftlichen und politischen Zusammenarbeit der Mitgliedstaaten fest. Mit seinem Inkrafttreten im November 1993 ebnete der Vertrag nicht nur den Weg für eine verstärkte Integration, sondern auch für die Einführung einer gemeinsamen Währung – des Euro. Dieser wurde im Januar 1999 zunächst als Buchgeld eingeführt und ist seit Januar 2002 als Bargeld im Umlauf.

Ein zentraler Bestandteil des Vertrags von Maastricht sind die sogenannten Fiskalkriterien, die sowohl für die EU-Mitgliedstaaten als auch für Beitrittskandidaten verbindliche finanzpolitische Vorgaben festlegen. Ziel dieser Kriterien ist es, die geldpolitische Stabilität und haushaltspolitische Solidität innerhalb der Währungsunion zu gewährleisten. Dazu gehören unter anderem Obergrenzen für die Gesamtverschuldung aller Mitgliedstaaten und Beitrittskandidaten sowie für die jährliche Neuverschuldung der Beitrittskandidaten. Diese Regelungen sollen für stabile Preise, niedrige langfristige Zinssätze und Wechselkurse sorgen.

Ergänzt wurde dieses Regelwerk 1997 durch den Stabilitäts- und Wachstumspakt. Er verpflichtet sämtliche Mitgliedstaaten zu einer soliden und nachhaltigen Haushaltspolitik und schafft einen verbindlichen Rahmen für die Koordinierung und Überwachung der nationalen Finanzpolitiken. Im Zentrum stehen dabei die im Vertrag von Maastricht definierten Fiskalkriterien. Demnach darf das jährliche Haushaltsdefizit eines Mitgliedstaates drei Prozent des Bruttoinlandsprodukts (BIP) nicht übersteigen, während die Gesamtverschuldung auf maximal 60 % des BIP begrenzt ist. Der Stabilitäts- und Wachstumspakt sieht bei übermäßiger Defizitbildung klare Sanktionen vor – darunter Geldstrafen von bis zu 0,5 % des BIP oder die Verpflichtung zur Einzahlung unverzinslicher Einlagen bei der EU (Europäische Kommission 2020).

Eine weitere wesentliche Regelung des Maastrichter Vertragswerks stellt die sogenannte Nichtbeistandsklausel (Artikel 125 AEUV) dar. Sie untersagt EU und Mitgliedstaaten, für die Verbindlichkeiten eines anderen Mitgliedstaats oder von Unionsorganen einzustehen – also Schulden zu übernehmen oder zu garantieren. Mit dieser Bestimmung wollten die Vertragsparteien verhindern, dass Staaten sich auf eine implizite Haftungsgemeinschaft verlassen und dadurch risikoreiche Haushalts- oder Kreditpolitik betreiben.

Gleichwohl schließt Artikel 125 AEUV finanzpolitischen Beistand nicht grundsätzlich aus. Zulässig bleiben Kredite oder Hilfen, sofern sie strikt konditioniert sind und nicht einer automatischen Haftungsübernahme gleichkommen. In der Praxis bildet die Nichtbeistandsklausel somit einen zentralen Anker der EU-Haushaltsarchitektur, der auf Haushaltsautonomie der Länder, Haftungstrennung und Marktintegration setzt, gleichzeitig aber Raum für solidarische, institutionell abgesicherte Rettungsinstrumente lässt, sofern diese nicht zur unkonditionierten Vergemeinschaftung von Staatsschulden führen.

Gemäß dem Vertrag von Maastricht war die Europäische Währungsunion ursprünglich als Stabilitätsgemeinschaft angelegt. Strenge Vorgaben zu Defizit- und Schuldenobergrenzen sowie das ausdrückliche Verbot der monetären Staatsfinanzierung sollten Preisstabilität sichern und zugleich übermäßiger Staatsverschuldung sowie Fehlanreizen vorbeugen (TFEU 2012). Doch bereits mit der Einführung des Euro setzte eine rasche Zinskonvergenz innerhalb der Eurozone ein (Sinn 2021). Insbesondere die südlichen Mitgliedstaaten profitierten plötzlich von historisch niedrigen Zinssätzen und ungewöhnlich günstigen Finanzierungsbedingungen – Vorteile, die ihnen vor der Währungsunion nicht zur Verfügung standen. Viele Investoren betrachteten die gemeinsame Währung als implizite Garantie gegen Zahlungsausfälle und vergaben Kredite bereitwillig, ohne die jeweiligen länderspezifischen Risiken angemessen zu berücksichtigen (IMF 2014).

Während solide Länder wie Deutschland im ersten Jahrzehnt nach der Einführung des Euro einen erheblichen Abfluss privaten Kapitals in den Süden der Währungsunion verzeichneten, erlebten die GIPSIZ-Staaten (Griechenland, Italien, Portugal, Spanien, Irland und Zypern) einen schuldengetriebenen Wirtschaftsboom. Das Kapital floss vielfach in wenig rentable und hochriskante Projekte, insbesondere in den privaten Konsum und spekulative Immobilienmärkte. Löhne und Güterpreise stiegen rasant an, während sich die internationale Wettbewerbsfähigkeit der Mittelmeerländer zunehmend verschlechterte. Die Möglichkeit einer Korrektur über

Währungsabwertungen, wie sie vor Einführung der gemeinsamen Währung noch bestand, um ihre Volkswirtschaften wieder auf Trab zu bringen, war ihnen nun verwehrt.

Die globale Finanzkrise von 2008 traf auf diese wirtschaftlichen Ungleichgewichte mit voller Wucht. Die Risikoaufschläge auf Staatsanleihen der Krisenstaaten schossen in die Höhe, Griechenland verlor den Zugang zu den Kapitalmärkten, und die Eurozone stürzte in eine schwere Staatsschuldenkrise. Notkredite der Europäischen Zentralbank (EZB), der temporäre Rettungsschirm EFSF und später der dauerhafte Europäische Stabilitätsmechanismus (ESM) verhinderten zwar ein unmittelbares Auseinanderbrechen der Währungsunion, überdeckten jedoch lediglich die grundlegenden strukturellen Defizite der betroffenen Staaten, anstatt sie zu beheben (ECB 2013b).

Ab 2010 legte die EZB schrittweise eine Reihe von Ankauf- und Refinanzierungsprogrammen auf. Dazu zählten unter anderem das Securities Markets Programme (SMP), die Outright Monetary Transactions (OMT), die langfristigen Refinanzierungsgeschäfte (LTRO) sowie das Public Sector Purchase Programme (PSPP) und das Pandemic Emergency Purchase Programme (PEPP). Unter dem Sammelbegriff „Quantitative Easing" (QE) erreichte das Volumen dieser Programme bis zum Ausbruch der Coronapandemie eine Größenordnung von rund fünf Billionen Euro (ECB 2022a).

Damit stützte die EZB nicht nur das europäische Bankensystem, sondern übernahm de facto auch die Finanzierung hochverschuldeter Staaten – eine Praxis, die ökonomisch einer monetären Staatsfinanzierung gleichkommt, auch wenn sie juristisch über den Umweg von Sekundärmarktkäufen kaschiert wurde. Die Folgen dieser Entwicklung sind ambivalent. Einerseits verhinderte die Einebnung der Zinsdifferenzen ein Auseinanderbrechen der Währungsunion. Andererseits erhöhte die expansive Geldpolitik die Verschuldung der Staaten erheblich. Bis zum Ende der Corona-Pandemie stieg die Geldbasis (M0) von 880 Mrd. Euro im Jahr 2008 auf über sechs Billionen Euro an (ECB Data 2025). Etwa 80 % des gesamten Schuldenaufwuchses in der Eurozone wurde dabei direkt oder mittelbar mit frisch geschaffenem Zentralbankgeld finanziert.

Während private Kapitalmärkte angesichts zunehmender Risiken höhere Zinsaufschläge verlangt hätten, ermöglichte die EZB den mediterranen Staaten eine Refinanzierung zu historisch niedrigen Zinssätzen – eine Praxis, die zuletzt mit dem Transmission Protection Instrument (TPI) dauerhaft institutionalisiert wurde (ECB 2022b). Dieses Programm erlaubt gezielte Anleihekäufe zugunsten einzelner Krisenstaaten, ohne diese an verbindliche wirtschafts- und haushaltspolitische Reformauflagen zu knüpfen (Abschn. 7.3).

Dank dieser Zinssubventionen können sich die südlichen Mitgliedstaaten weiterhin zu tragfähigen Kosten am privaten Kapitalmarkt finanzieren, um ihre Importüberschüsse zu decken. Flankiert wird diese Politik von umfangreichen fiskalischen Transfers aus EU-Verschuldungspaketen, Mitteln des Europäischen Stabilitätsmechanismus (ESM) sowie durch Target-Kredite des Eurosystems.

Die öffentlichen Kredite des Target-Systems – die sogenannten Target-Salden – bilden ein System interner Kreditverhältnisse zwischen den nationalen Notenbanken des Eurosystems – ohne Fälligkeit, Tilgungspflicht, Besicherung oder betragsmäßige Begrenzung (Sinn & Wollmershäuser, 2012). Auf diese Weise finanzieren die südlichen Peripheriestaaten ihre Importüberschüsse de facto über Geldschöpfung – ohne dafür reale Gegenleistungen zu erbringen. Die öffentlichen Kreditverbindlichkeiten gegenüber dem Eurosystem – die negativen Target-Salden

– haben inzwischen ein enormes Volumen erreicht. Im Gegenzug sind die Target-Forderungen der Bundesbank auf über eine Billion Euro angestiegen (Abschn. 6.2).

Tiefgreifende Strukturreformen in den Staaten, die von den Zinssubventionen profitiert haben, blieben weitgehend aus – obwohl sie für die nachhaltige Wiederherstellung industrieller Wettbewerbsfähigkeit dringend nötig gewesen wären. In vielen dieser Länder liegt die Industrieproduktion sogar unter dem Niveau von 2008 (Eurostat, 2024). Das Ergebnis sind chronische Handelsdefizite, die durch private, fiskalische und zunehmend durch öffentliche Kapitalimporte ausgeglichen werden (Abb. 6.3). Diese Entwicklung verdeutlicht, wie weit sich die Eurozone bereits von ihrem ursprünglichen Stabilitätsversprechen entfernt hat und sich in eine Haftungs- und Transfergemeinschaft verwandelt hat.

In der Folge haben insbesondere Frankreich, Italien und Griechenland Staatsschuldenquoten von weit über 100 % des BIP angehäuft – und bewegen sich damit gefährlich nahe an der Schwelle zur Zahlungsunfähigkeit. Tragfähige Refinanzierungen sind für diese Länder mittlerweile nur noch deshalb möglich, weil sie de facto über das implizite Haftungsversprechen des TPI am Bonitätsanker der Bundesrepublik hängen. Die Schuldenquoten überschreiten in zahlreichen Mitgliedstaaten deutlich die Maastricht-Grenze von 60 % des BIP (Abb. 6.4), und die Defizitvorgabe von drei Prozent wurde seit 1999 nahezu zweihundert Mal verletzt – ohne dass jemals wirksame Sanktionen durch die EU verhängt worden wären, wie es die europäischen Verträge eigentlich vorsehen (Abb. 6.6).

Seit Beginn der Währungsunion werden die gesetzlichen Grundlagen des Maastrichter Vertrags von vielen Mitgliedstaaten nicht eingehalten. Insbesondere in den wirtschaftlich schwächeren Ländern fehlt es an Anreizen zu tiefgreifenden Strukturreformen – eine direkte Folge der anhaltenden Zinssubventionen sowie der mangelnden Durchsetzung europäischer Fiskalregeln. Es überrascht daher kaum, dass sich das Wirtschaftswachstum in der Eurozone seit 2008 auf einem dauerhaft niedrigen Niveau bewegt. Das ambitionierte Ziel der Lissabon-Agenda, Europa zur wettbewerbsfähigsten und dynamischsten wissensbasierten Wirtschaftsregion der Welt zu entwickeln, wird damit klar verfehlt (Financial Times, 2024).

Die Bundesrepublik trägt heute rund ein Viertel der gemeinschaftlichen Risiken – sei es im Rahmen der Garantien des Europäischen Stabilitätsmechanismus (ESM) oder durch die von der EU selbst aufgenommenen Schulden (Abschn. 7.2, Abschn. 6.7). Hinzu kommen Belastungen durch die jährlichen Zinssubventionen von bis zu 20 Mrd. Euro (Abschn. 6.8) sowie potenzielle Abschreibungsverluste der Bundesbank. Diese ergeben sich aus ihren Target2-Forderungen gegenüber dem Eurosystem, die sich derzeit auf rund eine Billion Euro belaufen (Bundesbank 2025).

Um der übermäßigen Verschuldung in der Eurozone wirksam entgegenzuwirken, wäre eine dauerhaft restriktive Geldpolitik der EZB erforderlich. Denn hohe Zinsen wirken disziplinierend, da sie die Aufnahme neuer Schulden unattraktiver machen. Insbesondere das im Jahr 2022 eingeführte TPI-Programm, das de facto als kostenlose Kreditausfallversicherung fungiert, müsste in seiner derzeitigen Ausgestaltung beendet werden. Nur so können sich die langfristigen Zinssätze der Mitgliedstaaten wieder an ein marktgerechtes, natürliches Niveau annähern.

Doch genau hier liegt das zentrale Dilemma. Deutliche Zinserhöhungen würden die Refinanzierungsfähigkeit hochverschuldeter Staaten gefährden und zugleich erhebliche Kursverluste in den Anleiheportfolios der Banken auslösen. Die Folgen könnten das gesamte Finanzsystem der Eurozone destabilisieren. Der Zielkonflikt zwischen der

Stabilisierung von Preisniveau und langfristigen Zinsen auf der einen und der Wahrung der Finanzmarktstabilität auf der anderen Seite blockiert de facto jene europäische Schuldenbremse, die sich in Form länderspezifischer, marktgesteuerter Zinssätze automatisch einstellen würde. Ohne tiefgreifende Reform- und Konsolidierungsmaßnahmen gerät der Währungsraum zunehmend in eine sich selbst verstärkende Spirale, geprägt von fortgesetzten Zinssubventionen, wachsender Staatsverschuldung, zunehmenden Bonitätsrisiken und divergierenden internen Transfers.

Die bisherige Entwicklung der Eurozone veranschaulicht den Weg von den ursprünglichen Stabilitätsversprechen des Maastrichter Vertrags hin zu einer Haftungs- und Transfergemeinschaft. Dabei wird deutlich, wie politisches Kalkül, institutionelle Schwächen, eigenwillige Geldpolitik und ökonomische Fehlanreize ein System hervorgebracht haben, das fortlaufend neue Maßnahmen gemeinschaftlicher Haftung erforderlich macht. Gleichzeitig bleiben in vielen Mitgliedstaaten die dringend notwendigen Strukturreformen aus, die für mehr Wachstum und haushaltspolitische Solidität sorgen könnten.

Die folgenden Abschnitte legen dar, weshalb eine Rückkehr zu verbindlichen und sanktionsbewehrten europäischen Fiskalregeln, risikogerechten Zinssätzen und nachhaltig kapitalisierten Geschäftsbanken von zentraler Bedeutung ist. Erst unter diesen Voraussetzungen kann der Währungsraum einer drohenden Überschuldung entkommen, den eingeschlagenen Weg in ein internes Transfersystem beenden und seine geldpolitische wie wirtschaftliche Resilienz sichern. Auf dieser Grundlage lässt sich auch das ursprüngliche Ziel der Lissabon-Agenda wieder in den Blick nehmen – Europa zu einer der wettbewerbsfähigsten und dynamischsten wissensbasierten Wirtschaftsregionen der Welt zu entwickeln.

7.1 Das goldene Jahrzehnt der Eurozone – von der Wachstumsillusion zur Wettbewerbskrise

Mit dem Start des virtuellen Euro am 1. Januar 1999 wandelte sich die Struktur der europäischen Anleihemärkte grundlegend. Die zuvor üblichen Renditeaufschläge, die die unterschiedlichen wirtschaftlichen und fiskalischen Risiken der Mitgliedstaaten widerspiegelten, verschwanden nahezu vollständig (Abb. 7.1). Staatsanleihen von Ländern wie Griechenland, Italien oder Spanien wurden plötzlich zu Zinssätzen gehandelt, die nur geringfügig über denen deutscher Bundesanleihen lagen (De Grauwe & Ji, 2012). Die Finanzmärkte unterstellten – entgegen jeder Realität – eine einheitliche Kreditwürdigkeit innerhalb der Eurozone und blendeten aus, dass sich die südlichen Mitgliedstaaten

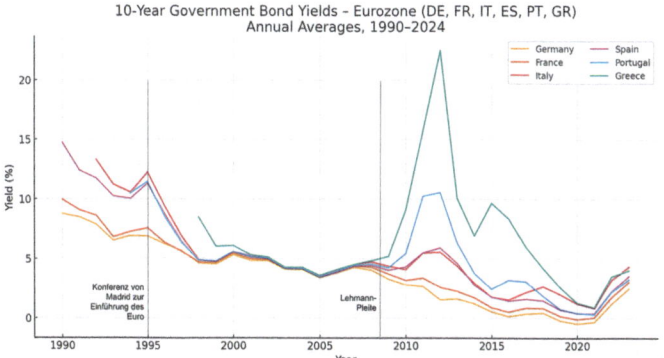

Abb. 7.1 Entwicklung der Zinsen 10-jähriger Staatsanleihen nach Ländern Eurozone, 1990–2024. (Quelle: OECD-Benchmarkreihe „Interest Rates: Long-Term Government Bond Yields: 10-Year: Main (Including Benchmark)", FRED, July 2025.)

in der Vergangenheit regelmäßig durch Währungsabwertungen und Inflation ihrer Schulden entledigt hatten.

Getragen von diesem unerwarteten Zinsgeschenk griffen Regierungen, Unternehmen und Privathaushalte im Süden Europas bereitwillig zum günstigsten Kredit ihrer Geschichte. Die massive Kapitalzufuhr löste einen bis dahin beispiellosen, schuldengetriebenen Wirtschaftsboom aus, der häufig als das „goldene Jahrzehnt der Eurozone" bezeichnet wird. Der Konsum expandierte rasant, gigantische Infrastruktur- und Immobilienprojekte wurden angestoßen, und die Industrieproduktion in den GIPSIZ-Staaten – Griechenland, Italien, Portugal, Spanien, Irland und Zypern – verzeichnete zweistellige Wachstumsraten (OECD 2013).

Der scheinbare Wohlstand basierte jedoch auf Schulden. Über Jahre hinweg stiegen die Löhne schneller als die Produktivität, wodurch eine Lohn-Preis-Spirale ausgelöst wurde und die Lohnstückkosten erheblich zulegten. Der daraus resultierende Verlust an preislicher internationaler Wettbewerbsfähigkeit war eine zwangsläufige Folge. In einer Währungsunion ohne die Möglichkeit zur nationalen Abwertung konnten diese Ungleichgewichte nur noch über scherzhafte Kostensenkungen ausgeglichen werden, die jedoch unterblieben.

Anstelle eines nachhaltigen Wachstums entstand eine gewaltige, schuldenfinanzierte Blase. Sie wurde durch die Missachtung der europäischen Fiskalregeln ermöglicht, genährt von billigem Kredit und überzogenen Erwartungen. Als die US-amerikanische Subprime-Krise im Jahr 2008 auf das europäische Bankensystem übergriff, platzte diese Blase – und die Eurozone geriet in die schwerste wirtschaftliche und finanzielle Krise ihrer Geschichte (IMF 2014).

Die Ursache für diese Entwicklung lag im kollektiven Verzicht der Kapitalmärkte auf risikogerechte Zinsaufschläge. Vor Einführung des Euro mussten Staaten und private Schuldner in Südeuropa deutlich höhere Zinsen zahlen. Mit dem politischen Beschluss zur Einführung der Gemeinschaftswährung auf dem EU-Gipfel in Madrid im Jahr 1995 setzte jedoch eine rasche Zinskonvergenz ein (Abb. 7.1). Innerhalb weniger Jahre verschwanden die länderspezifischen Risikoaufschläge nahezu vollständig (ECB 2003).

Dieses Marktverhalten stand in direktem Widerspruch zur sogenannten Nichtbeistandsklausel des Maastrichter Vertrags (Artikel 125 AEUV), die ausdrücklich untersagt, dass die Staatengemeinschaft oder einzelne Mitgliedstaaten automatisch für die Schulden anderer haften. Dennoch betrachteten die internationale Investoren das Eurosystem de facto als kollektive Absicherung gegen Staatsinsolvenzen und Gläubigerverluste – mit weitreichenden systemischen Konsequenzen (De Grauwe & Ji 2012).

Verstärkt wurden diese Fehlanreize durch die europäische Bankenregulierung. Staatsanleihen aller Euro-Mitgliedsländer erhielten dort einheitlich ein Risikogewicht von null – unabhängig von der tatsächlichen Bonität des jeweiligen Emittenten (CRR 2013). Für Geschäftsbanken bedeutete dies, dass sie selbst hochriskante Staatspapiere ohne Eigenkapitalunterlegung erwerben konnten. Insbesondere französische Finanzinstitute nutzten diese Regelung und stockten ihre Bestände an südeuropäischen Staatsanleihen massiv auf – angelockt von deren überdurchschnittlichen Renditen.

Hätten die Investoren der rechtlichen Logik der Nichtbeistandsklausel tatsächlich Rechnung getragen und Staatsinsolvenzen als reale Möglichkeit in Betracht gezogen, wäre die Kreditblase in Südeuropa nicht in diesem Ausmaß entstanden (De Grauwe & Ji 2012). Denn die Annahme, ein Staat der Eurozone könne grundsätzlich nicht zahlungsunfähig werden, widerspricht nicht nur dem Geist, sondern dem eigentlichen Zweck der Nichtbeistandsregelung. Erst wenn ein Staatsbankrott als letztmögliche Konsequenz akzeptiert wird, kann sich die disziplinierende Wirkung der Finanzmärkte entfalten. Ohne diese Marktmechanismen und ihre ordnungspolitische Funktion werden Fehlentwicklungen nicht korrigiert, sondern systematisch begünstigt.

Die Regulierungsdefizite im europäischen Bankenaufsichtssystem beförderten die massive Fehlallokation von Investorenkapital. Banken und Versicherungen – insbesondere in den Kernstaaten der Eurozone – kauften in großem Stil Staatsanleihen kriselnder Mitgliedsländer (OECD 2013). Das so mobilisierte Kapital floss über Geschäftsbanken als Kredite an Staaten und private Haushalte in Südeuropa und befeuerte dort den schuldenfinanzierten Wirtschaftsboom. Diese Entwicklung wurde zusätzlich durch die mangelnde Bereitschaft der Empfängerstaaten verstärkt, sich an die im Maastricht-Vertrag verankerten Schulden- und Defizitgrenzen zu halten. Es fehlte an politischem Willen zur fiskalischen Disziplin – stattdessen wurde die Kreditexpansion zur treibenden Kraft des Wachstums in den romanischen Ländern.

Der Verzicht auf eine risikogerechte Zinsspreizung befeuerte den Kredithunger des Südens der Eurozone erheblich (ECB 2003) und führte zu Kapitalabflüssen aus dem Norden, dem dadurch dringend benötigtes Investorenkapital entzogen wurde. Deutschland wurde – neben China – zum weltweit größten Kapitalexporteur, während die heimische Wirtschaft unter dem anhaltenden Kapitalabfluss litt. Die Nettoinvestitionsquote sank, Wachstumsimpulse blieben aus. In der Folge geriet Deutschland in eine Phase wirtschaftlicher Schwäche mit der niedrigsten Wachstumsrate unter den EU-Mitgliedstaaten. Mitte der 2000er-Jahre erreichte die Arbeitslosigkeit mit über 13 % einen Höchststand – eine Entwicklung, die erst durch die arbeitsmarktpolitischen Reformen der Agenda 2010 gebremst werden konnte.

Auch für die Eurozone insgesamt erwies sich die Verzerrung des Zinsgefüges als ökonomisch kontraproduktiv. Große Teile des Investorenkapitals flossen in Konsum und spekulative Projekte, statt in produktive Industrieinvestitionen. In Südeuropa entstanden Infrastruktur- und Immobilienprojekte, deren Rentabilität weit hinter den Erwartungen zurückblieb. Ganze Stadtviertel in Spanien und Portugal, die am tatsächlichen Bedarf vorbeigeplant wurden, stehen heute als Bauruinen sinnbildlich für die Fehlsteuerung europäischer Kapitalallokation (IMF 2014).

Die Erwartung und das Vertrauen der Märkte auf eine implizite Solidarhaftung durch die Eurogemeinschaft – und damit der Wegfall länderspezifische Risikoaufschläge – untergrub letztlich die preisliche Wettbewerbsfähigkeit der südlichen Mitgliedstaaten und trug erheblich zur allgemeinen Wachstumsschwäche des Euroraums bei (EC 2010). Anstatt sich, wie in der Lissabon-Agenda vom März 2000 vorgesehen, zur wettbewerbsfähigsten und dynamischsten wissensbasierten Wirtschaftsregion der Welt zu entwickeln, avancierte die Eurozone zur am langsamsten wachsenden Großregion (Abb. 7.2).

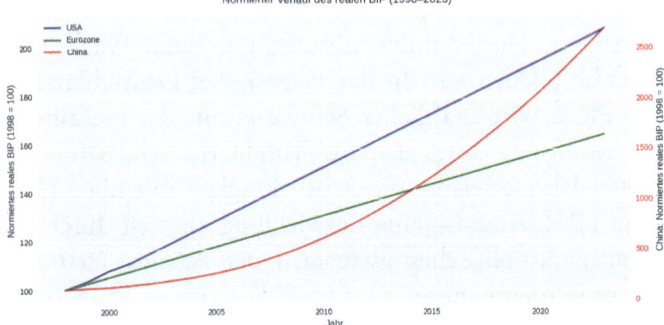

Abb. 7.2 Abbildung 7.2: Reales BIP (normiert) von China, Eurozone, USA von 1998 bis 2023. Normierung aller Kurven bei 1998 = 100. Das erlaubt einen direkten Vergleich der Wachstumsdynamiken. Aufgrund des deutlich stärkeren Wachstums wurde für China eine eigene Skala auf der rechten Seite des Bildes verwendet. Datenbasis: Die jährlichen Durchschnittswerte stammen aus öffentlich zugänglichen Quellen FRED, Weltbank und IMF.

7.2 Der Weg in die Umverteilungsunion

Nach der Einführung des Euro profitierten vor allem die Staaten der europäischen Peripherie von der Zinskonvergenz, die mit der neuen Gemeinschaftswährung einherging (Abb. 7.1). Der Wegfall nationaler Risikoprämien verschaffte ihnen Zugang zu denselben günstigen Finanzierungsmöglichkeiten wie der Bundesrepublik Deutschland – eine Gelegenheit, die sie in großem Umfang nutzten (BIS 2009). In der Folge erlebten die mediterranen Länder einen anhaltenden, schuldengetriebenen Wirtschaftsboom, der jedoch nicht mit den nötigen Produktivitätszuwächsen einherging. Die Konsequenzen dieses inflationären Aufschwungs waren bald spürbar: Die Arbeitskosten schnellten in die Höhe und die internationale Wettbewerbsfähigkeit dieser Volkswirtschaften erodierte zunehmend (ECB 2010).

Ein dramatischer Wendepunkt trat im Herbst 2008 ein, als die globale Finanzkrise mit dem Zusammenbruch der US-Investmentbank Lehman Brothers eskalierte. Die Schockwellen trafen gerade die südlichen Mitgliedstaaten der Eurozone mit voller Wucht. An den Kapitalmärkten schwand das Vertrauen und Investoren verweigerten zunehmend die Finanzierung der wachsenden Haushaltsdefizite dieser Länder. Besonders betroffen waren Griechenland, Portugal, Spanien, Irland, Italien und Zypern – die sogenannten GIPSIZ-Staaten –, die sich über Jahre hinweg an günstige Kreditbedingungen gewöhnt hatten.

Zwar griff die Europäische Zentralbank im Rahmen ihres Mandats ein und stabilisierte vorübergehend das europäische Bankensystem, doch bereits im Jahr 2009 stiegen die Risikoaufschläge für Staatsanleihen in den GIPSIZ-Staaten spürbar an (ECB 2010). Die Refinanzierungskosten der betroffenen Länder erhöhten sich deutlich und schränkten ihre finanzielle Handlungsfähigkeit zunehmend ein. Da im Euroraum keine nationale Währungsabwertung mehr möglich ist, blieb den Krisenstaaten zur Wiederherstellung ihrer Wettbewerbsfähigkeit und Bonität nur der Weg über eine sogenannte interne Abwertung – also über Lohn- und Preissenkungen. Dieser Anpassungsprozess erwies sich jedoch als politisch heikel und gesellschaftlich kaum durchsetzbar, weshalb er weitgehend unterblieb.

Anstelle tiefgreifender strukturpolitischer Reformen in den Krisenstaaten etablierte sich daher zunehmend eine indirekte Form der monetären Staatsfinanzierung. Die GIPSIZ-Staaten nutzten – mit Zustimmung der Europäischen Zentralbank – die Möglichkeit, sich über ihre nationalen Notenbanken Zugang zu günstigen Ersatzkrediten zu verschaffen, den sogenannten ELA-Krediten. Dadurch konnten sie die hohen aber risikogerechten Zinssätze umgehen, die private Kapitalgeber inzwischen verlangten. Die nationalen Notenbanken schöpften neues Geld, das über die Geschäftsbanken sowohl an öffentliche Haushalte als auch an die Privatwirtschaft weitergeleitet wurde. Schrittweise übernahmen die nationalen Notenbanken damit jene Funktion, die ursprünglich dem privaten Kapitalmarkt vorbehalten war.

Diese neue Form der Staatsfinanzierung manifestierte sich auf verschiedenen Wegen. Einerseits erwarben Geschäftsbanken Staatsanleihen mit günstigen Zentralbankkrediten und hinterlegten diese anschließend als Sicherheiten bei eben jener Zentralbank. Andererseits traten auch die Notenbanken selbst am Sekundärmarkt als Käufer auf – häufig über staatliche Finanzinstitute. Ein direkter Erwerb von Staatsanleihen durch die Notenbanken, wie er nach Artikel 123 des Vertrags über die Arbeitsweise der Europäischen Union (AEUV) ausdrücklich verboten ist, fand zwar nicht statt. Doch selbst die indirekte Variante exzessiver Anleihenkäufe, ermöglicht durch historisch günstige Refinanzierungskredite seitens der Notenbanken, bei der Geschäftsbanken lediglich als Zwischenstation fungieren, kann im Kontext der Schulden- und Strukturkrise der südlichen Eurostaaten als eine Form monetärer Staatsfinanzierung gewertet werden (TFEU 2012).

Tatsächlich lief diese Praxis faktisch auf eine Finanzierung öffentlicher Haushaltsdefizite hinaus – ein Vorgehen, das in einem klaren Spannungsverhältnis zum Geist von Artikel 123 AEUV steht. Dieser untersagt der EZB und den ihr unterstellten nationalen Notenbanken eine aktive Rolle in der Fiskalpolitik. Die EZB verteidigte ihr Vorgehen mit dem Hinweis auf die rechtliche Zulässigkeit von Anleihekäufen am Sekundärmarkt. Aus ökonomischer Sicht jedoch verschwimmen die Grenzen zwischen direkter und indirekter Staatsfinanzierung – insbesondere dann, wenn sich bei den Marktteilnehmern die Erwartung verfestigt, dass die EZB bei sinkenden Anleihekursen kriselnder Staaten intervenieren wird.

Auf diese Weise wird die Zentralbank de facto zum „Käufer letzter Instanz" und vermittelt damit ein implizites Schutzversprechen – gleichbedeutend mit einem permanenten solidarischen Sicherheitsnetz. Den Krisenstaaten beschert dies eine dauerhaft garantierte Refinanzierungsfähigkeit, weitgehend losgelöst von ihrer tatsächlichen Bonität und der Tragfähigkeit ihrer Staatsfinanzen.

Als Anfang 2010 die Renditen griechischer Staatsanleihen erneut stark anstiegen, reagierte der EZB-Rat mit einem bemerkenswerten Schritt. Trotz erheblicher rechtlicher Vorbehalte und gegen den Widerstand der fiskalisch soliden Mitgliedstaaten initiierte er das *Securities Markets Programme* (SMP). Ziel dieses Programms war es, durch gezielte Käufe von Staatsanleihen der GIPSIZ-Staaten am Sekundärmarkt die Kurse zu stabilisieren und einer drohenden Marktpanik entgegenzuwirken. Griechenland war zu diesem Zeitpunkt bereits vom Kapitalmarkt abgeschnitten und erhielt im Rahmen des SMP ein Rettungspaket von insgesamt 34 Mrd. Euro (ECB 2013).

Parallel zur Einführung des SMP wurde die temporäre European Financial Stability Facility (EFSF) ins Leben gerufen, aus der Griechenland im Mai 2010 ein erstes Hilfspaket in Höhe von 110 Mrd. Euro erhielt. Zwei Jahre später trat der *European Stability Mechanism* (ESM) als dauerhafter Rettungsschirm an die Stelle des EFSF – ausgestattet mit einem maximalen Kreditrahmen von 500 Mrd. Euro (ESM 2018).

Doch die Krise spitzte sich weiter zu. Bereits 2011 benötigte Griechenland ein zweites Hilfsprogramm, das erstmals auch einen Schuldenschnitt für private Gläubiger vorsah. Gleichzeitig weitete die EZB ihre Anleihekäufe im

Rahmen des SMP aus und stützte nun auch Staatsanleihen Italiens, Spaniens und Portugals. Bis 2012 hatte sie über das SMP Anleihen der Krisenstaaten im Umfang von rund 220 Mrd. Euro erworben (ECB 2013).

Für Griechenland summierten sich die Hilfsmaßnahmen aus dem ESM – einschließlich eines dritten Hilfspakets in Höhe von 62 Mrd. Euro – letztlich auf 204 Mrd. Euro. Hinzu kam ein Schuldenschnitt im Jahr 2012, der die Verbindlichkeiten gegenüber privaten Gläubigern um rund 105 Mrd. Euro reduzierte. Zusammengenommen beliefen sich die Rettungskosten auf etwa 343 Mrd. Euro, was rund 170 % des damaligen griechischen Bruttoinlandsprodukts entsprach.

Doch trotz dieser massiven Interventionen gelang es nicht, die Risikoaufschläge für die Staatsanleihen der GIPSIZ-Staaten dauerhaft zu senken. Die Kapitalmärkte blieben angespannt, das Vertrauen in die fiskalische Solidität der südlichen Peripheriestaaten war tief erschüttert. Einen entscheidenden Wendepunkt markierte schließlich der Juli 2012, als EZB-Präsident Mario Draghi das Programm der *Outright Monetary Transactions* (OMT) ankündigte – ein Versprechen für den selektiven und unbegrenzten Aufkauf von Staatsanleihen kriselnder Länder. Voraussetzung war, dass sich die betreffenden Staaten den Konsolidierungsauflagen des ESM unterwarfen (ECB 2012).

Bereits die Ankündigung des OMT-Programms entfaltete unmittelbare Wirkung. Die länderspezifischen Risikoaufschläge gingen deutlich zurück, obwohl es im Rahmen des OMT nie zu Anleihekäufen kam. Das implizite Schutzversprechen der EZB allein reichte aus, um das Vertrauen der Märkte zurückzugewinnen. Die Zentralbank präsentierte sich damit als glaubwürdiger geldpolitischer Akteur mit praktisch unbegrenztem Handlungsspielraum. Gleichzeitig bedeutete die OMT-Ankündigung eine grundlegende Verlagerung der Risiken – weg von den privaten Gläubigern und hin zur Staatengemeinschaft. Potenzielle Verluste aus Anleihekäufen wurden nicht mehr von den Märkten getragen, sondern gemeinschaftlich von der Eurozone und damit letztlich von den europäischen Steuerzahlern.

Ab dem Jahr 2014 erweiterte die Europäische Zentralbank ihr Krisenmanagement um eine Reihe längerfristiger Refinanzierungsgeschäfte und umfangreicher Wertpapierkaufprogramme (ECB 2017). Neben den *Long-Term Refinancing Operations* (LTRO) kamen sukzessive die gezielteren *Targeted Long-Term Refinancing Operations* (TLTRO) in drei Staffeln (I bis III) zum Einsatz. Parallel dazu startete die EZB mehrere großangelegte Kaufprogramme: das *Public Sector Purchase Programme* (PSPP), das von 2015 bis 2018 lief, das *Pandemic Emergency Purchase Programme* (PEPP) als Reaktion auf die Corona-Krise sowie ein reaktiviertes *Asset Purchase Programme* (APP).

Allein das PSPP führte ab 2015 zum Erwerb von Staatsanleihen im Umfang von rund 2,7 Billionen Euro (ECB 2022). Das im März 2020 aufgelegte PEPP brachte es bis zu seinem Auslaufen auf ein Volumen von rund 1,4 Billionen Euro (ECB 2020). Auch auf der Kreditseite – insbesondere im Rahmen ihrer Refinanzierungsgeschäfte – agierte die EZB mit deutlich expansiver Ausrichtung. Mit TLTRO-II gewährte die EZB im Jahr 2016 längerfristige Kredite in Höhe von 740 Mrd. Euro über Laufzeit von vier Jahren, während im Zuge von TLTRO-III im Jahr 2019 Kredite mit einer Laufzeit von drei Jahren in Höhe von insgesamt 2.2 Mrd. Euro bewilligt wurden – teils zu negativen Zinssätzen (ECB 2023).

Die Auswirkungen dieser Politik waren enorm. Bis zum Ende der Corona-Pandemie hatte sich der Bestand an Zentralbankgeld auf mehr als das Siebenfache des Vorkrisenniveaus ausgeweitet. Allein durch den Ankauf von Staatsanleihen entstand ein Aufwuchs von rund fünf Billionen Euro an Zentralbankgeld (Abb. 6.7). De facto wurden damit rund 80 % der neu aufgenommenen Staatsschulden im Euroraum über geldpolitische Mittel, sprich über die Druckerpresse, finanziert (Sinn, 2021).

Die Folge war ein markanter Anstieg der öffentlichen Verschuldung. Vom Beginn der globalen Finanzkrise bis zum Ende der Corona-Pandemie hat sich der Schuldenstand der Eurozone nahezu verdoppelt – von 6,3 Billionen auf rund 12,2 Billionen Euro (Eurostat 2024). Dies ist das Ergebnis einer Geldpolitik, die de facto zunehmend fiskalische Aufgaben übernommen hat.

Die jahrelangen Interventionen der EZB und die damit verbundene Verzerrung des Zinsgefüges innerhalb der Währungsunion führten zu tiefgreifenden makroökonomischen Verwerfungen. Die Zinsen, das zentrale Steuerungsinstrument der Kapitalallokation einer Marktwirtschaft, verloren ihre Lenkungsfunktion. Kapital war im Überfluss vorhanden und floss nicht mehr vorrangig in produktive, nachhaltige Investitionen, sondern vermehrt in spekulative oder unrentable Projekte. Sparer wiederum erlitten durch die anhaltende Niedrigzinsphase reale Vermögensverluste. Und gleichzeitig ließ der Reformdruck auf hochverschuldete Mitgliedstaaten nach.

Das ursächliche Problem blieb jedoch unangetastet. Die EZB ist mit ihren geldpolitischen Instrumenten nicht in der Lage, strukturelle Defizite einzelner Volkswirtschaften zu beheben – sie kann lediglich Zeit erkaufen. Das Quantitative Easing (QE) eröffnete zwar finanzielle Spielräume für dringend benötigte Reformen, doch vielerorts wurden diese Chancen nicht genutzt. Stattdessen stehen die Mitgliedstaaten nun vor den langfristigen Nebenwirkungen einer dauerhaft expansiven Geldpolitik. Im Gleichschritt mit dem wachsenden Volumen der Anleihekäufe stieg auch die Staatsverschuldung – ein Trend, der inflationäre Risiken birgt (Kap. 6).

Ökonomisch betrachtet stellt das QE eine Form monetärer Staatsfinanzierung dar. Dieser Aspekt führte zu einer rechtlichen Überprüfung der EZB-Programme. Während der Europäische Gerichtshof (EuGH) die Programme SMT, PSPP und OMT als mit dem EU-Recht vereinbar bewertete, kam das Bundesverfassungsgericht im Mai 2020 zu einem anderen Schluss. Es warf dem EuGH vor, seine Kompetenzen überschritten und die notwendige Verhältnismäßigkeitsprüfung nur unzureichend vorgenommen zu haben. Damit wurde nicht nur das Verhältnis zwischen nationalem und europäischem Recht auf eine harte Probe gestellt, sondern auch die Legitimität einer Geldpolitik hinterfragt, die de facto zunehmend fiskalische Verantwortung übernimmt.

Die zentrale Funktion des QE bestand darin, die Flucht privaten Kapitals aus den GIPSIS-Staaten dauerhaft durch ein System öffentlicher Kredite zu kompensieren. Die durch das QE bereitgestellte Liquidität sicherte die Zahlungsfähigkeit der Krisenstaaten und ermöglichte es ihnen, ihre Leistungsbilanzdefizite weiterhin über das Zahlungsverkehrssystem TARGET2 des Eurosystems zu finanzieren. Spiegelbildlich zum Umfang des QE stiegen auch die Target-Salden auf historische Höchststände. Allein die Forderungen der Deutschen Bundesbank gegenüber dem Eurosystem belaufen sich im Jahr 2025 auf rund eine Billion Euro (Abschn. 6.2). Im Falle eines Austritts einzelner Mitgliedstaaten aus dem Euro wären diese Forderungen de facto uneinbringlich – ein Risiko, das bislang weitgehend im Schatten der öffentlichen Wahrnehmung geblieben ist.

Das QE verhinderte daher nicht nur ein Austrocknen der südeuropäischen Kapitalmärkte, sondern führte auch zu einer Übertragung gemeinschaftlicher Risiken auf die fiskalpolitisch stabilen Mitgliedsländer – allen voran Deutschland. Es markierte den Beginn eines Transfer- und Haftungssystems innerhalb der Eurozone, das in seiner Wirkung einer Fiskalunion gleichkommt – ohne jedoch offiziell als solche bezeichnet oder demokratisch legitimiert zu sein. Die europäischen Verträge schließen eine derartige Solidargemeinschaft ausdrücklich aus, was das Spannungsverhältnis zwischen rechtlichem Rahmen und geldpolitischer Realität zusätzlich verschärft.

Die jahrelange Niedrigzinsphase ermöglichte kreditfinanzierte Ausgaben in historisch beispiellosem Ausmaß (Eurostat 2024). Insbesondere in den südlichen Peripherieländern führte sie zu einer übermäßigen Staatsverschuldung, begleitet von einem schleichenden Verlust an Bonität. Die daraus resultierenden latenten Risiken möglicher Staatsinsolvenzen belasten bis heute die Stabilität der Währungsunion.

Ein prägnantes historisches Beispiel ist der faktische Staatsbankrott Griechenlands im Jahr 2012. Die Rettungsmaßnahmen für dieses im europäischen Vergleich eher kleine Land verursachten eine finanzielle Belastung in Höhe von rund 170 % seines damaligen Sozialprodukts. Diese Zahl kann als Orientierung für das mögliche Ausmaß künftiger Hilfsmaßnahmen dienen – mit einem entscheidenden Unterschied: Heute stehen mit Italien und Frankreich zwei krisengeplagte Volkswirtschaften im Mittelpunkt, deren ökonomisches Gewicht das Griechenlands bei Weitem übertrifft. Sollte eines dieser Länder zahlungsunfähig werden, würden die finanziellen und politischen Belastungen für die Eurozone ein bisher ungekanntes Ausmaß erreichen – mit unvorhersehbaren Konsequenzen für die Stabilität der gesamten Währungsunion.

7.3 Das TPI – die dauerhafte Einrichtung des Haftungs- und Transfersystems

Mit dem Ende der pandemiebedingten Lockdowns und dem deutlichen Anstieg des Inflationsdrucks stellte die Europäische Zentralbank ihr QE-Programm im Juni 2022 ein (ECB 2022d). In der Folge kehrte eine spürbare Unsicherheit an die Finanzmärkte zurück. Die Renditen von Staatsanleihen – insbesondere jener hochverschuldeten Länder mit schwächerer Bonität – stiegen deutlich an (ECB 2022c). Während das QE auf einem festen Kapitalschlüssel beruhte, bei dem die Anleihekäufe proportional zur Beteiligung der Mitgliedstaaten am EZB-Kapital erfolgten, orientieren sich private Investoren an marktwirtschaftlichen Prinzipien. Sie bewerten Bonitätsrisiken eigenständig, verlangen von wirtschaftlich schwächeren Staaten entsprechend höhere Risikoaufschläge und treffen selektive Anlage- und Kaufentscheidungen.

Diese Rückkehr zu marktbasierten Bewertungsmechanismen führte zu einer zunehmenden Spreizung der Renditen innerhalb der Eurozone. Damit wuchs die Sorge, dass sich die Refinanzierungsbedingungen für hochverschuldete Mitgliedstaaten dauerhaft verschlechtern könnten – mit potenziell destabilisierenden Folgen für die Währungsunion.

Als Reaktion auf die zunehmenden Spannungen am Anleihemarkt führte die EZB im Juli 2022 das Transmission Protection Instrument (TPI) ein, das das temporäre QE-Programm ablöste. Das TPI fungiert de facto als kostenlose Kreditausfallversicherung und ist dauerhaft in das geldpolitische Instrumentarium der EZB integriert (ECB 2022b). Ziel ist es, eine Fragmentierung des europäischen Anleihemarkts bereits durch die glaubhafte Androhung länderspezifischer Anleihekäufe zu verhindern, ohne dabei das Gesamtvolumen der Anleihebestände automatisch auszuweiten.

In der Praxis bedeutet dies eine gezielte Portfolio-Umschichtung der Zentralbank. Auslaufende Anleihen wirtschaftlich stabiler Länder wie Deutschland oder den Niederlanden werden durch Papiere hochverschuldeter Staaten wie Italien oder Griechenland ersetzt. Dies senkt die Risikoaufschläge in den Krisenstaaten, erhöht jedoch gleichzeitig die Refinanzierungskosten für solide Mitgliedsländer. Wie bereits bei den Programmen OMT und QE handelt es sich auch beim TPI um eine Form der Zinssubvention zugunsten der finanzschwachen Staaten (Abschn. 6.8). Seit seiner Ankündigung im Jahr 2022 hat das TPI die Zinsdifferenzen zwischen den Mitgliedstaaten nachhaltig eingeebnet (Abb. 7.1).

Darüber hinaus verzichtet das TPI auf effektive fiskalische Konditionalität für die teilnehmenden Staaten. Die einzige formale Voraussetzung für seine Inanspruchnahme ist, dass gegen den betreffenden Staat kein laufendes Defizitverfahren vorliegt – eine Schwelle, die politisch ohne größere Hürden umgangen werden kann. Diese Regelung erinnert an die vielfach sanktionslosen Verstöße gegen den Stabilitäts- und Wachstumspakt und kann daher kaum als wirksames Kontroll- und Konsoldierungsinstrument gelten.

Damit weicht die EZB mit dem TPI von zwei ihrer bislang zentralen Prinzipien ab. Erstens vom Kapitalschlüssel, der eine neutrale und gleichmäßige Verteilung der Anleihekäufe innerhalb der Währungsunion gewährleisten soll (ECB 2017b). Zweitens von der bisherigen Praxis, geldpolitische Hilfen an klare wirtschafts- und haushaltspolitische Auflagen zu knüpfen – wie sie etwa im Rahmen des Outright Monetary Transactions (OMT)-Programms galten (ECB 2012). Dort war eine Inanspruchnahme nur unter strenger Aufsicht des Europäischen Stabilitätsmechanismus (ESM) und im Rahmen umfassender Reform- und Konsolidierungsprogramme möglich.

Die EZB rechtfertigt das TPI mit dem Argument, dass Risikoaufschläge in Stressphasen über ein fundamental gerechtfertigtes Maß hinaus ansteigen könnten – getrieben durch Spekulation oder überzogenen Pessimismus. In solchen Fällen könnten gezielte Anleihekäufe dazu beitragen, diese Marktverzerrungen zu korrigieren und die Stabilität der Finanzmärkte wieder herzustellen (ECB 2022b).

Diese Begründung ist jedoch in zweifacher Hinsicht problematisch. Erstens lässt sich kaum objektiv bestimmen, welches Zinsniveau als fundamental gerechtfertigt gelten kann, denn genau diese Einschätzung ist originär Aufgabe des Marktes. Zweitens verlagert das TPI die Verantwortung für die staatliche Refinanzierung faktisch in den geldpolitischen Bereich, obwohl es sich dabei eindeutig um eine fiskalpolitische Aufgabe handelt. Auf diese Weise wird die Grenze zwischen monetärer Stabilitätspolitik und fiskalischer Staatsfinanzierung zunehmend verwischt, was erhebliche Konsequenzen für die institutionelle Unabhängigkeit der EZB nach sich ziehen kann.

Im Gegensatz dazu war das OMT-Programm von einem klaren institutionellen Konsens getragen. Geldpolitische Unterstützung sollte ausschließlich im Gegenzug zu verbindlichen wirtschafts- und fiskalpolitischen Auflagen gewährt werden. EZB-Präsident Mario Draghi rechtfertigte diese Konditionalität mit dem Verweis auf potenzielle Fehlanreize, wonach haushaltspolitische Eigenverantwortung und Konsolidierungsanstrengungen unabdingbare Voraussetzung für jede geldpolitische Intervention ist (Draghi 2012). Die Auflagen dienten dabei nicht nur der Wahrung der geldpolitischen Unabhängigkeit, sondern auch der demokratischen Legitimation der Maßnahmen.

Das TPI hingegen bricht mit diesem Grundsatz. Es entlastet Krisenstaaten nicht nur von den disziplinierenden Kräften des Kapitalmarkts, sondern auch von strukturellen Reformverpflichtungen. Damit entsteht ein gefährlicher Präzedenzfall: Geldpolitik wird zur dauerhaften Absicherung unsolider Finanzpolitik – ohne institutionelle Kontrolle und ohne jede Gegenleistung. Die EZB entfernt sich damit nicht nur von ihrem ursprünglichen Mandat, sondern riskiert zugleich eine schleichende Erosion des ordnungsrechtlichen Fundaments der Währungsgemeinschaft.

Staaten, die vom TPI profitieren, sollten daher zwingend an das Sanierungsregime des ESM gebunden sein. Nur so lassen sich glaubwürdige Anreize zur Haushaltskonsolidierung schaffen. Andernfalls entsteht eine gefährliche Dynamik, die sich aus Zinssubventionen, wachsender Staatsverschuldung, steigenden Bonitätsrisiken und öffentlicher Kreditfinanzierung speist. Die Entkoppelung von Marktmechanismen und Reformverpflichtungen untergräbt die strukturelle Integrität der Währungsunion und wirkt letztlich destabilisierend.

Was im Jahr 2008 als temporäre, durch das geldpolitische Mandat gedeckte Krisenreaktion begann, hat sich über die Programme SMP, OMT, QE und TPI schrittweise zu einem dauerhaften Haftungs- und Transfersystem innerhalb der Eurozone entwickelt. Die grundlegenden strukturellen Probleme – hohe Staatsverschuldung, mangelnde Wettbewerbsfähigkeit und politische Reformträgheit – bestehen unverändert fort. Das Insolvenzrisiko einzelner Staaten wurde faktisch auf die Währungsgemeinschaft übertragen. Eine drohende Staatsschuldenkrise ist damit nicht abgewendet, sondern lediglich in die Zukunft verschoben.

Die ursprüngliche Idee der Währungsunion, getragen von fiskalischer Disziplin, nationaler Eigenverantwortung, ökonomischer Wettbewerbsfähigkeit und politischer Stabilität, droht zunehmend ausgehöhlt zu werden. Der Euro, einst konzipiert als Garant geldpolitischer Stabilitätsprinzipien, läuft Gefahr, dauerhaft zum Vehikel einer gemeinschaftlichen Verschuldungs- und Transferarchitektur zu werden – im offenen Widerspruch zu Geist und Buchstaben der Europäischen Verträge (TFEU 2012).

7.4 Lagardes Dilemma: Inflationsbekämpfung oder Bankenrettung

Erstmals seit der globalen Finanzkrise von 2008 sah sich die Weltwirtschaft im Frühjahr 2023 erneut mit einer Welle von Bankenzusammenbrüchen konfrontiert (BIS 2024). Am 12. März 2023 erschütterte der plötzliche Kollaps der Silicon Valley Bank (SVB) die internationalen Finanzmärkte (ABC News 2023). Kurz darauf geriet auch die traditionsreiche Schweizer Großbank Credit Suisse in akute Schieflage (UBS 2023). Die SVB, über Jahrzehnte hinweg ein zentraler Finanzierer der US-Technologiebranche, galt ebenfalls als systemrelevant. Diese Ereignisse verdeutlichten eindrucksvoll, wie nah das globale Finanzsystem erneut an den Rand einer systemischen Krise geriet.

In der Folge setzte ein begrenzter Dominoeffekt ein. Zahlreiche Banken in den USA und Europa gerieten unter Druck und mussten stabilisiert werden. Wieder einmal sahen sich Staaten und Notenbanken zu schnellen Interventionen gezwungen. In einer koordinierten Aktion griffen die Zentralbanken der westlichen Industrieländer ein. Durch Stützungskäufe, Notfusionen und umfassende Liquiditätsbereitstellungen konnte ein unmittelbarer Zusammenbruch des Bankensektors verhindert werden (Federal Reserve Board 2023). Doch die Gefahr einer erneuten Finanzmarktkrise bleibt latent bestehen.

Die geldpolitische Wende war zu diesem Zeitpunkt bereits eingeleitet, verlief jedoch in Europa zögerlich (Kap. 6). Dennoch setzten selbst moderate Zinserhöhungen viele Banken erheblich unter Druck – ein klassisches Dilemma: Einerseits erfordert eine nachhaltige Inflationsbekämpfung eine entschlossene Straffung der Geldpolitik, andererseits gefährden steigende Zinsen zunehmend die Stabilität des Finanzsystems.

EZB-Präsidentin Christine Lagarde wies den Vorwurf eines Zielkonflikts zwischen Preis- und Finanzmarktstabilität zwar zurück (Fugmann 2023), doch in der Praxis tritt dieser Gegensatzdeutlich zutage. Zinserhöhungen führen zu erheblichen Wertverlusten bei niedrig verzinsten Altpapieren – insbesondere bei Staatsanleihen –, die viele Banken im Zuge des Quantitative Easing (QE) erworben haben und bis heute in ihren Portfolios halten. Die daraus resultierenden Verluste durch Wertberichtigungen lassen sich weder kurzfristig kompensieren noch durch Inflation ausgleichen. Zwar reduziert Inflation nominal die Schuldenlast, doch verschafft sie hochverschuldeten Banken keinen unmittelbaren Vorteil. Im Gegenteil: Bereits erste Anzeichen von Instabilität genügen, um Investoren zu verunsichern und Panikreaktionen auszulösen – lange bevor inflationäre Entlastungseffekte überhaupt greifen könnten.

Anders als während der Finanzkrise von 2008 standen im Jahr 2023 keine komplexen Verbriefungen minderwertiger Immobilienkredite (Subprime-Papiere) im Mittelpunkt des Geschehens. Dennoch erwies sich das Zinsänderungsrisiko als ebenso zerstörerisch. Nach über einem Jahrzehnt extrem niedriger Zinsen hatten viele Banken umfangreiche Bestände an Staatsanleihen aufgebaut. Mit dem Anstieg der Marktzinsen verloren diese Papiere erheblich an Wert, was zu massiven Buchverlusten führte. Die finanziellen Auswirkungen hätten in ihrer Dimension durchaus mit denen der Subprime-Krise vergleichbar sein können (EBA 2023).

Bereits die moderaten Zinserhöhungen des Jahres 2023 reichten aus, um die stillen Reserven vieler Banken weitgehend aufzubrauchen. Damit trat ein zentrales strukturelles Defizit offen zutage: Die unzureichende Eigenkapitalausstattung eines Großteils des Bankensektors. Solange diese Schwäche nicht substanziell behoben wird, bleibt eine nachhaltige Normalisierung der Geldpolitik mit dauerhaft höheren Zinsen und einem schrittweisen Abbau der Anleihebestände der Zentralbank ein riskantes Unterfangen. Der Bankensektor bleibt verwundbar, und eine Straffung der Geldpolitik birgt weiterhin das Potenzial für neue Finanzkrisen.

Trotz der Erfahrungen aus den Bankenzusammenbrüchen der Jahre 2008 und 2023 ist eine tiefgreifende Eigenkapitalreform im Bankensektor bislang ausgeblieben. Viele Institute verfügen nach wie vor nicht über ausreichende Sicherheitspuffer. Der Fall der Silicon Valley Bank (SVB) und der Credit Suisse belegt exemplarisch, dass selbst systemrelevante Banken nicht in der Lage waren, die Kursverluste ihrer Wertpapierbestände eigenständig aufzufangen. Zwar waren staatliche Liquiditätshilfen im Frühjahr 2023 kurzfristig notwendig, um Dominoeffekte und massive Marktverwerfungen an den Finanzmärkten zu verhindern. Doch diese Maßnahmen beheben die zugrunde liegenden strukturellen Schwächen nicht – im Gegenteil: Sie verzerren die Risikowahrnehmung der Märkte, indem sie Finanzinstitute faktisch von der Verantwortung für eigenes Fehlverhalten entlasten.

Systemrelevante Großbanken gelten weiterhin als „too big to fail". Die damit verbundene Erwartung einer impliziten Staatsgarantie führt dazu, dass Investoren im Krisenfall mit staatlicher Unterstützung rechnen – was erhebliche Auswirkungen auf die Risikobewertung der Institute hat. Großbanken profitieren dadurch von günstigeren Refinanzierungskonditionen als kleinere Institute, obwohl ihre Geschäftsmodelle nicht zwangsläufig robuster sind. Dies führt zu gefährlichen Wettbewerbsverzerrungen zulasten der Marktdisziplin. Die Folge sind gravierende Fehlanreize, die nicht nur die Risikobereitschaft großer Geschäftsbanken unverhältnismäßig erhöhen, sondern langfristig auch das Vertrauen in marktwirtschaftliche Grundprinzipien untergraben.

Würde die implizite staatliche Schutzfunktion entfallen, müssten Großbanken deutlich höhere Eigenkapitalquoten vorhalten. Ein Blick in die Realwirtschaft verdeutlicht den Handlungsbedarf. Während Industrieunternehmen regelmäßig Eigenkapitalquoten von 30 bis 40 % aufweisen (Bundesbank 2023), liegen diese im Bankensektor vielfach nur zwischen 5 und 10 % (EBA 2023).

Eine grundlegende Reform der Bankenregulierung ist daher überfällig. Ziel sollte eine Eigenkapitalausstattung sein, die auch in realen Stresssituationen tragfähig bleibt – verbunden mit der konsequenten Übernahme unternehmerischer Verantwortung. Wer Risiken eingeht und Verluste erleidet, muss diese auch selbst tragen. Die Sozialisierung von Risiken durch staatliche Rettungsmaßnahmen widerspricht nicht nur den Grundprinzipien marktwirtschaftlichen Handelns, sondern verstärkt Fehlanreize und unterminiert die Stabilität und gesellschaftliche Akzeptanz des Finanzsystems.

Die langjährige Niedrigzinspolitik sowie die milliardenschweren Anleihekäufe der EZB haben die Schuldenlast der Eurostaaten massiv erhöht und zugleich das Ausfallrisiko ihrer Anleihen im Falle steigender Zinsen deutlich verschärft. Gleichzeitig haben Zinssubventionen – zuletzt institutionell verankert durch das Transmission Protection Instrument (TPI) – notwendige Strukturreformen in den Krisenstaaten behindert. Der Anreiz, Haushaltsdisziplin zu wahren und die strukturelle Wettbewerbsfähigkeit zu stärken, bleibt in vielen Mitgliedstaaten deutlich hinter den Erwartungen zurück.

Drei Mechanismen blockieren derzeit die Rückkehr zu einer nachhaltig stabilen Geldwertentwicklung – und damit letztlich zu einer tragfähigen Schuldenpolitik im Euroraum. Erstens untergraben Zinssubventionen die Haushaltsdisziplin der Krisenstaaten in ihrer Rolle als Schuldner. Zweitens schwächt die implizite Rettungsgarantie der EZB die Disziplin der Geschäftsbanken in ihrer Funktion als Gläubiger. Drittens bringen bereits moderate Zinserhöhungen sowohl Staaten als auch Geschäftsbanken an ihre Belastungsgrenzen. Solange diese drei strukturellen Defizite bestehen, bleibt die Handlungsfähigkeit der EZB stark eingeschränkt. Jede geldpolitische Straffung trägt das latente Risiko neuer Finanz- und Staatsschuldenkrisen in sich.

Eine nachhaltige Lösung erfordert einen viergliedrigen Ansatz. Erstens braucht es einen robust kapitalisierten privaten Finanzsektor, der auch Phasen deutlich steigender Zinsen überstehen kann. Zweitens sind tiefgreifende strukturelle Reformen in hochverschuldeten Mitgliedstaaten notwendig, um deren Wettbewerbsfähigkeit zu stärken und ihre Abhängigkeit von billigem Kredit zu verringern. Drittens ist eine konsequente Rückkehr zu verbindlichen und sanktionsbewährten europäischen Fiskalregeln erforderlich, wie sie im Stabilitäts- und Wachstumspakt verankert sind. Und viertens muss das EZB-Programm der Zinssubventionierung beendet werden – insbesondere durch die Einstellung des TPI in seiner derzeit unkonditionierten Ausgestaltung.

Erst wenn diese Voraussetzungen erfüllt sind, lässt sich der Weg aus der Sackgasse einer europäischen Haftungs- und Transferunion ebnen. Dauerhaft solide Staatsfinanzen, ein krisenfestes Bankensystem und eine Geldpolitik, die sich konsequent am Ziel der Preisstabilität orientiert, bilden gemeinsam die Grundlage für eine stabile und zukunftsfähige Währungsunion – im Sinne des Maastrichter Vertrags und im Geist der Lissabon-Agenda.

7.5 Perspektive Europa: Zurück zur Lissabon-Agenda

Dauerhafte Zinssubventionen und das implizite Bailout-System TARGET2 haben sich inzwischen als Schatteninstrumente der Europäischen Zentralbank (EZB) etabliert. Ihren Ausgang nahm die Politik der Zinssubventionierung im Rahmen des Quantitative Easing (QE) und wurde schließlich durch das dauerhaft eingerichtete Transmission Protection Instrument (TPI) zementiert. Ziel ist eine künstliche Angleichung der staatlichen Finanzierungsbedingungen innerhalb der Eurozone. Das jährliche Volumen dieser Maßnahme liegt bei rund 55 Mrd. Euro. Ergänzt wird dieses System durch den öffentlichen Kreditmechanismus TARGET2, über den wirtschaftlich schwächere Staaten ihre Handelsdefizite finanzieren können. Die Target-Forderungen der Bundesbank belaufen sich derzeit auf rund eine Billion Euro. Hinzu kommen der Europäische Stabilitätsmechanismus (ESM) mit einem Volumen von bis zu 500 Mrd. Euro sowie gemeinschaftliche EU-Schulden im Rahmen des Wiederaufbaufonds „Next Generation EU" in Höhe von 750 Mrd. Euro. In den Peripheriestaaten wird dieses Programm bereits als Präzedenzfall für eine weitergehende kollektive Schuldenhaftung interpretiert. Der Ruf nach der Einführung gemeinsamer europäischer Anleihen – sogenannter Euro-Bonds – hat dadurch neue Nahrung erhalten (EC 2020).

Die gezielte Nivellierung der Risikoaufschläge in der Eurozone und die daraus resultierende übermäßige Staatsverschuldung in einzelnen Mitgliedsländern bergen erhebliche Risiken. Sie erhöhen die Anfälligkeit der Eurozone gegenüber neuen Inflationsimpulsen und den damit einhergehenden Zinsanhebungen, die das europäische Finanzsystem unter Druck setzen können. Zudem führt die daraus resultierende Investitionszurückhaltung zu Belastungen der Realwirtschaft. Gleichzeitig verfestigt sich bei vielen Regierungen die Erwartung, steigende Haushaltsdefizite und Staatsausgaben dauerhaft zu günstigen Konditionen finanzieren zu können – ohne die dringend notwendigen Strukturreformen zur Stärkung von Wettbewerbsfähigkeit und Wachstum einzuleiten.

Diese Entwicklung verdeutlicht den schrittweisen Aufbau eines europäischen Haftungs- und Transfersystems – im klaren Widerspruch zu den Grundsätzen und Zielsetzungen der Währungsunion, wie sie in den europäischen Verträgen verankert sind. Zugleich war es jedoch eben dieser Mechanismus, der bislang ein Auseinanderbrechen der Eurozone verhindert hat.

Damit hat sich der Währungsverbund allerdings von den ordnungspolitischen Leitprinzipien seiner Gründungsväter entfernt. Die Entwicklung hin zu einer Haftungs- und Transferunion steht in wesentlichen Punkten dem Geist des Maastrichter Vertrags entgegen. Mehr und mehr verfestigt sich die Einstellung, dass fundamentale Prinzipien der Staatengemeinschaft – etwa die Fiskalregeln, die Nichtbeistandsklausel und das Verbot monetärer Staatsfinanzierung – de facto zur Disposition stehen. Ihre ursprünglich bindende Wirkung verliert an Bedeutung, da Regelverstöße weder wirksam geahndet noch die vorgesehenen Sanktionsmechanismen konsequent angewendet werden.

Gerade die Einhaltung dieser Grundprinzipien ist jedoch entscheidend für die Zukunftsfähigkeit der Eurozone. Nur ein regelbasiertes Handeln, das sich am rechtlichen und ordnungspolitischen Rahmen der Europäischen Verträge orientiert, kann langfristig wirtschaftliche Stabilität und politische Kohärenz innerhalb der Währungsunion gewährleisten (ECB 2023). Wird hingegen der bisherige

Kurs der Umverteilung und der expansiven staatlichen Schuldenpolitik fortgesetzt, drohen drei schwerwiegende Konsequenzen für die Stabilität der Eurozone:

Erstens würden sich die Inflationsrisiken weiter verschärfen – mit der Gefahr eines erneuten Preisauftriebs, die insbesondere Sparer sowie einkommensschwächere Bevölkerungsgruppen belasten.

Zweitens verfestigen anhaltend niedrige künstliche Zinsen ineffiziente Strukturen in den Volkswirtschaften und schwächen den Reformdruck auf die Mitgliedstaaten (EBA 2023). Ohne den disziplinierenden Einfluss marktwirtschaftlicher Finanzierungsbedingungen sinkt die Bereitschaft, durch strukturelle Anpassungen die eigene Wettbewerbsfähigkeit zu stärken. Die daraus resultierende ökonomische Divergenz in der europäischen Staatenunion gefährdet nicht nur deren Stabilität und das Vertrauen internationaler Investoren, sondern letztlich auch den politischen Zusammenhalt der Währungsunion.

Drittens drohen tendenziell negative Realzinsen das europäische Bankensystem erheblich zu schwächen. Bereits seit der Finanzkrise von 2008 haben viele europäische Banken im internationalen Wettbewerb an Boden verloren. Dabei hat gerade diese Krise gezeigt, dass ein stabiles, widerstandsfähiges Bankensystem eine zentrale Voraussetzung für wirtschaftliche Stärke und internationale Handlungsfähigkeit des europäischen Wirtschaftsraums ist.

Vor diesem Hintergrund sollte Deutschland auf zwei Ebenen entschlossen handeln: national und europäisch.

Im Inland ist eine Rückkehr zur ursprünglichen Ausgestaltung der Schuldenbremse notwendig. Zusätzlich sollten die gemeinschaftlich aufgenommenen EU-Schulden anteilig auf die nationale Verschuldung angerechnet werden (Bundesrechnungshof 2023). Parallel dazu bedarf es einer wachstumsorientierten Wirtschaftspolitik, die ein international wettbewerbsfähiges Steuersystem mit einem schlanken Staatwesen und gezielten Investitionen in Forschung, Bildung und Infrastruktur vereint. Ergänzt werden sollte dies durch eine diversifizierte, technologieneutrale Energiepolitik und eine effektive Klimapolitik, die in ein globales Emissionshandelssystem eingebettet ist (IW 2024).

Auf europäischer Ebene sollte sich Deutschland für die konsequente Einhaltung der Fiskalregeln einsetzen, die Prinzipien der Nichtbeistandsklausel und das Verbot monetärer Staatsfinanzierung verteidigen und einer weitergehenden Schuldenvergemeinschaftung entschieden entgegentreten. Zudem ist eine Reform des Stabilitäts- und Wachstumspakts erforderlich, die für mehr Transparenz sorgt und wirksame Sanktionen bei Regelverstößen garantiert.

Innerhalb der Währungsunion sind klare Insolvenzregeln für Mitgliedstaaten erforderlich, die im Ernstfall einen geordneten Austritt aus der Eurozone ermöglichen. Ebenso bedarf es einer demokratischen Stimmverteilung im Rat der Europäischen Zentralbank, um ein ausgewogenes Kräfteverhältnis zwischen den Mitgliedstaaten sicherzustellen. Schließlich sollte auch das Zahlungsverkehrssystem TARGET2 reformiert werden und Schuldnerstaaten verpflichtet werden, ihre Salden zeitnah auszugleichen, um eine systematische Aufblähung makroökonomischer Ungleichgewichte dauerhaft auszuschließen.

Die Europäische Zentralbank sollte ihr Kernmandat der Preisstabilität konsequent in den Mittelpunkt ihrer Politik stellen. Dazu gehört eine Reduktion der aufgeblähten Geldmenge durch den raschenAbbau des bestehenden Geldüberhangs. Geldpolitische Maßnahmen sollten sich ferner am Kapitalschlüssel der nationalen Notenbanken orientieren.

Gleichzeitig ist eine klare Absage an jede Form von Schuldenerleichterung erforderlich – etwa durch Laufzeitverlängerungen oder Schuldenschnitte –, die einzelne Mitgliedstaaten einseitig bevorzugen würden. Unterstützungsmaßnahmen im Rahmen des TPI sollten nur dann gewährt werden, wenn sich die betreffenden Länder verbindlich den wirtschafts- und finanzpolitischen Auflagen des Europäischen Stabilitätsmechanismus unterwerfen (ESM 2024).

Darüber hinaus sollte die EZB verpflichtet werden, regelmäßig und transparent offenzulegen, welche Risiken aus ihren geldpolitischen Interventionen entstehen. Eine aktive Beteiligung an klimabezogenen Maßnahmen, etwa durch gezielte Käufe sogenannter grüner Anleihen, liegt außerhalb ihres Mandats. Solche Eingriffe widersprechen dem Prinzip geldpolitischer Neutralität und untergraben die Glaubwürdigkeit ihrer institutionellen Unabhängigkeit.

Eine langfristig tragfähige Staatenunion erfordert wachstumsstarke Volkswirtschaften, solide Staatsfinanzen und ein widerstandsfähiges Finanzsystem – nicht jedoch ein dauerhaftes Verharren in einer Haftungs- und Transfergemeinschaft. Die zentrale Aufgabe der Europäischen Union besteht deshalb in der Reform ihrer vertraglichen Grundlagen im Geiste ihrer Gründungsväter. Erforderlich ist ein verlässlicher und sanktionsbewährter Ordnungsrahmen, der den europäischen Integrationsprozess im Sinne der Lissabon-Agenda bestmöglich unterstützt. Auf diese Weise lassen sich die wirtschaftlichen und geopolitischen Herausforderungen der kommenden Jahrzehnte bewältigen – nicht durch Umverteilung und Vergemeinschaftung, sondern durch Eigenverantwortung, Solidität, Stabilität und nachhaltiges Wachstum (European Council 2000).

Literatur

ABC News (2023): A timeline of the Silicon Valley Bank collapse. https://abcnews.go.com/Business/timeline-silicon-valley-bank-collapse/story?id=97846565

BIS Bank for International Settlements (2024): Report on the 2023 banking turmoil. https://www.bis.org/bcbs/publ/d555.pdf

BIS 2009. Bank for International Settlements. 79th Annual Report. https://www.bis.org/publ/arpdf/ar2009e.htm

Bundesbank 2023. Deutscher Unternehmenssektor 2021/22 – Ertragslage und Finanzierungsverhältnisse. https://www.bundesbank.de/resource/blob/764632/c0d1aed571345ccb60f8ff0705f00024/mL/2023-12-ertragslage-data.pdf

Bundesbank (2025). TARGET balances. https://www.bundesbank.de/en/tasks/payment-systems/t2/target-balances-920752

Bundesrechnungshof 2023. „EU-Schulden und nationale Haftungsrisiken".

CRR (2013). Regulation (EU) No 575/2013 on prudential requirements for credit institutions and investment firms, Art. 114. https://eur-lex.europa.eu/eli/reg/2013/575/oj

De Grauwe, P. & Ji, Y. (2012). Mispricing of Sovereign Risk and Multiple Equilibria in the Eurozone.

Draghi M. (2012). „Speech at the Global Investment Conference, London, 26 July 2012". https://www.ecb.europa.eu/press/key/date/2012/html/sp120726.en.html

Europäische Kommission (2020): Der Stabilitäts- und Wachstumspakt.

Federal Reserve Board (2023): Coordinated central bank action to enhance the provision of U.S. dollar liquidity, press release 19 March 2023. https://www.federalreserve.gov/newsevents/pressreleases/monetary20230319a.htm

Fugmann. (2023). https://finanzmarktwelt.de/lagarde-kein-konflikt-fuer-ezb-zwischen-inflation-und-finanzstabilitaet-264939/

ESM 2018. European Stability Mechanism. Annual Report 2018. https://www.esm.europa.eu/sites/default/files/esm-annual-report-2018.pdf

Eurostat 2024. „Government debt up to 88.7 % of GDP in euro area", Euro-Indicators News Release 2–2207204-AP. https://ec.europa.eu/eurostat/web/products-euro-indicators/w/2-22072024-ap

EBA 2023. Risk Assessment Report, December 2023. https://www.eba.europa.eu/sites/default/files/2023-12/Risk_Assessment_Report_2023.pdf

ECB (2003). Monthly Bulletin, März 2003: Bond market integration in the euro area. https://www.ecb.europa.eu/pub/pdf/mobu/mb200303en.pdf

ECB 2010. European Central Bank. Annual Report 2010.

ECB 2012. European Central Bank. Press Release „Technical features of Outright Monetary Transactions", 6 September 2012. https://www.ecb.europa.eu/press/pr/date/2012/html/pr120906_1.en.html

ECB (2013). Working Paper 1587 „Assessing asset purchases within the ECB's Securities Markets Programme". https://www.ecb.europa.eu/pub/pdf/scpwps/ecbwp1587.pdf

ECB 2013b. European Central Bank. „Consolidated financial statement of the Eurosystem and details on securities held under the Securities Markets Programme", 14 Februar 2013. https://www.ecb.europa.eu/press/pr/wfs/2013/html/fs130212.en.html

ECB 2017. European Central Bank. Economic Bulletin Issue 3/2017, Box 5 „The targeted longer-term refinancing operations". https://www.ecb.europa.eu/pub/pdf/other/ebbox201703_05.en.pdf

ECB (2017b). Economic Bulletin, Issue 6/2017, Article 2 „The APP and the principle of market neutrality".

ECB 2020. European Central Bank. Introductory Statement to the Press Conference, 10 Dezember 2020. https://www.ecb.europa.eu/press/press_conference/monetary-policy-statement/2020/html/ecb.is201210~9b8e5f3cdd.en.html

ECB 2022. European Central Bank. Economic Bulletin Issue 2/2022, Box 6 „Liquidity conditions and monetary-policy operations". https://www.ecb.europa.eu/pub/pdf/ecbu/eb202202.en.pdf

ECB (2022a). Economic Bulletin Issue 2/2022 – Chart 3 (APP & PEPP volumes). https://www.ecb.europa.eu/pub/pdf/ecbu/eb202202.en.pdf

ECB (2022b). Press Release „The Transmission Protection Instrument", 21 July 2022. https://www.ecb.europa.eu/press/pr/date/2022/html/ecb.pr220721~973e6e7273.en.html

ECB (2022c). Financial Stability Review, November 2022. https://www.ecb.europa.eu/pub/financial-stability/fsr/html/ecb.fsr202211~fb4ae1f2a0.en.html

ECB (2022d). Monetary Policy Decision: „ECB announces end of net asset purchases", 9 June 2022.

ECB 2023. Financial Stability Review, November 2023. https://www.ecb.europa.eu/press/financial-stability-publications/fsr/html/ecb.fsr202311.en.html

ECB (2024). Economic Bulletin Issue 3/2024 – Liquidity conditions. https://www.ecb.europa.eu/press/economic-bulletin/html/eb202203.en.html

ECB Data (2025). Base money series ILM.M.U2.C.LT00001.Z5.EUR. https://data.ecb.europa.eu/data/datasets/ILM/ILM.M.U2.C.LT00001.Z5.EUR

EC (2010). Lisbon Strategy Evaluation. https://maritime-forum.ec.europa.eu/system/files/2018-02/lisbon_strategy_evaluation_en.pdf

EC 2020. „Questions and Answers on the MFF and NextGenerationEU". https://ec.europa.eu/commission/presscorner/detail/en/qanda_20_935

ESM 2024. Discussion Paper 18 „Toward a Sovereign Insolvency Framework for the Euro Area". https://www.esm.europa.eu

European Council 2000. Lisbon European Council – Presidency Conclusions. https://www.consilium.europa.eu/media/21038/lisbon-european-council-presidency-conclusions.pdf

Financial Times. 2024. Southern growth spurt creates two-speed eurozone economy, 3. April 2024.

IMF (2014). Staff Discussion Note 14/07 „Adjustment in Euro Area Deficit Countries: Progress, Challenges and Policies". https://www.imf.org/external/pubs/ft/sdn/2014/sdn1407.pdf

IW 2024. Kolev, G. u. a.: „Wachstumsagenda 2030 – Ein Fahrplan für Deutschlands Wettbewerbsfähigkeit". Institut der deutschen Wirtschaft, Köln.

OECD (2013). Economic Surveys – Euro Area.

Sinn, H.-W., & Wollmershäuser, T. (2012). Target Loans, Current Account Balances and Capital Flows: The ECB's Rescue Facility. International Tax and Public Finance, 19(4), 468–508.

Sinn, H.-W. (2021). Die wundersame Geldvermehrung, Herder Verlag, November 2021

TFEU 2012. Consolidated Version of the Treaty on the Functioning of the European Union (Articles 123 & 125). https://eur-lex.europa.eu/legal-content/EN/TXT/?uri=CELEX:12012E/TXT

UBS Group AG (2023): UBS to acquire Credit Suisse, media release 19 March 2023. https://www.ubs.com/global/en/media/display-page-ndp/en-20230319-tree.html

8

Reformstau der EU

Seit dem Brexit hat sich die Europäische Union schrittweise von ihrer in den europäischen Verträgen verankerten Rolle als Wachstums- und Integrationsgemeinschaft im Sinne marktwirtschaftlicher Effizienz und Freihandel entfernt. Stattdessen vollzieht sich zunehmend ein Wandel hin zu einer Union, die von Umverteilung und Regulierung geprägt ist (Kap. 5). Ein neuer europapolitischer Dirigismus hat sich etabliert, der den Zielen der Lissabon-Agenda immer stärker zuwiderläuft und in Deutschland die Tendenz zur Deindustrialisierung begünstigt (Kap. 3).

Vor diesem Hintergrund richtet sich ein eindringlicher Appell an die Politik und die europäischen Institutionen: Der eingeschlagene Kurs erfordert eine grundlegende Neuausrichtung. Statt immer neuer Regulierungsinitiativen sollten sich die EU und ihre Mitgliedstaaten wieder auf die Kernanliegen besinnen, die den Geist der Lissabon-Agenda ausmachen. Ziel muss es sein, Europa zum wettbewerbsfähigsten und dynamischsten wissensbasierten

Wirtschaftsraum der Welt zu entwickeln. Im Mittelpunkt stehen dabei der konsequente Abbau der ESG-Regulatorik mit ihren umfangreichen Berichts- und Offenlegungspflichten, die vertiefte Integration des EU-Binnenmarkts und die entschlossene Förderung des globalen Freihandels.

Gleichzeitig droht Europa angesichts eines potenziell dauerhaften Rückzugs der USA aus der NATO ein sicherheitspolitisches Machtvakuum. Eine glaubwürdige europäische Sicherheitsarchitektur erfordert langfristig den Aufbau gemeinsamer Verteidigungsstrukturen, politisch bleibt dieses Ziel jedoch auf absehbare Zeit herausfordernd. Deshalb sollten einzelne EU-Mitgliedstaaten beginnen, eigene nukleare Abschreckungskapazitäten zu entwickeln, um ihre sicherheitspolitische Autonomie zu stärken.

Parallel dazu ist eine rasche Normalisierung der Beziehungen zu Russland notwendig. Dazu gehören die Aufhebung wirtschaftlicher Sanktionen sowie die Aushandlung eines umfassenden EU-Russland-Zollabkommens. Das bestehende Partnerschafts- und Kooperationsabkommen (PKA) von 1997 könnte hierfür als Grundlage für einen erweiterten Handelsvertrag dienen.

Die Kombination aus glaubwürdiger Abschreckung und vertiefter wirtschaftlicher Kooperation bietet die tragfähigste Grundlage für langfristige sicherheitspolitische Stabilität. Nur ein wirtschaftlich starkes Europa kann für Russland ein attraktiver strategischer Partner sein – und zugleich ein Garant für Frieden und Freiheit auf dem Kontinent.

8.1 Der Neo-Dirigismus der EU

Staatliche Eingriffe und industriepolitischer Dirigismus haben in der Europäischen Union eine lange Tradition – oft jedoch mit begrenztem Erfolg. Besonders deutlich zeigt sich dies am Beispiel Frankreichs, das seit Jahrzehnten eine stark interventionistische Wirtschaftspolitik betreibt. Prestigeprojekte wie das Überschallflugzeug Concorde oder der Versuch, in den 1960er-Jahren eine eigenständige französische Computerindustrie als Konkurrenz zu US-Giganten wie IBM aufzubauen, erwiesen sich als ökonomische Fehlschläge.

Auch die Intervention des damaligen Präsidenten Jacques Chirac im Jahr 2005 verhinderte eine Übernahme des angeschlagenen Nahrungsmittelkonzerns Danone durch PepsiCo. Die französische Regierung erklärte Danone faktisch zur „strategischen Industrie" und sendete damit eine klare politische Warnung an ausländische Investoren (Spiegel 2005). Selbst erfolgreiche Vorhaben wie der Aufbau des europäischen Flugzeugherstellers Airbus, der in Kooperation mit Deutschland entstand, basierten auf milliardenschweren Subventionen. Dass Airbus heute global wettbewerbsfähig ist, liegt nicht zuletzt an der deutschen Beteiligung, die eine übermäßige politische Einflussnahme auf unternehmerische Entscheidungen begrenzte.

Die Gesamtbilanz der französischen interventionistischen Industriepolitik bleibt ernüchternd: Der industrielle Sektor trägt in Frankreich heute weniger als 10 % zur nationalen Wertschöpfung bei – in Deutschland sind es mehr als doppelt so viel.

Mit dem Brexit hat sich innerhalb der EU ein neuer wirtschaftspolitischer Kurs verfestigt, der zunehmend von umfassender Regulierung und zentralplanerischer Steuerung geprägt ist. Dieser neue Dirigismus führt zu einem beispiellosen Anstieg bürokratischer Auflagen, insbesondere im Bereich der ESG-Regulierung (Umwelt, Soziales, Governance). Programme wie der Europäische Green Deal („Clean Industrial Deal") und das Lieferkettensorgfaltspflichtengesetz stehen dabei im Vordergrund. So ehrenwert ihre moralischen Zielsetzungen auch sein mögen, für exportorientierte und industriestarke Volkswirtschaften wie Deutschland bedeuten sie erhebliche Belastungen und strukturelle Wettbewerbsnachteile.

Ein zentrales Element dieses Regulierungssystems ist der Europäische Green Deal mit einer Vielzahl von Vorgaben und Verboten. Dazu zählen das geplante Verbot des Verbrennungsmotors, verbindliche CO_2-Flottenverbrauchsgrenzen, detaillierte Umsetzungspläne zur Erreichung der selbstgesetzten Klimaziele sowie Richtlinien wie das Energieeffizienzgesetz. Dieses Gesetz sieht eine schrittweise Begrenzung des Gesamtenergieverbrauchs vor, was besonders für industriestarke Mitgliedsstaaten gravierende Folgen hat. Investitionen bleiben aus, und traditionelle Branchen geraten zunehmend unter Druck, ihre Wertschöpfung ins Ausland zu verlagern.

Besonders folgenreich ist das für 2035 geplante Verbot von Verbrennungsmotoren, das der deutschen Automobilindustrie einen ihrer zentralen Wettbewerbsvorteile nimmt. Die Folge ist ein massiver Arbeitsplatzabbau: Hunderttausende Stellen fallen weg – bei VW, Mercedes, Bosch, Audi, Ford und vielen weiteren Unternehmen (DWN 2024; HNA 2025; Merkur 2024). Die Gefahr einer flächendeckenden Deindustrialisierung in Deutschland ist real.

Zweifellos kann der Staat aus Klimaschutzgründen den Einsatz bestimmter Technologien wie Wärmepumpen gesetzlich vorschreiben oder alternative Lösungen verbieten. Doch vergleichbare CO_2-Reduktionseffekte lassen sich deutlich effizienter, flexibler und volkswirtschaftlich verträglicher durch marktwirtschaftliche Instrumente erreichen, allen voran durch einen sinnvoll ausgestalteten CO_2-Preis. Ein solcher Preis, der die ökologischen Folgekosten realistisch abbildet, entfaltet gezielte Lenkungswirkung. Er schafft wirtschaftliche Anreize, freiwillig von fossilen Brennstoffen auf klimafreundlichere Alternativen umzusteigen – ganz ohne dirigistische Eingriffe oder starre Technologievorgaben.

Sowohl auf europäischer als auch auf nationaler Ebene dominiert jedoch der Ansatz, gewünschtes Verhalten über detaillierte Regulierung zu erzwingen, anstatt auf die Steuerungskraft des Marktes zu vertrauen. Gerade im Klimaschutz wäre der Markt jedoch ein wirkungsvoller Verbündeter. Ein CO_2-Preismechanismus in Kombination mit Technologieneutralität könnte dieselben Ziele schneller, innovationsfreundlicher und kosteneffizienter erreichen. Die Lenkungsfunktion des Marktes bietet damit eine überzeugende Alternative zum wachstumshemmenden Neo-Dirigismus der europäischen Bürokratie.

Ein weiteres Beispiel für den europäischen Neo-Dirigismus ist das Lieferkettensorgfaltspflichtengesetz. Es verpflichtet Unternehmen, die Einhaltung ökologischer und sozialer Standards entlang ihrer gesamten Lieferkette sicherzustellen und führt dabei zu erheblichen bürokratischen Belastungen sowie rechtlicher Unsicherheit. In der Praxis ziehen sich viele Unternehmen deshalb zunehmend aus Schwellen- und Entwicklungsländern zurück – ausgerechnet aus jenen Volkswirtschaften, die in besonderem Maße auf internationale Handelsbeziehungen angewiesen sind. Die Folge ist eine noch stärkere Verarmung der Bevölkerung in diesen Ländern.

Der dirigistische Kurs aus Brüssel gilt inzwischen als eine der größten Wachstumsbremsen für Deutschland. Investitionen werden zurückgehalten oder ins Ausland verlagert. Besonders im Mittelstand wächst der Frust, viele Unternehmer denken sogar darüber nach, ihre Betriebe nicht mehr an die nächste Generation zu übergeben. Laut einer Umfrage der DIHK (2023) zählt die überbordende Bürokratie zu den gravierendsten Investitionshemmnissen. Vor allem im internationalen Vergleich verliert Deutschland zunehmend an Wettbewerbsfähigkeit. Nach dem Länderindex der Stiftung Familienunternehmen gehört die Bundesrepublik inzwischen zu den weltweit am stärksten regulierten Standorten und liegt damit deutlich hinter Konkurrenten wie den USA oder China.

Zwar hat die Bundesregierung mit dem Bürokratieentlastungsgesetz IV erste Schritte unternommen, um nationale Vorschriften zu reduzieren. Doch eine wirksame Strategie, um die Regulierungsflut auf EU-Ebene einzudämmen, fehlt bislang. Gerade angesichts zunehmender protektionistischer Tendenzen und einer sich verschärfenden globalen Standortkonkurrenz ist der konsequente Abbau regulatorischer Hürden entscheidend, um Investitionen und Innovationen wieder zu beleben.

Deutschland sollte seinen Einfluss innerhalb der EU entschlossener nutzen, um marktwirtschaftliche Prinzipien zu verteidigen und dem zunehmenden Regulierungsdruck wirksam entgegenzutreten. Der sich verfestigende Neo-Dirigismus widerspricht fundamental dem Geist der Lissabon-Agenda von 2000, die Europa zum wettbewerbsfähigsten und dynamischsten Wirtschaftsraum der Welt machen sollte.

Die Europäische Union sollte aus den bisherigen Entwicklungen Lehren ziehen und sich von ihrem klima-, handels- und wirtschaftspolitischen Dirigismus lösen, der seit dem Brexit massiv an Einfluss gewonnen hat. Zahlreiche Maßnahmen, die als moralisch hochstehende sozial- oder umweltpolitische Projekte präsentiert werden, entpuppen sich bei näherer Betrachtung als industriepolitische Instrumente einzelner Mitgliedstaaten, mit denen gezielt Wettbewerbsvorteile oftmals zulasten anderer erzielt werden sollen.

Stattdessen sollte die Europäische Kommission die Vertiefung des Binnenmarkts vorantreiben, den internationalen Freihandel stärken und den Abbau überbordender Bürokratie ins Zentrum ihrer wirtschaftspolitischen Agenda stellen.

8.2 Globalen Freihandel stärken

Freier Handel ermöglicht es Staaten, sich auf die Produktion jener Güter zu spezialisieren, bei denen sie komparative Vorteile besitzen. So lassen sich Ressourcen effizient einsetzen, Produktionskosten senken und der internationale Austausch optimieren. Der globale Freihandel erweitert die Konsummöglichkeiten weit über das hinaus, was in einer wirtschaftlich abgeschotteten Welt möglich wäre. Die dynamische Vielzahl an Spezialisierungs- und Handlungsmöglichkeiten im internationalen Wettbewerb bildet die Grundlage für dauerhaftes Produktivitätswachstum.

Die Idee des Freihandels geht auf David Ricardo zurück, einen der Vordenker der modernen Ökonomie. Bereits Anfang des 19. Jahrhunderts zeigte er mit seiner Theorie der komparativen Kostenvorteile, dass Handelshemmnisse wie Zölle gesamtwirtschaftlich schädlich sind. Ihre negativen Effekte für Konsumenten lassen sich nicht durch mögliche Vorteile für Produzenten ausgleichen (ifo 2017). Freier Handel hingegen ermöglicht eine optimale Arbeitsteilung und bildet die Grundlage für größtmöglichen Wohlstand in allen beteiligten Ländern.

In der Praxis werden dafür bilaterale oder multilaterale Freihandelsabkommen geschlossen, die den Abbau von Zöllen und anderen Handelshemmnissen auf Waren, Dienstleistungen und Kapital regeln. Doch die internationale Handelspolitik steht zunehmend unter Druck. Protektionistische Tendenzen, die Abkehr von multilateralen Lösungen und ein Trend zu staatlichem Dirigismus behindern den globalen Güteraustausch. Die Skepsis gegenüber Freihandel und Globalisierung wächst – mit weitreichenden Konsequenzen für marktwirtschaftliche Effizienz, Wirtschaftswachstum und Wohlstand.

Ein weit verbreiteter Irrglaube in der EU besteht darin, dass staatliche Eingriffe zur Begrenzung internationaler Lieferketten die Krisenfestigkeit des Wirtschaftsstandorts Europa erhöhen könnten. Dabei sind auch heimische Produzenten nicht vor Naturkatastrophen oder wirtschaftlichen Erschütterungen gefeit. Tatsächlich entsteht Versorgungssicherheit erst durch Diversifizierung – also durch die gezielte Streuung von Bezugsquellen auf möglichst viele, geografisch und strukturell unterschiedliche Partner. Die Corona-Pandemie und geopolitische Spannungen haben jedoch die Autarkiebestrebungen der EU deutlich verstärkt. Die zunehmende Regulierung aus Brüssel, insbesondere das Lieferkettengesetz und der ab 2026 geplante Klimazoll, befeuern diese Entwicklung weiter – mit besonders nachteiligen Folgen für exportorientierte Volkswirtschaften wie Deutschland.

Die Vorstellung, dass freier Handel zu größtmöglichem Wohlstand führt, geht auf David Ricardo zurück. Doch regelbasierter Freihandel ist kein Selbstläufer – er braucht eine aktiv gestaltete Wirtschaftspolitik, die Märkte öffnet und Handelsbarrieren konsequent abbaut. Zentral sind dabei Institutionen wie die Welthandelsorganisation (WTO) sowie bilaterale und multilaterale Handelsabkommen mit bedeutenden Wirtschaftsräumen weltweit.

Eine freihandelsfreundliche Politik war stets umstritten, steht heute jedoch unter besonderem Druck. Die Covid-Pandemie offenbarte die Verwundbarkeit globaler Lieferketten, deren Störungen den weltweiten Produktionseinbruch verschärften. Auch der Wiederanlauf der Weltwirtschaft verlief nur schleppend. Politische Eingriffe wie das Lieferkettengesetz erschweren zudem den Zugang zu essenziellen Vorprodukten und wirken bis heute bremsend auf die wirtschaftliche Entwicklung.

Parallel dazu verschärfen sich die Spannungen im globalen Wettbewerb. Der rasante ökonomische Aufstieg

Chinas und anderer Schwellenländer setzt Unternehmen in Ländern mit hohen Lohn- und Energiekosten unter erheblichen Anpassungsdruck. In den USA wurde dieses Phänomen als „Chinaschock" bekannt (Handelsblatt 2021) – mit teils drastischen Folgen für einzelne Branchen und Beschäftigtengruppen.

Zwar trägt der globale Handel langfristig zur Wohlstandssteigerung bei, doch erzeugt er auch Umverteilungseffekte mit klaren Gewinnern und Verlierern. Diese Dynamik schürt protektionistische Reflexe. Drohungen mit Handelszöllen, wie sie regelmäßig aus den USA kommen, zeigen, wie leicht legitime politische Anliegen für nationale Sonderinteressen instrumentalisiert werden können.

Gleichzeitig sieht sich der Westen in einem neuen Systemwettbewerb mit China. Die Sorge wächst, dass das autoritär geführte System des chinesischen Staatskapitalismus den liberalen Demokratien des Westens wirtschaftlich und geopolitisch überlegen sein könnte. Der anhaltende ökonomische Aufstieg Chinas zeigt, dass marktwirtschaftliche Prinzipien auch in nicht demokratischen politischen Systemem wirksam sein können – eine Erkenntnis, die das Selbstverständnis westlicher Wirtschaftssysteme zunehmend infrage stellt.

Diese Unsicherheit befeuert im Westen deglobalisierende Reflexe. In der EU gewinnen Forderungen nach strategischer Autonomie und dem Schutz europäischer Souveränität an Bedeutung. Staatliche Eingriffe zielen darauf ab, Lieferketten zu verkürzen und die Produktion zentraler Vorprodukte – ungeachtet komparativer Nachteile – wieder in die EU zu verlagern. Gleichzeitig bemüht sich die EU zunehmend darum, Standards in den Bereichen Menschenrechte, Umwelt und Soziales handelspolitisch durchzusetzen und Verstöße zu sanktionieren.

Aus ökonomischer Sicht sind solche Strategien jedoch problematisch – und sie erhöhen keineswegs die Versorgungssicherheit. Erstens ist es ein Trugschluss zu glauben, dass kürzere Lieferketten automatisch krisenfester sind. Resilienz entsteht nicht durch nationale Abschottung, sondern durch Diversifizierung und Flexibilität – also durch global breit gestreute Bezugsquellen.

Zweitens führt eine Politik, die gezielt ausländische Anbieter ausschließt, fast zwangsläufig zu Gegenreaktionen. Solche protektionistischen Spiralen enden häufig in Handelskonflikten – mit gravierenden Nachteilen für alle Beteiligten.

Drittens darf der Schutz europäischer Souveränität nicht mit einer Abkehr von internationaler wirtschaftlicher Verflechtung einhergehen - die ökonomischen Kosten wären erheblich. Gerade deutsche Unternehmen sind auf den Zugang zu den Weltmärkten – insbesondere nach China – ebenso angewiesen wie umgekehrt. Diese gegenseitige Abhängigkeit schafft ein starkes, stabilisierendes Interesse an wirtschaftlicher und geopolitischer Kooperation.

Die EU sollte daher ihre Anstrengungen verstärken, den globalen Freihandel voranzutreiben und die Welthandelsorganisation (WTO) als zentrale Instanz einer regelbasierten Handelspolitik zu stärken. Neue Abkommen eröffnen dabei erhebliche Potenziale – etwa das im Dezember 2024 geschlossene Freihandelsabkommen zwischen der EU und den Mercosur-Staaten, das mit rund 700 Mio. Menschen die größte Freihandelszone der Welt schafft (Tagesschau 2024). Eine konsequente Nutzung solcher Chancen kann wesentlich zu wirtschaftlichem Wachstum und Wohlstand beitragen.

Nach wie vor fehlt jedoch ein umfassendes Handelsabkommen mit den Vereinigten Staaten – einem der wichtigsten Wirtschaftspartner Europas. Es ist daher dringend geboten, die Verhandlungen über das Transatlantische Freihandelsabkommen (TTIP) wiederaufzunehmen und erfolgreich abzuschließen (Spiegel 2022). TTIP, erstmals 2013 unter Präsident Obama initiiert, zielt auf eine vertiefte wirtschaftliche Integration beiderseits des Atlantiks und damit auf gemeinsame Wachstumsimpulse.

Zwar war ein Abschluss bereits für Herbst 2016 geplant, doch eine verbindliche Einigung steht bis heute aus. Im Interesse eines offenen Welthandels und nachhaltiger Wohlstandsgewinne sollte die EU-Kommission diesem Projekt nun mit neuem politischen Nachdruck höchste Priorität einräumen.

8.3 Vertiefung des EU-Binnenmarktes

Der Dienstleistungssektor war in den vergangenen zwei Jahrzehnten ein wesentlicher Motor für Wachstum und Wohlstand in der Europäischen Union (EU). Trotz seines beträchtlichen Potenzials wird der grenzüberschreitende Handel mit Dienstleistungen in der EU weiterhin durch nationale Protektionismen behindert. Statt die Chancen gemeinsamer Wertschöpfung entschlossen zu nutzen, halten die Mitgliedstaaten an einem unübersichtlichen Geflecht aus 27 unterschiedlichen Regulierungen und Marktzugangshürden fest.

Ein gezielter Abbau dieser Hindernisse sowie eine stärkere Harmonisierung und Integration des Binnenmarkts für Dienstleistungen würden nicht nur die wirtschaftliche Dynamik innerhalb Europas spürbar steigern, sondern auch die internationale Wettbewerbsfähigkeit der EU nachhaltig stärken. Die daraus resultierenden Wohlstandsgewinne wären erheblich – sowohl für Unternehmen als auch für Verbraucher.

Der freie Dienstleistungsverkehr zählt zu den Grundprinzipien des europäischen Binnenmarkts und wurde mit der Dienstleistungsrichtlinie von 2006 fest im EU-Recht verankert. Zwei tragende Säulen dieses Binnenmarkts sind die Niederlassungsfreiheit (Artikel 49 AEUV), die es EU-Bürgern erlaubt, in jedem EU-Mitgliedstaat ein Unternehmen zu gründen, sowie die Dienstleistungsfreiheit (Artikel 56 AEUV), die das grenzüberschreitende Erbringen und Empfangen von Dienstleistungen ermöglicht.

Gemäß der Dienstleistungsrichtlinie sollen innerhalb der EU keine Hindernisse für grenzüberschreitende Dienstleistungen bestehen. Doch von einer umfassenden praktischen Umsetzung dieses Anspruchs kann bis heute keine Rede sein. Trotz zahlreicher Initiativen – wie etwa dem EU-Dienstleistungspaket von 2017 – bestehen in den Mitgliedstaaten weiterhin erhebliche nationale Barrieren (EU 2017), die den freien Dienstleistungsverkehr faktisch blockieren. Das wirtschaftliche und integrative Potenzial dieses entscheidenden Binnenmarktelements bleibt somit deutlich hinter den rechtlichen Vorgaben zurück.

Der fragmentierte Dienstleistungsmarkt steht im klaren Widerspruch zum Geist des Vertrags von Maastricht, der einen einheitlichen und harmonisierten europäischen Binnenmarkt vorsieht. Tatsächlich sehen sich paneuropäische Dienstleistungsunternehmen mit bis zu 27 unterschiedlichen Regulierungsrahmen konfrontiert (IHK 2024). Statt eines integrierten Binnenmarkts existieren 26 nicht-nationale Bürokratien pro Mitgliedstaat, die jeweils eigene Zulassungsvorschriften anwenden.

Es überrascht daher kaum, dass Unternehmen zunehmend Schwierigkeiten haben, sich im regulatorischen Flickenteppich zurechtzufinden und rechtssicher grenzüberschreitend tätig zu werden. Infolgedessen bleibt das wirtschaftliche Potenzial des EU-Binnenmarkts mit seinen und 450 Mio. Menschen zu erheblichen Teilen ungenutzt.

Die Bedeutung des Dienstleistungssektors für das wirtschaftliche Wachstum kann dabei kaum überschätzt werden. In der EU entfallen rund 65 % des Bruttoinlandsprodukts (BIP) auf diesen Bereich (2021), während der Anteil in den USA bereits bei 77 % liegt (Statista 2023; Statista 2021). Trotz seiner dominanten Rolle ist der europäische

Dienstleistungssektor im internationalen Vergleich unterentwickelt. Eine Annäherung an das US-Niveau wäre wirtschaftlich sinnvoll und grundsätzlich erreichbar.

Diese Zahlen verdeutlichen, dass sich Dienstleistungen längst als zentraler Wachstumsmotor der europäischen Wirtschaft etabliert haben – und gleichzeitig erhebliches Potenzial bergen. Zwar wächst der innereuropäische Dienstleistungshandel stetig (IHK 2024), doch der Großteil der Leistungen wird nach wie vor innerhalb nationaler Grenzen erbracht. Der Binnenmarkt schöpft sein wirtschaftliches Potenzial somit bei Weitem nicht aus – ein Defizit, das sich auch in der Differenz von rund zwölf Prozentpunkten des BIP-Anteils gegenüber den USA widerspiegelt.

Ein entschlossener Abbau grenzüberschreitender Handelshemmnisse im Dienstleistungsbereich wäre ein starkes Signal für eine zukunftsorientierte europäische Wirtschaftspolitik. Die EU-Kommission sollte den im Maastricht-Vertrag verankerten Auftrag zur Vollendung des Binnenmarkts mit neuem Nachdruck verfolgen. Ein vollständig integrierter Dienstleistungsbinnenmarkt würde nicht nur die Wettbewerbsfähigkeit Europas nachhaltig stärken, sondern auch einen kräftigen Wachstumsschub auslösen – mit spürbaren Wohlstandsgewinnen für alle Mitgliedstaaten.

8.4 Zwischen Abschreckung und Kooperation – eine neue europäische Sicherheitsarchitektur

Ein wesentlicher Auslöser des heutigen Konflikts zwischen der westlichen Welt und Russland ist die Osterweiterung der NATO nach dem Ende des Kalten Krieges – ein

Prozess, der aus russischer Sicht als sicherheitspolitische Provokation empfunden wird (Spiegel 2025). Die daraus resultierenden Spannungen prägen das Verhältnis zwischen Russland und dem Westen bis heute.

Die sicherheitspolitische Bedrohung durch Russland richtet sich dabei vor allem gegen ehemalige Mitglieder des Warschauer Pakts und Anrainerstaaten mit strategischer oder geopolitischer Bedeutung. Dazu zählen insbesondere Länder mit bedeutenden Rohstoffvorkommen wie Georgien mit seinen Erdölreserven oder die Ukraine, die über große Lagerstätten seltener Erden verfügt. Deutschland hingegen spielt in dieser Logik eine untergeordnete Rolle. Insbesondere aufgrund seiner begrenzten natürlichen Ressourcen stellt es kein vorrangiges Ziel russischer Invasionspläne und militärischer Aggression dar.

Vor dem Hintergrund des schwindenden Engagements der USA im Rahmen der NATO und wachsender Anforderungen nach europäischer Eigenverantwortung in der Verteidigungspolitik droht Europa ein sicherheitspolitisches Machtvakuum. Um dieser Entwicklung strategisch zu begegnen, braucht es eine glaubwürdige und integrierte europäische Abschreckungsarchitektur. Als Übergangslösung sollten die EU-Mitgliedstaaten unter sicherheitspolitischer Vermittlung und dem Schutz der USA eigenständig nukleare Kapazitäten aufbauen. Auch die europäischen Anrainerstaaten Russlands sowie die ehemaligen Mitglieder des Warschauer Pakts sind gefordert, einen substantiellen militärischen Beitrag zu leisten.

Gleichzeitig gilt, dass Abschreckung allein keinen dauerhaften Frieden garantiert. Eine tragfähige Sicherheitsarchitektur kann nur entstehen, wenn strategische Wehrhaftigkeit mit Handel und wirtschaftlicher Kooperation verbunden wird. In diesem Sinne ist eine zügige Normalisierung der Beziehungen zu Russland unabdingbar. Ein Schritt wäre die schrittweise Aufhebung der

Handelssanktionen und die Wiederintegration Russlands in den Welthandel. Dabei sollte das seit 1997 bestehenden Partnerschafts- und Kooperationsabkommens (PKA) reaktiviert und zu einem umfassenden Handelsabkommen weiterentwickelt werden. Entscheidend ist, auch die wirtschaftlichen Interessen Russlands angemessen zu berücksichtigen, um eine langfristig stabile Grundlage für gegenseitigen Nutzen zu schaffen.

Russland ist militärisch ein Riese, wirtschaftlich jedoch – gemessen an seiner enormen Fläche und Bevölkerungszahl – ein Zwerg. Das Bruttoinlandsprodukt des Landes liegt etwa auf dem Niveau Italiens und bleibt damit deutlich hinter dem Potenzial zurück, das dieser rohstoffreiche Staat theoretisch entfalten könnte. Gerade aus dieser Diskrepanz ergibt sich erhebliches Wachstumspotenzial. Ein europäisch-russisches Zollabkommen könnte nicht nur neue Impulse für die bilaterale Zusammenarbeit setzen, sondern auch den Auftakt für eine neue Ära wirtschaftlicher Dynamik und politischer Stabilität markieren. Denn nach wie vor gilt, dass nachhaltiger Wohlstand eine zentrale Voraussetzung für dauerhaften Frieden ist.

Die wirtschaftliche Stärke der EU ist ein zentraler strategischer Vorteil, der sie für Russland zu einem attraktiven Handelspartner macht. Dieses Potenzial gilt es langfristig zu sichern. Dafür ist es unerlässlich, den Trend zu wachstumshemmendem Dirigismus und zunehmender Verschuldung in Europa konsequent zu stoppen. Gleichzeitig sind tiefgreifende Strukturreformen erforderlich (Abschn. 8.1–8.3), um die wirtschaftliche Leistungsfähigkeit der EU – und damit auch ihre Friedensdividende – dauerhaft zu gewährleisten und auszubauen.

Im Kontext der Debatte über eine eigenständige europäische Sicherheitsarchitektur ist ein zentraler Aspekt zu berücksichtigen: Die Beistandspflicht nach Artikel 5 des NATO-Vertrags verpflichtet die Mitgliedsstaaten zwar zur Solidarität, garantiert jedoch weder eine automatische militärische Reaktion noch den Einsatz von Atomwaffen (ifo 2024). Seit ihrer Gründung ist die NATO ein politisches Bündnis, dessen militärisches Handeln stets vom Willen und der Zustimmung der Mitgliedstaaten abhängt. Nach dem Ende des Kalten Krieges hat sich diese Haltung noch verstärkt, da mit dem Zerfall der Sowjetunion auch die ursprüngliche sicherheitspolitische Logik der Allianz – zumindest aus Sicht der USA – grundlegend verändert wurde.

Auch die theoretische Möglichkeit einer Inanspruchnahme des französischen Atomschirms für Europa bietet keine verlässliche Sicherheitsgarantie. Selbst wenn Frankreichs Nuklearwaffen als Bestandteil einer europäischen Abschreckungsstrategie verstanden würden, bliebe der Einsatz letztlich eine nationale Entscheidung. Ein mögliches Szenario verdeutlicht dieses Dilemma: Sollte etwa eine Präsidentin des Rassemblement National im Élysée-Palast regieren, wäre fraglich, ob sie im Falle eines Angriffs auf Deutschland zu einem atomaren Gegenschlag bereit wäre – wenn sie dafür im Gegenzug einen nuklearen Angriff auf Paris riskieren müsste. Auch eine Verlagerung des „roten Knopfs" nach Brüssel würde an diesem fundamentalen Dilemma nichts ändern. Denn die Unsicherheit in der zentralen Frage nach politischer Verantwortung und tatsächlicher Eskalationsbereitschaft im Ernstfall bliebe bestehen.

Atomwaffen sind das strategisch wirksamste sowie kosteneffizienteste Mittel der Abschreckung gegenüber externen Bedrohungen (ifo 2024). Ein vergleichbares Verteidigungssystem auf rein konventioneller Basis wäre mit deutlich höheren finanziellen und personellen Aufwendungen verbunden (SIPRI 2023). Vor diesem Hintergrund ist es sinnvoll, dass die Mitgliedstaaten der Europäischen Union – einschließlich Deutschland – ihre strategische Verteidigungsfähigkeit im Kern auf eine glaubwürdige nukleare Abschreckung stützen, idealerweise eingebettet in eine koordinierte gesamteuropäische Sicherheitsstrategie.

Gerade angesichts der russischen Bedrohung, einer geschwächten NATO und der Ineffizienz rein konventioneller Abschreckung sollte Deutschland die Debatte über einen eigenen nuklearen Schutzschirm ernsthaft führen. Die dafür erforderlichen militärischen Kapazitäten könnten vollständig durch eine modern aufgestellte Berufsarmee bereitgestellt werden. Der Einsatz neuer Technologien – insbesondere KI-gesteuerter Drohnen und vernetzter autonomer Waffensysteme – würde die operative Effizienz steigern und zugleich die Abhängigkeit von großen Bevölkerungskontingenten deutlich verringern (Rüdel 2022). Eine Rückkehr zur allgemeinen Wehrpflicht ist unter diesen Voraussetzungen weder militärisch erforderlich noch ökonomisch sinnvoll. Im Gegenteil: Angesichts des demografischen Wandels würde eine Dienstpflicht dringend benötigte Arbeitskräfte dem Arbeitsmarkt entziehen und spürbare volkswirtschaftliche Einbußen verursachen (IW 2023).

Parallel zur sicherheitspolitischen Neuausrichtung bedarf es eines außenwirtschaftlichen Strategiewechsels. Die Aufhebung der Sanktionen gegen Russland sowie die Entwicklung eines neuen, auf gegenseitige wirtschaftliche Kooperation ausgerichteten Handels- und Zollabkommens zwischen einer ökonomisch starken EU und Russland könnten den Auftakt für eine neue Ära bilden – eine Ära des Wachstums, des Wohlstands und langfristiger Stabilität (Sachs 2022).

Deutschland und die Europäische Union tragen in diesem Prozess eine besondere Verantwortung. Ihr wirtschaftliches Gewicht gilt es nicht nur zu erhalten, sondern gezielt auszubauen. Statt zentralplanerischer Lenkung und europäischem Dirigismus braucht es eine Wirtschaftspolitik, die auf Wettbewerbsfähigkeit sowie investitionsfreundliche und innovationsfördernde Rahmenbedingungen setzt (Sinn 2021). Nur ein wirtschaftlich starkes Europa bleibt für Russland ein attraktiver Handelspartner mit strategischer Relevanz. Umgekehrt eröffnet eine wirtschaftliche Annäherung der EU an Russland neue Perspektiven für politische Entspannung und den Aufbau einer tragfähigen Friedensordnung auf dem europäischen Kontinent.

Neben einer glaubwürdigen nuklearen Abschreckung bildet die Vertiefung der wirtschaftlichen Zusammenarbeit mit Russland somit einen zentralen Pfeiler für eine nachhaltige europäische Sicherheitsarchitektur. Diese strategische Neuausrichtung knüpft an das Ziel an, Europa zum wettbewerbsfähigsten und dynamischsten wissensbasierten Wirtschaftsraum der Welt zu entwickeln – ein Anspruch, der im Vertrag von Lissabon institutionell verankert wurde (Vertrag von Lissabon 2007). Es ist an der Zeit, diese wirtschaftspolitische Leitlinie neu zu beleben und mit außenpolitischer Weitsicht zu verbinden.

Literatur

DIHK. 2023. Innovationsreport, Heike Doll, IHK Essen, 2023. https://www.ihk.de/meo/innovation/aktuelles4/dihk-innovationsreport-2023-6016352

DWN. 2024. Umsatzeinbruch der deutschen Industrie: Hunderttausende Jobs werden abgebaut – Steht Deutschland vor einer Deindustrialisierung, Bellmann, 13.12.2024. https://deutsche-wirtschafts-nachrichten.de/713083/umsatzeinbruch-der-deutschen-industrie-hunderttausende-jobs-werden-abgebaut-steht-deutschland-vor-einer-deindustrialisierung

EU. 2017. Dienstleistungspaket, Eine Dienstleistungswirtschaft im Dienste der Europäer, 10.01.2017. https://ec.europa.eu/commission/presscorner/detail/de/ip_17_23

PKA. 1997. Partnerschafts- und Kooperationsabkommen (PKA) zwischen der EU und Russland, Europäischen Union, 01.12.1997. https://cordis.europa.eu/article/id/9433-eurussia-partnership-and-cooperation-agreement/de

Handelsblatt. 2021. 20 Jahre in der WTO: Wie China vom Hoffnungsträger zur Bedrohung wurde. Torsten Riecke, Dana Heide, 10.12.2021. https://www.handelsblatt.com/politik/international/welthandelsorganisation-20-jahre-in-der-wto-wie-china-vom-hoffnungstraeger-zur-bedrohung-wurde/27878530.html

HNA. 2025. Absatzprobleme und hohe Kosten: Mercedes zieht Konsequenzen, Patrick Freiwah, 20.02.2025. https://www.hna.de/wirtschaft/absatzprobleme-und-hohe-kosten-mercedes-zieht-konsequenzen-zr-93583305.html

IHK. 2024. Die EU und der Binnenmarkt, München, Juli 2024. https://www.ihk-muenchen.de/ihk/documents/International/Europa/ifo_IHK-Bericht2024_Dienstleistungshandel_final.pdf

Ifo. 2017. Ricardo – gestern und heute. Gabriel Felbermayr, Benjamin Jung, Wilhelm Kohler, Philipp Harms, Jakob Schwab, ifo Institut, München, 2017. https://www.ifo.de/publikationen/2017/aufsatz-zeitschrift/ricardo-gestern-und-heute

ifo. 2024. Wachstumsagenda 2030 – wie kann Deutschland wieder Erfolgsgeschichten schreiben, Munich Economic Debate mit Prof. Clemens Fuest, 9. Dezember 2024. https://www.youtube.com/watch?v=2xthNbBdZ1s

IW. 2023. *Demografie und Fachkräftemangel – die volkswirtschaftlichen Kosten des Wehrdienstes.* Institut der deutschen Wirtschaft, Köln, 2023.

Merkur. 2024. Bosch-Betriebsrat rechnet mit Abbau von 10.000 Stellen, Merkur, Julian Baumann, 16.12.2024. https://www.merkur.de/wirtschaft/metall-bosch-stellenabbau-betriebsrat-widerstand-konsequenzen-streiks-ig-93467535.html

Rüdel. 2022. *Künstliche Intelligenz und Militärstrategien im 21. Jahrhundert.* Bundesakademie für Sicherheitspolitik, Rüdel, R., Berlin.

Sachs. 2022. *A New Economic Peace Order for Europe*. Sachs, J., Columbia University Press.

SIPRI. 2023. Military Expenditure Database and Trends 2023. Stockholm International Peace Research Institute.

Spiegel. 2005. Frankreich verteidigt Danone vor PepsiCo, Anne Seith, 21.07.2005. https://www.spiegel.de/wirtschaft/uebernahmeschlacht-frankreich-verteidigt-danone-vor-pepsico-a-366231.html

Spiegel. 2022. FDP drängt auf Freihandelsabkommen mit USA, Severin Weiland, 28.11.2022. https://www.spiegel.de/politik/deutschland/freihandel-ampel-will-ceta-abkommen-ratifizieren-a-7df5730c-7658-49bb-83d2-16c353e69f2e

Spiegel. 2025. Spiegelgespräch mit John Mearsheimer, Der Spiegel, Ausgabe 11, Seite 12–14, 07.03.2025.

Sinn. 2021. *Die wundersame Geldvermehrung – Staatsverschuldung, Inflation und Europas Zukunft*. Sinn, H.-W., Herder, Freiburg.

Statista. 2021. USA: Anteile der Wirtschaftssektoren am Bruttoinlandsprodukt (BIP) von 2011 bis 2021, statista 2025. https://de.statista.com/statistik/daten/studie/165838/umfrage/anteile-der-wirtschaftssektoren-am-bruttoinlandsprodukt-der-usa/

Statista. 2023. Europäische Union: Anteile der Wirtschaftssektoren am Bruttoinlandsprodukt (BIP) von 2013 bis 2023, statista 2025. https://de.statista.com/statistik/daten/studie/249078/umfrage/anteile-der-wirtschaftssektoren-am-bruttoinlandsprodukt-bip-der-eu/

Tagesschau. 2024. Was das Freihandelsabkommen für die EU bedeutet, Tagesschau, 06.12.2024. https://www.tagesschau.de/wirtschaft/mercosur-freihandelsabkommen-faq-100.html

Vertrag von Lissabon. 2007. ABl. C 306 vom 17.12.2007.

9

Zusammenfassung

Die Integration der Europäischen Union nimmt zunehmend bedenkliche Züge an. Immer weiter entfernt sie sich von den Stabilitätsversprechen des Maastrichter Vertrags und befindet sich längst auf dem Weg in eine Haftungs- und Transfergemeinschaft. Ein solcher Kurs wird den Anforderungen der Zukunft jedoch nicht gerecht. Eine zentrale Aufgabe der Europäischen Union besteht daher in einer Rückbesinnung auf die vertraglichen Fundamente im Geiste ihrer Gründungsväter. Erforderlich ist ein verbindlicher, regelgebundener Ordnungsrahmen, der den Integrationsprozess im Sinne eines nachhaltig prosperierenden Staatenverbunds auf der Grundlage eines gemeinsamen Binnenmarkts voranbringt. Erst auf dieser Basis lassen sich die wirtschaftlichen, sozialen und geopolitischen Herausforderungen der kommenden Jahrzehnte angehen – nicht durch Umverteilung und Vergemeinschaftung, sondern durch Eigenverantwortung, Innovation und wirtschaftliche Stärke.

Gleichzeitig steht Deutschland – europäisches Kraftzentrum und ökonomische Supermacht – vor einem epochalen Umbruch. Seine über Jahrzehnte stabile und erfolgreiche Wirtschafts- und Gesellschaftsordnung gerät zunehmend ins Wanken. Im Zentrum dieser Entwicklung steht ein Geflecht an systemischen Herausforderungen, das weit über den nationalstaatlichen Rahmen hinausreicht. Es betrifft nicht nur die Zukunftsfähigkeit der Europäischen Union, des Eurosystems und der internationalen Klimagemeinschaft, sondern stellt in seiner Gesamtheit eine beispiellose Belastungsprobe für das Erfolgs- und Geschäftsmodell der Bundesrepublik seit ihrer Gründung dar.

Das erhoffte grüne Wirtschaftswunder ist bislang ausgeblieben. Seit Anfang 2018 zeigt sich vielmehr ein klarer Trend zur Deindustrialisierung. Investitionen gehen zurück, Produktionskapazitäten werden abgebaut, Unternehmen verlagern ihre Aktivitäten ins Ausland – dorthin, wo Energie preiswerter ist, die Regulierung mehr Spielraum lässt und die wirtschaftlichen Rahmenbedingungen leistungsfreundlicher ausfallen. Unbestritten bleibt, dass effektiver Klimaschutz dringend notwendig ist. Doch lässt er sich nur im Schulterschluss mit der internationalen Staatengemeinschaft verwirklichen. Der in Deutschland verfolgte Klimanationalismus hat sich hingegen als kontraproduktiv erwiesen. Er entfaltet weder globale Strahlkraft noch setzt er Impulse zur Nachahmung. Stattdessen untergräbt er das industrielle Fundament des Landes, ohne einen tatsächlichen Nutzen für das Klima zu entfalten.

Deutschland im Wandel

Deutschland, lange geschätzt als wirtschaftliches Kraftzentrum, Stabilitätsanker Europas und internationaler Impulsgeber, sieht sich heute mit tiefgreifenden wirtschaftlichen und europapolitischen Herausforderungen konfrontiert. Diese Entwicklung hat sich in den vergangenen Jahren deutlich beschleunigt und setzt das Wirtschaftssystem der Bundesrepublik zunehmend unter Druck. Geprägt wird das Gesamtbild durch rückläufige private Investitionen, den Verlust industrieller Substanz, eine einseitige und kostenintensive Energiepolitik, die drohende Erosion staatlicher Sozialsysteme, De-Globalisierungstendenzen und eine wachsende politische Polarisierung. Die wirtschaftliche und gesellschaftliche Struktur des Landes befindet sich in einem tiefgreifenden Umbruch, der die tragenden Säulen des bisherigen Erfolgsmodells aus Freihandel, Exportorientierung, industrieller Stärke und international wettbewerbsfähigen Standortbedingungen zunehmend untergräbt.

Auch innerhalb der Europäischen Union, insbesondere im Euroraum, verdichten sich die Hinweise auf strukturelle Fehlentwicklungen. Der fortschreitende Integrationsprozess geht mit einem spürbaren Machtverlust jener Mitgliedstaaten einher, die traditionell einer stabilitätsorientierten Politik verpflichtet sind. Tragfähig wäre dieser Kurs nur, wenn er auf einem verbindlichen und sanktionsbewährten ordnungspolitischen Fundament beruhte. Voraussetzung dafür wäre die konsequente Einhaltung des Vertrags von Maastricht, des Stabilitäts- und Wachstumspakts sowie der Leitlinien der Lissabon-Agenda.

Tatsächlich ist jedoch ein schleichender Erosionsprozess dieser Grundlagen zu beobachten. Der nachlässige Umgang mit vertraglichen Verpflichtungen untergräbt sowohl die Rechtsverbindlichkeit als auch das Vertrauen in die europäischen Institutionen und bringt das Integrationsprojekt in eine gefährliche Schieflage. Die Gefahr einer Entwicklung hin zu einer dauerhaften Umverteilungsunion nimmt zu. Rückblickend auf ein Vierteljahrhundert europäische Einigung treten die strukturellen Defizite unübersehbar zutage und offenbaren gravierende institutionelle Schwächen im Gefüge der Europäischen Union.

Im Zentrum der Herausforderungen für den Integrationsprozess stehen fünf wesentliche Einflussfaktoren. Erstens der fortschreitende Verlust marktwirtschaftlich orientierter nationalstaatlicher Steuerungskompetenzen auf EU-Ebene. Zweitens eine Geldpolitik, die vorrangig auf die Stabilisierung überschuldeter Mitgliedstaaten ausgerichtet ist. Drittens eine überzogene ESG-Regulatorik, die ökonomische Vernunft zunehmend zugunsten ideologischer Zielsetzungen und industriepolitischer Eigeninteressen verdrängt. Viertens die fortschreitende demografische Alterung. Fünftens die Abkehr von den Prinzipien der Lissabon-Strategie, die Europa zur wettbewerbsfähigsten und dynamischsten wissensbasierten Wirtschaftsregion der Welt machen sollte, hin zu immer stärker zentralplanerisch geprägten Strukturen.

Vor diesem Hintergrund verfolgt Deutschland das Ziel in der Bekämpfung der globalen Erderwärmung eine Vorreiterrolle einzunehmen. Grundlage dafür sind die klimapolitischen Vorgaben der Europäischen Union im Rahmen des Green Deal, die in nationales Recht umgesetzt werden, wobei Deutschland vielfach über die europäischen Anforderungen hinausgeht. Solche klima- und energiepolitischen Alleingänge, ob national oder europäisch, leisten jedoch keinen wirksamen Beitrag zur weltweiten Reduzierung von klimaschädlichen Emissionen. Statt internationale Impulse zu setzen, führen sie zu Energieverknappung, steigenden Kosten und einer fortlaufenden Verschlechterung der Standort- und Investitionsbedingungen. Dies schwächt die Volkswirtschaft erheblich und verstärkt die Tendenz zur Deindustrialisierung mit weitreichenden sozialen und finanziellen Folgen.

Gleichlaufend zum wachsenden klima- und europapolitischen Dirigismus sinkt die industrielle Wertschöpfung in Deutschland. Seit Beginn des Jahres 2018 ist die Industrieproduktion um mehr als zehn Prozent zurückgegangen.

Dieser Rückgang ist kein vorübergehendes konjunkturelles Phänomen, sondern Ausdruck eines tiefgreifenden Strukturwandels. In nahezu allen Schlüsselbranchen – von der Automobil- und Chemieindustrie bis hin zur Pharma-, Elektro- und Maschinenbauproduktion – sind deutliche Produktionseinbußen und Verlagerungen ins Ausland zu beobachten. Unternehmer und Investoren verlieren zunehmend das Vertrauen in die wirtschaftlichen Rahmenbedingungen und orientieren sich verstärkt an Standorten in den Vereinigten Staaten oder in Asien.

Deutschland, bislang hochindustrialisierte Exportnation und drittgrößte Volkswirtschaft der Welt, riskiert sein bewährtes Erfolgsmodell durch ein zunehmend zentralistisch geprägtes europäisches Wirtschaftssystem und durch eigene politische Weichenstellungen nachhaltig zu beschädigen. Statt als international beachtetes Vorbild für wirtschaftlichen Erfolg und wirksamen Klimaschutz zu dienen, droht die Bundesrepublik zu einem abschreckenden Beispiel zu werden. Dies untergräbt nicht nur die Glaubwürdigkeit ihrer Wirtschafts- und Klimapolitik, sondern erschwert auch die Bildung eines globalen Klimaklubs, den Fachleute als zentrales Instrument für effektiven Klimaschutz ansehen.

Vor diesem Hintergrund läuft die bisherige europäische Strategie einseitiger Selbstverpflichtungen im Rahmen des Pariser Klimaabkommens aus zweierlei Gründen ins Leere. Erstens ist eine unilateral ausgerichtete Reduktion der Nachfrage nach international handelbaren fossilen Energieträgern ohne gleichzeitige Einbindung der Angebotsseite klimapolitisch wirkungslos. Im Pariser Abkommen hat sich nur etwa ein Drittel der Unterzeichnerstaaten zu verbindlichen Mengenbeschränkungen verpflichtet, während die übrigen Staaten die freigegebenen Brennstoffe zu sinkenden Preisen aufkaufen und verbrennen. Zweitens dürfte in absehbarer Zeit ein Klimaklub entstehen, der ein weltweites Emissionshandelssystem etabliert und große Akteure wie die Vereinigten Staaten, Europa, China, Indien und Brasilien einbindet. In einem solchen System würden die Beschränkungen aus dem Pariser Abkommen lediglich dazu führen, dass Emissionsrechte verlagert werden, ohne dass die Gesamtemissionen sinken.

Die zunehmende Skepsis gegenüber der aktuellen europäischen Klimapolitik ist daher gut nachvollziehbar. Sie erinnert in ihrer Grundhaltung an die Vorbehalte mehrerer mittel- und osteuropäischer Staaten gegenüber der Migrationspolitik der EU. Keine europäische Regulierung kann legitimiert werden, wenn sie in einem Land wie Deutschland eine Deindustrialisierung auslöst und erhebliche Einbußen bei Beschäftigung und Wohlstand zur Folge hat. Ein erster Schritt zu einer Kurskorrektur bestünde daher in einem Stopp der Energiewende in ihrer derzeitigen Form – zumindest solange keine international abgestimmte Klimapolitik existiert, die einheitliche Verpflichtungen aller wesentlichen globalen Akteure einschließt.

Dies bedeutet nicht, dass Deutschland auf sinnvolle nationale Maßnahmen im Klimaschutz verzichten müsste. Der gezielte Einsatz von Technologien zur Abscheidung und Speicherung von Kohlendioxid könnte es ermöglichen, fossile Energieträger weiterhin zu nutzen und dennoch Klimaneutralität zu erreichen. Ein solcher Ansatz hätte sogar internationale Signalwirkung. Würde Deutschland verstärkt auf handelbare fossile Energien setzen, könnte dies das weltweite Angebot verknappen, die Preise erhöhen und vor allem ineffiziente Emittenten zu einer Senkung ihres Verbrauchs zwingen. Auf diese Weise ließe sich ein wirksamer und zugleich wirtschaftlich tragfähiger nationaler Beitrag zum Klimaschutz leisten, ohne den eigenen Wohlstand zu gefährden.

9 Zusammenfassung

Wohlstandskiller Energiewende
Das deutsche Wirtschaftsmodell steht unter massivem Druck. Seine drei tragenden Säulen – ein starker industrieller Kern, eine ausgeprägte Exportorientierung und international wettbewerbsfähige Energiepreise – geraten ins Wanken. Die Deindustrialisierung nimmt bedrohliche Ausmaße an, während sich die De-Globalisierung unter dem Einfluss von Protektionismus und geopolitischen Spannungen beschleunigt. Gleichzeitig erodieren die Rahmenbedingungen am Standort: Hohe Abgabenquoten, dirigistische Eingriffe im Zuge der Dekarbonisierung und eine Handelspolitik, die zentrale Industriezweige durch weitreichende ESG-Regulierung zusätzlich belastet, verschärfen die strukturellen Probleme. Deutschland droht der Übergang vom führenden Industriestandort zu einer investitionsfeindlichen Wirtschaftsregion.

Diese Entwicklung ist kein unausweichliches Resultat globaler Umbrüche, sondern das Ergebnis politischer Fehlsteuerung. Sinkende Standortattraktivität, Arbeitsplatzverluste und schwindende Wohlstandsperspektiven sind die Folge. Wohlstandssicherung und -mehrung muss wieder zentrales Leitmotiv der Wirtschaftspolitik werden – nicht als rückwärtsgewandte Verteidigung überholter Strukturen, sondern als strategisch fundierte Gestaltungsaufgabe.

Dafür sind verlässliche und attraktive Rahmenbedingungen für Investitionen, Innovationen und industrielle Wertschöpfung unverzichtbar. Im Zentrum stehen drei Prioritäten: Erstens die Diversifizierung der Energieversorgung für Versorgungssicherheit und wettbewerbsfähige Strompreise. Zweitens ein investitionsfreundliches Steuersystem, das Deutschland im globalen Wettbewerb wieder attraktiv macht. Drittens die Rückbesinnung auf marktwirtschaftliche Effizienz, internationale Arbeitsteilung und Freihandel als Grundpfeiler einer zukunftsfähigen Industriepolitik.

Ein Paradebeispiel für eine zugleich wirtschafts- und klimapolitisch verfehlte Strategie ist die deutsche Energiepolitik. Der erzwungene Ausstieg aus Kernenergie und Kohle, das Verbot der Nutzung von Fracking und die Blockade von Technologien zur Abscheidung und Speicherung von Kohlendioxid stehen einem nahezu ausschließlichen Ausbau von Wind- und Solarenergie gegenüber. Dieses Modell stößt jedoch an physikalische und ökonomische Grenzen: Die wetterabhängige Stromerzeugung erfordert ein doppeltes System, eines für die Produktion und ein weiteres zur Absicherung von Versorgungslücken. Dies führt zu dauerhaft hohen strukturellen Kosten, treibt den Strompreis und mindert die Wettbewerbsfähigkeit des Industriestandorts.

Hinzu kommt das sogenannte Grüne Paradoxon. Verzichtet ein Land wie Deutschland auf handelbare fossile Energieträger, sinkt deren Preis auf den Weltmärkten. Die hier eingesparten Mengen werden dann in andere Regionen exportiert und dort genutzt. Zwar verbessert sich dadurch rechnerisch die deutsche Treibhausgasbilanz, für das Weltklima bleibt der Effekt jedoch nicht nur wirkungslos, sondern kann insgesamt sogar zu höheren Emissionen führen. Wirksamer Klimaschutz setzt internationale Koordination voraus und kann nur in einem globalen ordnungspolitischen Rahmen gelingen, beispielsweise durch ein verbindliches weltweites Emissionshandelssystem mit handelbaren Zertifikaten. Nur wenn klimaschädliche Emissionen weltweit einen einheitlichen Preis erhalten, entsteht ein wirksamer Anreiz für einen innovationsgetriebenen Strukturwandel, der sowohl ökologisch sinnvoll als auch wirtschaftlich tragfähig ist. Nationale Beschränkungen der Nachfrage sind dagegen kostspielig, gefährden die Wettbewerbsfähigkeit der heimischen Industrien und leisten keinen Beitrag zum globalen Klimaschutz.

Die Folgen der bisherigen Energie- und Klimapolitik sind klar erkennbar. Deutschland zählt inzwischen zu den Ländern mit den höchsten Energiepreisen weltweit. Gleichzeitig steigt der globale Ausstoß von Treibhausgasen ungebremst an. Länder wie China und Indien erweitern ihre Kapazitäten zur Stromerzeugung aus Kohle erheblich. China betreibt fast die Hälfte aller Kohlekraftwerke der Welt und nimmt im Durchschnitt etwa alle zwei Wochen ein weiteres in Betrieb. Ein Rückbau dieser Kapazitäten ist auf absehbare Zeit nicht zu erwarten. Während andere Industrienationen auf einen ausgewogenen Energiemix setzen, verfolgt Deutschland einen teuren Sonderweg, der wichtige Technologieoptionen wie Kernkraft, Fracking und Kohle in Kombination mit CCS ausschließt und damit sowohl ökonomisch als auch ökologisch entscheidende Handlungsmöglichkeiten aufgibt.

Parallel dazu steht die Bundesrepublik vor einer gewaltigen Gesamtverschuldung, deren volles Ausmaß zunehmend sichtbar wird. Die bestehenden Sondervermögen und der deutsche Anteil am europäischen Wiederaufbaufonds belasten den Bundeshaushalt mit rund 820 Mrd. Euro. Hinzu kommt das im März 2025 beschlossene Schuldenpaket von historischem Ausmaß. Innerhalb der nächsten zehn Jahre plant der Bund Kreditaufnahmen in Höhe von über einer Billion Euro. Zählt man die deutsche Beteiligung an den geplanten Anleiheemissionen der Europäischen Union zur Stärkung der europäischen Verteidigung hinzu, ergibt sich insgesamt eine Belastung von knapp zwei Billionen Euro. Das entspricht knapp fünfzig Prozent des deutschen Bruttoinlandsprodukts des Jahres 2024.

Darüber hinaus bestehen langfristige Verpflichtungen aus den umlagefinanzierten Sozialsystemen, deren implizite Verschuldung auf mehr als zweihundert Prozent des Bruttoinlandsprodukts geschätzt wird. Addiert man die offizielle Staatsverschuldung von gut sechzig Prozent und die

Anteile aus den Sondervermögen, ergibt sich eine Gesamtverschuldung von über dreihundert Prozent der deutschen Wirtschaftsleistung.

Die ohnehin angespannte Lage der gesetzlichen Umlagesysteme wird durch die demografische Alterung weiter verschärft. Spätestens Mitte der dreißiger Jahre wird das Verhältnis von Beitragszahlern zu Leistungsempfängern seinen Tiefpunkt erreichen. Ohne entschlossene Gegenmaßnahmen geraten die staatlichen Sozialsysteme dann an den Rand des Zusammenbruchs.

Gleichzeitig steht die deutsche Volkswirtschaft vor den Herausforderungen einer fortschreitenden Deindustrialisierung. Der Industrie fehlen qualifizierte Fachkräfte. Weltweit höchste Energiepreise und Abgabenlasten sowie eine immer umfangreichere Regulierung durch die Europäische Union untergraben die internationale Wettbewerbsfähigkeit und die industrielle Substanz der deutschen Wirtschaft. Es besteht die reale Gefahr, dass Deutschland in den Kreis dauerhaft finanziell angeschlagener Staaten abrutscht.

Diese Entwicklungen werden die kommende Generation erheblich belasten. Sie steht vor einer dreifachen Herausforderung: Sie muss die Folgen der demografischen Verschiebung bewältigen, die fiskalischen Altlasten jahrzehntelanger Krisen- und Ausgabenpolitik tragen und dies unter den Bedingungen einer zunehmend deindustrialisierten Volkswirtschaft leisten.

Vor diesem Hintergrund ist eine tiefgreifende Neuausrichtung der staatlichen Ausgaben-, Wirtschafts- und Klimapolitik unvermeidlich. Angesichts der Überforderung der kommenden Generation muss das Staatsbudget von allen entbehrlichen Ausgaben entlastet werden. Finanziert werden darf künftig nur noch, was unabweisbar notwendig ist. Der deutsche Sonderweg in der Energie- und

Klimapolitik erweist sich unter den aktuellen Bedingungen als weder tragfähig noch gerechtfertigt.

Eine zukunftsfähige Energiepolitik muss drei zentrale Anforderungen erfüllen: Sie muss die Versorgungssicherheit gewährleisten, für breite Bevölkerungsschichten und Industrie bezahlbar bleiben und zugleich die ökologische Verträglichkeit sicherstellen. Angesichts eines globalen Energiemarkts, in dem fossile Energieträger mehr als achtzig Prozent ausmachen und der Anteil erneuerbarer Energien ohne Wasserkraft lediglich rund sieben Prozent beträgt, wird deutlich, dass ohne Technologieoffenheit die Energiewende weder ökonomisch noch ökologisch gelingen kann.

Erforderlich ist daher eine strategische Neuausrichtung, die den Wiedereinstieg in die Kernenergie ermöglicht, die Nutzung heimischer fossiler Energieträger erlaubt und gezielt in Schlüsseltechnologien zur Vermeidung von Emissionen investiert, etwa in die Abscheidung und Speicherung von Kohlendioxid. Eine moderne Energiepolitik darf sich nicht länger an planwirtschaftlichen Leitbildern wie dem Europäischen Green Deal orientieren. Sie muss marktwirtschaftliche Anreize in den Vordergrund stellen, technologieoffen gestaltet sein und internationale Kooperation als zentrales Prinzip verankern.

Der deutsche Klimaextremismus verfehlt sein Ziel der globalen Dekarbonisierung vollständig, beschleunigt jedoch die Deindustrialisierung und treibt die Verarmung im eigenen Land voran. Eine klimagerechte Transformation von Industrie und Gesellschaft, die zugleich wirtschaftlich tragfähig bleibt, ist nur möglich, wenn alle Technologien gleichberechtigt zur Verfügung stehen können. Dazu gehören Kernkraftwerke, moderne Kohlekraftwerke mit Kohlendioxidabscheidung, die Nutzung heimischer Gasvorkommen und erneuerbare Energien. Wird dieser technologieoffene Ansatz durch internationale Kooperationsabkommen zur CO_2-Bepreisung ergänzt, entsteht ein realistischer Pfad, der ökologische Ziele und industrielle Wertschöpfung nicht gegeneinander ausspielt, sondern miteinander verbindet.

Deutschland verliert seine klassischen Industrien
Die deutsche Klimapolitik verfolgt seit Jahren ambitionierte Ziele und strebt Klimaneutralität bis 2045 an. Getrieben vom Europäischen Green Deal und flankiert durch nationale Maßnahmen wie Klimaschutz- und Energieeffizienzgesetz, wurde ein tiefgreifender Strukturwandel eingeleitet – vom Ausstieg aus fossilen Energieträgern und Kernkraft über die forcierte Umstellung auf Elektromobilität bis hin zur massiven Förderung erneuerbarer Energien. Dieser Weg gilt als alternativlos für Nachhaltigkeit, ökologische Verantwortung und wirtschaftliche Zukunftsfähigkeit.

Bei genauerer Betrachtung zeigen sich jedoch gravierende Nachteile für das industrielle Fundament der deutschen Volkswirtschaft. Die Kombination aus hohen Energiekosten, hohen Unternehmenssteuern und einer umfassenden ESG-Regulierung mit weitreichenden Berichtspflichten hat die Produktionsbedingungen am Standort Deutschland deutlich verschlechtert – besonders in Schlüsselbranchen wie Chemie, Automobilindustrie und Maschinenbau.

Vor allem das Klimaschutzgesetz, das einen starren Reduktionspfad der CO_2-Emissionen bis auf null vorgibt, erzwingt eine tiefgreifende Transformation von Wirtschaft und Gesellschaft durch staatliche Vorgaben – unter weitgehender Ausblendung zentraler marktwirtschaftlicher Mechanismen. Statt Erweiterungsinvestitionen entstehen überwiegend Ersatzinvestitionen, und viele Unternehmen verlagern ihre Produktion ins Ausland. Damit wird weder zusätzliches Produktionspotenzial geschaffen noch neuer Wohlstand generiert. Im besten Fall bleiben die bestehenden wirtschaftlichen Kapazitäten erhalten.

Die von vielen Politikern versprochene „grüne industrielle Revolution" ist ausgeblieben. Seit 2018 zeigt sich vielmehr ein klarer Trend zur Deindustrialisierung: Investitionen bleiben aus, Produktionskapazitäten werden abgebaut, Unternehmen ziehen in Länder mit günstigeren Energiekosten, flexiblerer Regulierung und investitionsfreundlicherem Umfeld.

Unbestritten ist, dass die Welt wirksamen und nachhaltigen Klimaschutz benötigt – erreichbar jedoch nur durch globale Koordination und internationale Zusammenarbeit. Der in Deutschland verfolgte Klimanationalismus erweist sich dagegen als kontraproduktiv. Er hat keinen positiven Effekt auf die globalen klimaschädlichen Emissionen, schwächt aber das industrielle Fundament des Landes und führt zu Verlusten an Arbeitsplätzen und Wohlstand.

Ob der Übergang zu einer klimafreundlichen Volkswirtschaft gelingt, ohne die industrielle Substanz zu gefährden, hängt davon ab, ob ökologische Zielsetzungen mit ökonomischer Realität in Einklang gebracht werden und ob neue Industriezweige entstehen, die den Verlust an Wertschöpfung kompensieren.

Ein solcher Kurs erfordert eine grundlegende Neuausrichtung der Klima- und Energiepolitik. Notwendig sind die Rücknahme des Verbrennerverbots und restriktiver CO_2-Verordnungen sowie die Aussetzung von Klimaschutz- und Energieeffizienzgesetz. Parallel muss das Energieangebot diversifiziert und deutlich ausgeweitet werden, um die Preise auf ein international wettbewerbsfähiges Niveau zu senken.

Der Staat sollte sich zudem auf seine Kernaufgaben konzentrieren – Investitionen in Infrastruktur, Bildung, Grundlagenforschung und Verteidigung – und zugleich leistungsbezogene Steuern auf ein global wettbewerbsfähiges Niveau senken.

Deutschland muss seine Rolle als Export- und Industrienation auch im europäischen Kontext aktiv weiterentwickeln und behaupten. Die Europäische Kommission sollte den Fokus auf die Förderung des Freihandels legen, neue internationale Handelsabkommen vorantreiben, protektionistische Maßnahmen zurückführen und den Binnenmarkt vertiefen.

Europäische Ungleichgewichte
Der Austritt des Vereinigten Königreichs aus der Europäischen Union im Jahr 2019 markierte einen tiefgreifenden Einschnitt in der europäischen Nachkriegsordnung. Großbritannien war bis dahin die zweitgrößte Volkswirtschaft Europas und eine von zwei Nuklearmächten innerhalb der EU. Als zentraler geopolitischer Akteur prägte es über Jahrzehnte die institutionelle Balance der Union. Mit dem Brexit verschob sich dieses Kräfteverhältnis spürbar, was die EU sowohl politisch als auch wirtschaftlich erheblich schwächte.

Eine der unmittelbarsten Folgen war der Verlust der Sperrminorität für die stabilitätsorientierten Mitgliedstaaten im EU-Ministerrat. Vor dem Austritt konnten Deutschland, die Niederlande, Österreich, Finnland und weitere Partnerstaaten Beschlüsse blockieren, die eine qualifizierte Mehrheit erforderten. Grundlage war ihr gemeinsamer Bevölkerungsanteil, der über der im EU-Vertrag festgelegten Schwelle von 35 % lag. Mit dem Wegfall Großbritanniens entfiel diese Vetomacht und der Einfluss Deutschlands sowie seiner Verbündeten verringerte sich abrupt.

Die neuen Mehrheitsverhältnisse bergen das Risiko einer Abkehr von den ordnungspolitischen Grundprinzipien der europäischen Verträge. An deren Stelle könnte sich ein Verschuldungs- und Haftungsregime etablieren. Ein solcher Paradigmenwechsel würde dauerhafte Umverteilungsmechanismen zwischen den Mitgliedstaaten schaffen und zugleich das Potenzial für politische Spannungen und separatistische Bewegungen erhöhen. Es liegt daher im ureigenen Interesse aller Mitglieder, der Entwicklung hin zu einer permanenten Umverteilungsunion entschieden entgegenzuwirken.

Um das institutionelle Gleichgewicht zu wahren, braucht es im Ministerrat erneut starke Minderheitenrechte. Sie bilden ein unverzichtbares Gegengewicht zu einseitigen Umverteilungsambitionen und verhindern die Dominanz einzelner Staatengruppen. Angesichts der durch den Brexit verschobenen Machtbalance ist es von strategischer Bedeutung, die Interessen der stabilitätsorientierten Länder dauerhaft institutionell abzusichern. Die deutsche Europapolitik sollte daher mit Nachdruck darauf hinwirken, den Verlust der Vetomacht auszugleichen und das politische Gleichgewicht in der Union wiederherzustellen. Andernfalls droht eine strukturelle Machtverschiebung in den Entscheidungsgremien der EU, die den inneren Zusammenhalt schwächt und die langfristige Handlungs- und Integrationsfähigkeit der Union erheblich beeinträchtigen könnte.

Der Brexit hat somit nicht nur die wirtschaftliche, sondern auch die politische Architektur Europas grundlegend verändert. Umso wichtiger ist es, die konstitutiven Prinzipien der Union zu wahren – die Eigenverantwortung der Mitgliedsstaaten, den Rechtsstaat, die soziale Marktwirtschaft und den freien Wettbewerb. Europäische Politik sollte sich konsequent an einem vertragskonformen Ansatz orientieren, der frei von Partikularinteressen und ideologischen Verzerrungen bleibt. Nur durch eine klare Rückbesinnung auf die Grundprinzipien der europäischen Verträge lässt sich der Integrationsprozess nachhaltig festigen und das strategische Ziel der Lissabon-Strategie erreichen, Europa zum wettbewerbsfähigsten und dynamischsten wissensbasierten Wirtschaftsraum der Welt zu entwickeln.

Europäische Haftungs- und Transferunion
Mit dem Vertrag von Maastricht wurde der rechtliche Rahmen geschaffen, der die Europäische Union in ihrer heutigen Gestalt prägt. Er bildet das Fundament des europäischen Einigungsprozesses und verankert die Grundprinzipien einer vertieften wirtschaftlichen wie politischen Zusammenarbeit. Mit seinem Inkrafttreten im November 1993 ebnete er nicht nur den Weg zu einer engeren Integration, sondern auch zur Einführung einer gemeinsamen Währung.

Ein zentrales Element des Vertrags sind die sogenannten Fiskalkriterien, die allen Mitgliedstaaten und Beitrittskandidaten verbindliche finanzpolitische Vorgaben machen. Sie sollen geldpolitische Stabilität und haushaltspolitische Solidität innerhalb der Währungsunion sichern. Dazu gehören Obergrenzen für Gesamt- und Neuverschuldung, um stabile Preise, niedrige langfristige Zinssätze und verlässliche Wechselkurse zu gewährleisten.

Ergänzt wurde dieses Regelwerk 1997 durch den Stabilitäts- und Wachstumspakt. Er verpflichtet alle Mitgliedstaaten zu einer nachhaltigen Haushaltspolitik und schafft einen verbindlichen Rahmen für die Koordinierung und Überwachung der nationalen Finanzpolitiken. Im Zentrum stehen die im Maastricht-Vertrag festgelegten Fiskalkriterien: Das jährliche Haushaltsdefizit darf drei Prozent des Bruttoinlandsprodukts (BIP) nicht übersteigen, während die Gesamtverschuldung auf maximal 60 % des BIP begrenzt bleibt. Bei übermäßigen Defiziten sieht der Pakt klare Sanktionen vor.

Eine weitere zentrale Bestimmung des Maastrichter Vertragswerks ist die Nichtbeistandsklausel. Sie untersagt sowohl der EU als auch den Mitgliedstaaten, für die Verbindlichkeiten eines anderen Mitglieds oder eines EU-Organs einzustehen. Damit sollte verhindert werden, dass Staaten auf eine implizite Haftungsgemeinschaft setzen und riskante Finanzpolitik betreiben. Artikel 125 AEUV schließt jedoch Hilfen nicht gänzlich aus, sofern diese streng konditioniert sind und nicht einer automatischen Schuldenübernahme gleichkommen. Die Klausel bildet damit einen zentralen Anker der EU-Haushaltsarchitektur. Sie verbindet nationale Haushaltsautonomie, Haftungstrennung und Marktintegration mit der Möglichkeit, in klar definierten Ausnahmefällen solidarische Rettungsinstrumente einzusetzen, ohne Schulden zu vergemeinschaften.

Die Währungsunion war ursprünglich als Stabilitätsgemeinschaft angelegt. Strenge Defizit- und Schuldenobergrenzen sowie das ausdrückliche Verbot der monetären Staatsfinanzierung sollten Preisstabilität sichern und Fehlanreize vermeiden. Doch bereits mit der Einführung des Euro setzte eine rasche Zinskonvergenz innerhalb der Eurozone ein. Vor allem die südlichen Mitgliedstaaten profitierten plötzlich von historisch niedrigen Zinsen und außergewöhnlich günstigen Finanzierungsmöglichkeiten – Bedingungen, die ihnen zuvor nicht zur Verfügung standen. Viele Investoren werteten die gemeinsame Währung als indirekte Ausfallgarantie und vergaben bereitwillig Kredite, ohne länderspezifische Risiken angemessen einzupreisen.

Während Deutschland in den ersten Jahren nach der Euro-Einführung erhebliche Kapitalabflüsse in Richtung Süden verzeichnete, erlebten die GIPSIZ-Staaten – Griechenland, Italien, Portugal, Spanien, Irland und Zypern – einen kreditgetriebenen Wirtschaftsboom. Kapital floss in riskante und wenig rentable Projekte, insbesondere in privaten Konsum und spekulative Immobilienmärkte. Löhne und Güterpreise stiegen deutlich, die internationale Wettbewerbsfähigkeit ihrer Volkswirtschaften nahm ab.

Eine Korrektur über Währungsabwertungen, wie sie vor der Währungsunion möglich gewesen wäre, war nun ausgeschlossen.

Die globale Finanzkrise von 2008 traf auf diese Ungleichgewichte mit voller Härte. Risikoaufschläge auf Staatsanleihen der Krisenstaaten stiegen sprunghaft, Griechenland verlor den Zugang zu den Kapitalmärkten, und die Eurozone geriet in eine schwere Staatsschuldenkrise. Notkredite der Europäischen Zentralbank (EZB), der temporäre Rettungsschirm EFSF und später der dauerhafte Europäische Stabilitätsmechanismus (ESM) verhinderten zwar das unmittelbare Auseinanderbrechen der Währungsunion, beseitigten jedoch nicht die zugrunde liegenden strukturellen Defizite.

Ab 2010 legte die EZB eine Reihe umfangreicher Anleihenankauf- und Refinanzierungsprogramme auf – darunter das Securities Markets Programme (SMP), die Outright Monetary Transactions (OMT), langfristige Refinanzierungsgeschäfte (LTRO) sowie das Public Sector Purchase Programme (PSPP) und das Pandemic Emergency Purchase Programme (PEPP). Unter dem Sammelbegriff „Quantitative Easing" (QE) erreichte ihr Gesamtvolumen bis zum Ausbruch der Coronapandemie rund fünf Billionen Euro. Damit stabilisierte die EZB nicht nur das europäische Bankensystem, sondern übernahm faktisch auch die Finanzierung hochverschuldeter Staaten – eine ökonomische Form der monetären Staatsfinanzierung, juristisch verschleiert durch den Umweg über Sekundärmarktkäufe.

Die Folgen waren ambivalent. Einerseits verhinderte die Beseitigung der Risikoaufschläge ein Auseinanderbrechen der Währungsunion. Andererseits trug die expansive Geldpolitik erheblich zum Schuldenanstieg bei. Zwischen 2008 und dem Ende der Pandemie wuchs die Geldbasis (M0) von 880 Mrd. Euro auf rund sechs Billionen Euro. Rund

80 % des gesamten Schuldenaufwuchses in der Eurozone wurden direkt oder indirekt mit frisch geschaffenem Zentralbankgeld finanziert. Private Kapitalmärkte hätten angesichts der Risiken längst höhere Zinsen verlangt, doch die EZB ermöglichte den Schuldenstaaten weiterhin historisch günstige Refinanzierungsbedingungen. Mit dem Transmission Protection Instrument (TPI) wurde dieses Vorgehen schließlich dauerhaft institutionalisiert. Das Programm erlaubt gezielte Anleihekäufe zugunsten einzelner Krisenstaaten, ohne diese an zwingende wirtschafts- und haushaltspolitische Reformauflagen zu knüpfen.

Dank dieser Zinssubventionen können sich die defizitären Mitgliedstaaten zu günstigen Konditionen am privaten Kapitalmarkt finanzieren, um ihre Importüberschüsse zu decken. Diese Politik wurde flankiert durch umfangreiche fiskalische Transfers aus EU-Verschuldungspaketen, Mittel des Europäischen Stabilitätsmechanismus (ESM) sowie durch Target-Kredite des Eurosystems.

Das Target-System bildet ein Geflecht interner Kreditverhältnisse zwischen den nationalen Notenbanken des Eurosystems – ohne Fälligkeit, Tilgungspflicht, Besicherung oder betragsmäßige Begrenzung. Auf diese Weise finanzierten vor allem die südlichen Peripheriestaaten ihre Importüberschüsse de facto über Geldschöpfung, ohne reale Gegenleistungen zu erbringen. Die negativen Target-Salden dieser Länder haben inzwischen ein enormes Ausmaß erreicht, während die Forderungen der Bundesbank auf über eine Billion Euro angewachsen sind.

Tiefgreifende Strukturreformen blieben in den von den Zinssubventionen begünstigten Krisenstaaten weitgehend aus, obwohl sie für die Stärkung der industriellen Wettbewerbsfähigkeit unabdingbar gewesen wären. In vielen von ihnen liegt die Industrieproduktion sogar unter dem Niveau von 2008. Das Ergebnis sind chronische Handelsdefizite, die durch private, fiskalische und öffentliche Kapitalimporte gedeckt werden. Diese Entwicklung verdeutlicht, wie weit sich die Eurozone von ihrem ursprünglichen Stabilitätsversprechen entfernt hat und zu einer Haftungs- und Transfergemeinschaft geworden ist.

In der Folge haben insbesondere Frankreich, Italien und Griechenland Staatsschuldenquoten von deutlich über 100 % des BIP angehäuft – Werte, die sie gefährlich nahe an die Schwelle zur Zahlungsunfähigkeit bringen. Tragfähige Refinanzierungen sind für diese Länder nur noch möglich, weil sie de facto über das implizite Haftungsversprechen des Transmission Protection Instrument (TPI) am Bonitätsanker der Bundesrepublik hängen. Gleichzeitig überschreiten zahlreiche Mitgliedstaaten die Maastricht-Grenze von 60 % des BIP, und die Defizitvorgabe von drei Prozent wurde seit 1999 nahezu zweihundertmal verletzt – ohne dass jemals wirksame Sanktionen verhängt wurden, obwohl die europäischen Verträge diese ausdrücklich vorschreiben.

Seit Anbeginn der Währungsunion halten viele Mitgliedstaaten die Vorgaben des Maastrichter Vertrags nicht ein. Besonders in wirtschaftlich schwächeren Ländern fehlen Anreize zu tiefgreifenden Strukturreformen – eine direkte Folge anhaltender Zinssubventionen und der mangelnden Durchsetzung europäischer Fiskalregeln. Entsprechend stagniert das Wirtschaftswachstum der Eurozone seit 2008 auf niedrigem Niveau. Das ehrgeizige Ziel der Lissabon-Agenda, Europa zur wettbewerbsfähigsten und dynamischsten wissensbasierten Wirtschaftsregion der Welt zu entwickeln, bleibt damit unerreicht.

Die Bundesrepublik trägt rund ein Viertel der gemeinschaftlichen Risiken – sei es über Garantien des Europäischen Stabilitätsmechanismus (ESM) oder durch EU-Schuldenaufnahme. Hinzu kommen Belastungen durch jährliche Zinssubventionen von bis zu 20 Mrd. Euro sowie potenzielle Abschreibungsverluste der Bundesbank aus

Target2-Forderungen, die derzeit bei rund einer Billion Euro liegen.

Um der übermäßigen Verschuldung in den Mitgliedsstaaten wirksam zu begegnen, wäre eine dauerhaft restriktive Geldpolitik der EZB erforderlich. Höhere Zinsen wirken diszipllinierend, weil sie Neuverschuldung verteuern. Das 2022 eingeführte TPI-Programm, das als kostenlose Kreditausfallversicherung fungiert, müsste deshalb in seiner jetzigen Form beendet werden, um langfristige Zinssätze wieder auf ein marktgerechtes Niveau zu bringen.

Hier zeigt sich jedoch das zentrale Dilemma: Deutliche Zinserhöhungen könnten die Refinanzierungsfähigkeit hochverschuldeter Staaten gefährden und zugleich erhebliche Kursverluste in den Bankbilanzen auslösen – mit potenziell destabilisierenden Folgen für das gesamte Finanzsystem der Eurozone. Dieser Zielkonflikt zwischen Preisstabilität und Finanzmarktstabilität blockiert jene europäische Schuldenbremse, die durch marktgesteuerte Zinssätze automatisch greifen würde. Ohne substanzielle Reform- und Konsolidierungsprogramme verharrt der Währungsraum daher in einer Spirale aus fortgesetzten Zinssubventionen, steigender Staatsverschuldung, wachsenden Bonitätsrisiken und zunehmender Inflationsgefahr.

Die bisherige Entwicklung verdeutlicht den Weg von den Stabilitätsversprechen des Maastrichter Vertrags hin zu einer Haftungs- und Transfergemeinschaft. Politisches Kalkül, institutionelle Schwächen, expansive Geldpolitik und ökonomische Fehlanreize haben ein System entstehen lassen, das ständig neue Formen gemeinschaftlicher Haftung erfordert. Gleichzeitig bleiben die dringend nötigen Strukturreformen in den Mitgliedsstaaten aus, die wirtschaftliches Wachstum und fiskalische Solidität sichern könnten.

Eine Rückkehr zu verbindlichen und sanktionsbewehrten Fiskalregeln, risikogerechten Zinssätzen und einem solide kapitalisierten Bankensystem ist unerlässlich. Nur unter diesen Voraussetzungen kann die Eurozone der Überschuldung entgehen, ihre dauerhafte Abhängigkeit von internen Transfers überwinden, geldpolitische Resilienz sichern und die Eigenverantwortung ihrer Mitgliedsstaaten sowie wirtschaftliches Wachstum nachhaltig stärken.

Seit dem Brexit entfernt sich die EU zunehmend von ihrer in den europäischen Verträgen verankerten Rolle als Wachstums- und Integrationsgemeinschaft, die auf marktwirtschaftliche Effizienz und Freihandel ausgerichtet ist. An ihre Stelle tritt eine Umverteilungs- und Regulierungsunion, in der ein neuer europapolitischer Dirigismus die Zielsetzungen der Lissabon-Agenda zugunsten zentralplanerischer Strukturen verdrängt.

Vor diesem Hintergrund richtet sich ein eindringlicher Appell an Politik und europäische Institutionen: Der eingeschlagene Kurs bedarf einer grundlegenden Korrektur. Statt zunehmender Vergemeinschaftungsambitionen von Seiten der EU und der EZB gilt es, den Kernanliegen der Lissabon-Agenda neues Gewicht zu verleihen – den Abbau überbordender ESG-Regulatorik, die konsequente Vertiefung des Binnenmarkts und die entschlossene Förderung des globalen Freihandels. Nur so kann Europa die Grundlagen für Wettbewerbsfähigkeit, Wachstum und nachhaltigen Wohlstand bewahren.

GPSR Compliance

The European Union's (EU) General Product Safety Regulation (GPSR) is a set of rules that requires consumer products to be safe and our obligations to ensure this.

If you have any concerns about our products, you can contact us on ProductSafety@springernature.com

In case Publisher is established outside the EU, the EU authorized representative is:

Springer Nature Customer Service Center GmbH
Europaplatz 3
69115 Heidelberg, Germany

Batch number: 09538776

Printed by Printforce, the Netherlands